[EXPOS]ITION UNIVERSELLE INTERNATIONALE
DE 1900

LES

ASSOCIATIONS DE PRODUCTION

COMPTES RENDUS

DES CONGRÈS NATIONAL & INTERNATIONAL

Tenus les 8-10 et 11-13 Juillet 1900

PRIX : UN FRANC

PARIS
IMPRIMERIE NOUVELLE (ASSOCIATION OUVRIÈRE)
11, RUE CADET, 11

1900

CONGRÈS

DES

ASSOCIATIONS OUVRIÈRES DE PRODUCTION

DE FRANCE

ADHÉRENTES A LA CHAMBRE CONSULTATIVE

(Salle du Globe, 1er étage, 8, boulevard de Strasbourg, à Paris)

LES 8, 9 & 10 JUILLET 1900

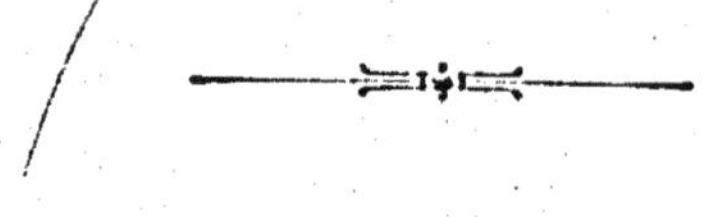

PARIS
IMPRIMERIE NOUVELLE (ASSOCIATION OUVRIÈRE)
11, rue Cadet, 11

1900

CONGRÈS

DES

ASSOCIATIONS OUVRIÈRES DE PRODUCTION

DE FRANCE

ADHÉRENTES A LA CHAMBRE CONSULTATIVE

(Salle du Globe, 1er étage, 8, boulevard de Strasbourg, à Paris)

LES 8, 9 & 10 JUILLET 1900

Le 22 février 1900, l'Assemblée générale de la Chambre consultative des Associations ouvrières de production de France décida qu'il y avait lieu de réunir en Congrès toutes les Associations adhérentes, immédiatement avant le Congrès international des Associations ouvrières, dont la première séance était fixée au 11 juillet.

Pour réaliser ce projet, elle nomma une commission composée de :

MM.

LANGEVIN, directeur de la Société coopérative de *Sculpteurs, Décorateurs et Ornemanistes* de Paris;

L. PETIT, directeur de l'Association coopérative des *Ouvriers lanterniers,* de Paris;

J. PORTAL, directeur de l'Association ouvrière de *Maçons* « la Maçonnerie », de Paris;

SEIGNÉ, représentant à Paris de la Société coopérative de *la Cordonnerie senonaise* « la Laborieuse », de Sens;

THUILLIER, directeur de la Société *la Photographie,* de Paris.

Les travaux de cette Commission aboutirent de la façon la plus heureuse. Les adhésions des Associations lui parvinrent en nombre si considérable que la grande salle des délibérations de la Chambre consultative fut reconnue insuffisante pour les réunions du Congrès.

La Commission prit alors la résolution de les tenir dans la salle du premier étage du café du « Globe », 8, boulevard de Strasbourg, à Paris.

Elle fixa l'époque et la durée du Congrès aux 8, 9 et 10 juillet afin que les délégués des Associations de province puissent prendre part aux travaux du Congrès international des Associations ouvrières de production commençant le 11 juillet.

Elle nomma M. L. Petit, rapporteur, chargé de soutenir devant le Congrès les décisions provisoires et les projets élaborés par la Commission dans le but de donner à la Coopération de production les moyens d'action et les instruments de propagande nécessaires pour assurer son développement et affirmer son succès.

***

En tête du procès-verbal de chaque réunion du Congrès des Associations ouvrières adhérentes à la Chambre consultative ou du Congrès international des Associations ouvrières de production, nous énumérons les noms des personnes présentes à la séance ; mais, pour ne pas être obligé de rappeler à chaque fois le titre de l'Association dont elles étaient les délégués, nous publions ci-dessous la liste des Associations qui, ne fût-ce qu'à une seule séance de l'un ou de l'autre Congrès, envoyèrent des représentants.

Voici cette liste, avec les noms des délégués de chaque Association :

Association des ouvriers *Afficheurs de Paris*, « L'Union ». Délégué : M. Lamarche, directeur ;

Association ouvrière de l'*Alimentation*, de Paris. Délégués : MM. A. Prévost, directeur et Bigex ;

Banque coopérative des Associations ouvrières de production de France. Délégué : M. R. Barré, directeur ;

Association ouvrière *Le Bâtiment*, de la Roche-sur-Yon. Délégué : M. A. Barbier, directeur ;

Association coopérative d'ouvriers *Boulangers*, de Paris. Délégué : M. Audebert, directeur ;

Association des ouvriers *Boutonniers en os*, de Méru. Délégué : M. Trannoy, directeur ;

Société coopérative des ouvriers *Brossiers*, de la Seine. Délégué : M. L. Lagoutte, administrateur ;

Société de l'*Industrie chapelière*, de la Souterraine (Creuse). Délégué : M. Chaussade ;

Société des ouvriers *Charbonniers du port*, du Havre. Délégué : M. A. Harmanlius, directeur ;

Société des ouvriers *Charpentiers de Paris*. Délégué : M. L. Favaron, ✻, directeur ;

Association coopérative des ouvriers *Charpentiers*, de Limoges. Délégué : M. Ragot, directeur ;

Association coopérative des ouvriers *Cordonniers* « La Fraternelle », de Lyon. Délégué : M. Fagot, directeur ;

Association générale des ouvriers *Cordonniers*, de Blois. Délégué : M. Jouandanne ;

Société coopérative de la *Cordonnerie sénonnaise* « La Laborieuse », de Sens. Délégué : M. Guyard, directeur ;

Société coopérative des ouvriers *Couteliers réunis*, de Châtellerault. Délégué : M. Mériot, directeur ;

Union d'ouvriers *Couvreurs et Plafonneurs*, d'Amiens. Délégué : M. Chirard, directeur ;

Association coopérative d'ouvriers *Couvreurs-Plombiers* « La Lutèce », de Paris. Délégué : M. Bonnet, directeur ;

Union des ouvriers *Couvreurs*, de Morlaix. Délégué : M. Caramour, directeur ;

Société coopérative des ouvriers *Diamantaires*, de Saint-Claude (Jura). Délégués : MM. Grappin et Benoît Barnet ;

Association coopérative de *Peintres décorateurs* « La Décoration moderne », de Paris. Délégué : M. V. Laberthe, directeur ;

Association des ouvriers *Doreurs sur bois*, de Paris. Délégué : M. Chausson, ✻ ✿, directeur ;

Association générale de l'*Ebénisterie parisienne*. Délégué M. A. Nély, directeur ;

Société coopérative des ouvriers *Ebénistes et Menuisiers* « L'Ameublement et le Bâtiment », de Morlaix. Délégués : M. J. Prigent, directeur, et Legat ;

Association ouvrière d'*Ebénistes et Menuisiers* « L'Avenir de Brest ». Délégué : M. Cornic, directeur.

Association des ouvriers *Ebénistes*, de Limoges. Délégué : M. J.-B. Deschamps, directeur ;

Association des *Ebénistes* « Union ouvrière de l'Ameublement », de Limoges. Délégué : M. Pallier.

Société coopérative d'*Equipement et Chaussures militaires*, de Clermont-Ferrand. Délégué : M. Roussat, secrétaire ;

Société coopérative des ouvriers de *La Fonderie de cuivre*, de Paris. Délégué : M. Bresle ;

Société coopérative *Les Fondeurs réunis*, de Chalon-sur-Saône. Délégués : MM. F. Mathieu, directeur et Berthon ;

Société coopérative des *Fondeurs en fer*, d'Angoulême. Délégué : M. L. Marpinaud, directeur ;

Union des *Fondeurs*, de Montceau-les-Mines. Délégué : M. Charollais, directeur ;

Association ouvrière des *Frotteurs-Encaustiqueurs* « La Prévoyante », de Paris. Délégué : M. Bourzat, directeur ;

Association coopérative des ouvriers *Fumistes de Paris*. Délégué : M. J. Bord, directeur ;

Association des ouvriers *Granitiers du département de la Seine*. Délégué : M. A. Lair, directeur ;

Association des ouvriers *Grillageurs*, de Paris. Délégué : M. Alexandre ;

Société coopérative des *Horlogers*, de Paris. Délégués : MM. H. Weber, ✠, directeur, et Pierre ;

Association ouvrière d'*Horlogers*, de Besançon, « La Phalange horlogère bisontine ». Délégué : M. Bourgeot ;

Association ouvrière l'*Imprimerie Nouvelle*, de Paris. Délégué : M. Mangeot, directeur ;

Association ouvrière l'*Imprimerie moderne*, d'Agen. Délégué : M. P. Arjo, directeur ;

Association ouvrière l'*Imprimerie typographique*, de Poitiers. Délégué : M. Paris, directeur ;

Association ouvrière l'*Imprimerie économique*, de Brest. Délégué : M. Moullec ;

Société lyonnaise d'ouvriers *Imprimeurs sur étoffes*. Délégué : M. Cogniet ;

Association des *Imprimeurs réunis sur étoffes*, de Lyon. Délégué : M. P. Nel, directeur ;

Société coopérative de l'*Industrie drapière*, de Vienne (Isère). Délégué : M. J. Gontard, administrateur ;

Association générale des ouvriers en *Instruments de musique, bois et cuivre*, de Paris. Délégué : M. Fonclause ;

Association des ouvriers en *Instruments de précision*, de Paris. Délégué : M. Viardot, directeur ;

Association coopérative des *Ouvriers Lanterniers*, de Paris. Délégué : M. L. Petit, directeur ;

Association des ouvriers en *Limes* de Paris. Délégué : M. Bourisset ;

Association d'ouvriers, *La Lithographie parisienne*. Délégués : MM. A. Romanet, ✿, directeur, Andrieu et Robin ;

Société ouvrière, *Les Maçons de Paris*. Délégué : M. L. Dufresne, directeur ;

Société des ouvriers *Maçons*, de Dun-sur-Auron (Cher). Délégué : M. Taupin, directeur ;

Association des ouvriers *Maçons* « L'Espérance », de Poitiers. Délégué : M. A. Imbert, directeur.

Association ouvrière, *Les Maçons de Troyes*. Délégué : M. P. James, directeur ;

Association des ouvriers *Menuisiers de Paris*. Délégué : M. C. Machuron, ✿, directeur ;

Association des ouvriers *Menuisiers* « L'Espérance du Bâtiment ». Délégué : M. L. Roolf, directeur ;

Association coopérative des ouvriers *Menuisiers et Charpentiers*, de Poitiers. Délégué : M. Aug. Maître, directeur ;

Société coopérative *La Menuiserie moderne*, de Paris. Délégué : M. E. Villaret, directeur ;

Association l'*Union des ouvriers menuisiers* de Troyes. Délégué : M. E. Martin, directeur ;

Association des ouvriers *Menuisiers de Limoges*. Délégué : M. Duché, directeur ;

Association coopérative des ouvriers *Menuisiers et Ebénistes*, de Rennes. Délégué : M. Bougot, directeur.

Association générale des *Modeleurs mécaniciens*, de Paris. Délégué : M. Gauthard, directeur ;

Société coopérative des ouvriers *Parqueteurs*, de Paris. Délégué : M. V. Fradelle, directeur ;

Association d'ouvriers *Paveurs* « Le Pavage », de Paris. Délégué : M. J. Carles, directeur ;

Association des ouvriers *Paveurs et Cimentiers* « L'Epargne », de Bordeaux. Délégué : M. A. Bach, directeur ;

Association d'ouvriers *Peintres* « Le Travail », de Paris. Délégué : M. H. Buisson, ✻ ✿, directeur.

Association d'ouvriers *Peintres* « La Mutuelle », de Paris. Délégué : M. A. Gillet, directeur ;

Association coopérative d'ouvriers *Peintres* « L'Espérance », de Limoges. Délégué : M. J. Gaillard, directeur ;

Association d'ouvriers *Peintres* « L'Union », de Paris. Délégué : M. Patey, directeur ;

Association d'ouvriers *Peintres* « La Laborieuse », de Puteaux. Délégué : M. Ch. Rousseau, directeur ;

Association coopérative des ouvriers *Peintres et Vitriers* « Le Travail », de Bordeaux. Délégué : M. P. Labéran, directeur ;

Association des ouvriers *Peintres* « Le Travail », de Roubaix. Délégué : M. Deltour ;

Union photographique française, de Paris. Délégué : M. Laroche, administrateur ;

Société, *La Photographie*, de Paris. Délégué : M. F. Thuillier, directeur ;

Association des ouvriers *Piqueurs de grès du département de la Seine*. Délégué : M. Boulin, administrateur.

Société coopérative des ouvriers *Plâtriers-Peintres*, de Saint-Etienne. Délégué : M. Migeon, directeur ;

Association ouvrière des *Plâtriers-Peintres*, de Poitiers. Délégué : M. F. Porteron, directeur ;

Association coopérative des ouvriers *Plâtriers et Plafonneurs*, de Limoges. Délégué : M. Régnier ;

Association des ouvriers *Plombiers-Couvreurs-Zingueurs*, de Paris. Délégué : M. A. Regnard, directeur.

Association coopérative des *Puisatiers, Terrassiers Cimentiers* « L'Union fraternelle », de Paris. Délégué : M. D. Lavignas, directeur ;

Société coopérative d'ouvriers *Replanisseurs de parquets*, de Paris. Délégué : M. P. Serre, directeur ;

Association des ouvriers *Sabotiers* « La Conciliation », de Limoges. Délégué : M. E. Dupuy, directeur ;

Union des *Sculpteurs-Mouleurs*, de Paris. Délégué : M. E. Carlier, directeur ;

Société coopérative des *Sculpteurs, Décorateurs et Ornemanistes*, de Paris. Délégué : M. J. Langevin, directeur ;

Association ouvrière *La Sculpture,* de Paris. Délégué : M. Besnard ;

Association ouvrière de la *Sellerie Lyonnaise.* Délégué : M. Ph. Millet, directeur ;

Union des ouvriers *Serruriers,* de Paris. Délégué : M. L. Pasquier, ✿, administrateur ;

Société coopérative des ouvriers *Serruriers* « L'Avenir du Bâtiment », de Paris. Délégué : M. J. Le Corre, directeur ;

Association coopérative des ouvriers *Serruriers,* de Limoges. Délégué : M. Rouberty, directeur ;

Association des ouvriers *Tabletiers en nacre,* de Méru (Oise). Délégué : M. Ch. Chaine, directeur ;

Union coopérative des ouvriers de l'*Habillement,* de Paris. Délégué : M. F. Pinel, directeur ;

Association coopérative d'ouvriers *Tailleurs de glaces,* de Paris. Délégué : M. E. Bourges, directeur ;

Société coopérative dss *Tailleurs de pierres et Maçons réunis,* de Bordeaux. Délégué : M. E. Moty, directeur ;

Association coopérative de *Tailleurs de pierres et Maçons* « La Fraternelle », de Poitiers. Délégué : M. E. Blanchard, directeur ;

Société des ouvriers *Tailleurs de pierres et Carriers réunis* « La Fourmi », de Porcieu-Amblagnieu (Isère). Délégués : MM. P. Doubliez, directeur, J. Doubliez et Barillon ;

Association ouvrière des *Tanneurs-Corroyeurs,* de Lyon. Délégué : M. A. Lavenir, directeur ;

Union des ouvriers *Tanneurs,* de Morlaix. Délégué : M. Goden (Jean-Marie) ;

Association corporative des ouvriers *Tapissiers,* de Paris. Délégué : M. E. Ladousse, directeur ;

Société coopérative des ouvriers *Terrassiers et Paveurs* « La Ruche », de Bordeaux. Délégué : M. P. Septembre, directeur ;

Union des ouvriers *Tonneliers,* de Morlaix. Délégué : M. Simon ;

Union des ouvriers *Tonneliers,* de Bordeaux. Délégués : MM. A. Raoux, directeur, et Gaillard.

Le délégué de la Société des *Ouvriers constructeurs réunis*, d'Aumale (Algérie), M. Lefort, n'arriva pas assez tôt pour assister au Congrès.

S'étaient excusées :

L'Association des ouvriers *Maçons, Tailleurs de pierres, Cimentiers et Paveurs*, de Limoges ;

L'Association coopérative d'ouvriers *Peintres-Plâtriers* « Le Travail », de Lyon ;

L'Association des *Rondeurs, Cultivateurs* et *Jardiniers*, de Lyon ;

L'Association des *Maçons* et *Tailleurs de Pierres*, de Niort ;

L'Association d'ouvriers *Tailleurs*, de Grenoble ;

L'Association des *Biseauteurs et Polisseurs de glaces* « L'Avenir », de Paris ;

L'Association corporative des *Ouvriers en voitures*, de Paris.

Dimanche 8 juillet 1900.

La journée du dimanche 8 juillet fut occupée par la réception des délégués des Associations ouvrières des départements à qui la Chambre consultative avait assuré des logements dans le voisinage de son siège social.

C'était une précaution utile à cause du grand nombre d'étrangers attirés à Paris par l'Exposition universelle, surtout pendant la semaine précédant la Fête nationale du 14 juillet, à l'occasion de laquelle les Compagnies de chemins de fer avaient organisé des trains de plaisir à prix excessivement réduits.

Séance du Lundi matin 9 Juillet.

Étaient présents : MM. Lamarche, Prévost, Barré, Barbier, Audebert, Trannoy, Chaussade, Harmanlius, Ragot, Fagot, Guyard, Mériot, Chirard, Caramour, Laberthe, Grappin, Chausson, Prigent, Cornic, Deschamps, Pallier, Roussat, Bresle, Mathieu, Marpinaud, Charollais, Bourzat, Bord, Weber, Bougeot, Mangeot, Arjo, Paris, Moullec, Cogniet, Nel, Gontard, Petit, Bourisset, Robin, Dufresne, Taupin, Imbert, James, Roolf, Maître, Martin, Duché, Bougot, Bach, Gaillard, Rousseau, Labéran, Deltour, Boulin, Porteron, Régnier, Regnard, Lavignas, Serre, Dupuy, Carlier, Le Corre, Rouberty, Chaîne, Bourges, Moty, Blanchard, Doubliez, Lavenir, Goden (Jean-Marie), Ladousse, Septembre, Simon, Raoux, Vila et Manoury.

La séance fut ouverte sous la présidence d'honneur, dévolue par acclamation à M. Th. Villard, ingénieur, officier de la Légion d'honneur, ancien membre du Conseil supérieur du travail, ancien membre du Conseil municipal de Paris, président honoraire de la Chambre consultative, qui prononça l'allocution suivante :

Allocution de M. Th. VILLARD.

En recevant l'invitation du Conseil de votre Chambre consultative à accepter la présidence d'honneur de ce Congrès, j'ai été très cordialement sensible au souvenir qui m'était témoigné du modeste concours que j'étais si heureux de donner, il y a près de vingt ans, aux premiers pas de vos sociétés coopératives et à cette fédération que représente votre Chambre consultative dont je m'honore d'avoir été, je crois, le premier président; en tout cas un des doyens.

Je retrouve ici quelques-uns des premiers fondateurs de votre œuvre que vous avez bien raison d'affirmer par une solennité, à l'occasion de cette Exposition de 1900 qui contribuera largement à consacrer le succès de vos efforts.

J'ai très présent à la mémoire les premiers progrès dont vous avez témoigné, à l'occasion de l'Exposition de 1889, ne pouvant m'empêcher d'associer à ce souvenir celui de M. Alphand qui fut, lui aussi, un des premiers à croire à l'avenir de vos sociétés et à l'encourager; ce souvenir est un de ceux qui m'ont le plus amené à prendre part à l'initiative du monument qui a été élevé à la mémoire de ce grand travailleur.

Cela a été, pour moi, une occasion d'être reconnaissant, pour vous et en votre nom.

Vous avez pu constater que les successeurs d'Alphand : ministre, architectes, ingénieurs et commissaire général d'à présent, avaient continué les mêmes encouragements, en les accroissant.

Je n'ai d'autres droits à votre cordialité que celui d'avoir eu, dès l'origine de vos commencements, une foi robuste et profonde dans l'avenir de vos efforts et dans le destin qui leur était réservé.

Cette foi, je l'ai puisée non seulement dans l'utilité de votre œuvre, mais encore et surtout dans l'esprit de fraternité et de solidarité dont vos fondateurs d'origine étaient et sont encore animés.

Au surplus, leurs mérites et les vôtres ne sont plus à évoquer que pour l'histoire du passé : aujourd'hui l'Association Coopérative de Production n'a plus besoin d'être recommandée, elle s'est affirmée en démontrant que le travail se doit et se peut aussi bien exécuter et être plus équitablement rémunéré en faisant participer plus largement à sa direction, à ses résultats l'ensemble des travailleurs qui l'ont exécuté.

Il y a vingt ans, les esprits les plus imprégnés des sentiments de la solidarité se montraient plutôt timorés devant les difficultés de la tâche que les coopérateurs voulaient assumer. La suite à prouvé que ces écueils — que je n'ai pas besoin de rappeler — tels que l'ordre et la comptabilité, avaient été surmontés par les efforts et la volonté de ceux de vos camarades que vous avez appelé à vous diriger.

Les souvenirs que j'évoquais sont du temps où votre Chambre consultative, quand j'avais l'honneur de la présider, ne comportait qu'une vingtaine de Sociétés.

Aujourd'hui, près de 150 Sociétés coopératives se sont fédérées : c'est à l'armée des coopératives qu'il convient de s'adresser en leur préparant un avenir de développement et de prospérité.

Votre but est d'asseoir sur de nouvelles bases l'organisation du travail et de la production dans notre Société nouvelle; il n'en est pas de plus élevé et de mieux justifié dans notre pays de France, qui est la patrie de la fraternité.

Je me permets de féliciter les organisateurs de ce Congrès et de celui qui va lui succéder auquel vous avez appelé les coopérateurs étrangers.

Vous avez été les premiers à arborer ce drapeau qui sera celui de l'avenir du travail dans le nouveau siècle.

C'est sur ce souhait et sur ce présage d'un avenir assuré que je veux terminer les quelques mots de remerciements que je voulais vous adresser, en vous proposant de passer à l'examen des questions que votre Chambre consultative, dans son ordre du jour, vous a préparées.

Je suis heureux de saluer à ce Congrès un grand nombre de représentants des Sociétés coopératives de production des départements, s'associant à leurs camarades parisiens.

Le moment approche où tous les travailleurs de toutes conditions et à tous les degrés voudront être des coopérateurs : les temps de la philanthropie sont passés; celui de la solidarité qui commence doit s'affirmer! (*Applaudissements répétés.*)

M. Th. Villard fit ensuite compléter le bureau.

Furent nommés : Vice-président, M. Barré, secrétaire de la *Banque coopérative des Associations ouvrières de production ;*

Assesseurs : M. Labéran, directeur de l'Association coopérative des ouvriers *Peintres et Vitriers* « Le Travail », de Bordeaux;

M. Duché, directeur de l'Association des *Menuisiers*, de Limoges.

Secrétaire : M. Manoury, secrétaire-archiviste de la Chambre consultative.

Allocution de M. BARRÉ.

M. Barré, en prenant place au bureau, s'exprima en ces termes :

Très cher Président
et vous tous, chers Coopérateurs,

Au nom de la Chambre consultative, au nom du Comité d'organisation des Congrès, nous vous remercions du dévouement que vous avez apporté pour venir assister à ces assises du travail qui seront les premiers Etats-Généraux de la Chambre consultative.

Nous vous sommes reconnaissants, très cher Président, de l'attachement que vous avez voué à nos coopératives de production, car vous êtes un de nos amis de la première heure ; vous étiez avec nous lorsque, comme des corps errants, nous n'avions pas encore de siège social et que l'attraction ne nous avait pas encore groupés en Chambre consultative.

Nous vous remercions du fond du cœur de la marque d'affection que vous nous donnez encore aujourd'hui en acceptant la présidence d'honneur de notre Congrès national et en vous associant à nos travaux.

Nous vous remercions, délégués de la province, qui n'avez pas hésité un seul instant à faire de longs voyages pour nous apporter votre concours.

Et vous, délégués des Associations de Paris, qui êtes tout le temps sur la brèche pour faire aboutir les revendications, et qui, malgré vos multiples occupations du moment, avez voulu sacrifier à l'intérêt général de la Coopération.

Etudions ensemble notre passé, affirmons notre conviction dans nos principes, voyons en face cette question économique du capital et de la formation de nos associations et le devoir que nous avons d'avoir des relations extérieures pour la diffusion de nos principes.

Car le problème qui se pose à nous est le plus redoutable des temps modernes ; les pas de géants que fait tous les jours le mécanisme l'ont encore compliqué ; c'est celui qui intéresse l'univers, celui de l'organisation du travail et de l'existence des ouvriers.

Vous aurez particulièrement, dans ce Congrès national, cette tâche délicate de décider quelles sont les conditions essentielles que doit remplir une association pour faire partie de notre groupement ; vous aurez à étudier le budget de la Chambre consultative et à perfectionner ses statuts ; ne nous séparons pas sans avoir donné à la Coopération une constitution qui soit à la hauteur de ses vues et qui soit dotée de sérieux moyens d'action.

Enfin, vous allez avoir à vous prononcer sur l'extension de la Coopération par la Coopération ;

Sur la question de la Coopération à sa seconde puissance, comme nous avons dit;

Sur la fondation d'une Association : celle pour la publicité et l'exploitation de notre Journal.

L'Association d'Associations existe déjà par notre Banque coopérative : vous avez à dire si vous voulez étendre ce principe à toutes les branches d'activité qui sont d'intérêt général dans la Coopération.

Tout cela c'est de la solidarité; vous le sentez tous; pour être forts nous avons besoin d'être liés ensemble.

Lorsque je me fais une image de la *Solidarité*, je vois ces excursionnistes audacieux, ces savants qui veulent franchir les plus hauts sommets des montagnes.

Sachant les périls qui les attendent, ils s'attachent tous à la même chaîne; ils gravissent les pentes, ils font des efforts chacun de leur côté, et lorsque l'un ou l'autre glisse, tombe dans un précipice, il n'est pas perdu; la chaîne de solidarité l'a aidé à se relever, la chaîne de solidarité l'a sauvé.

Eh bien! nous aussi, nous avons des montées difficiles; l'iniquité des hommes a amoncelé des montagnes qui sont plus difficiles à franchir que les plus hauts sommets; nous connaissons l'obstacle et nous ne le voyons pas toujours bien devant nous, le sol où nous posons nos pieds est rempli de précipices.

Pour dominer la vie, pour assurer le succès de notre cause, lions-nous ensemble à une chaîne dont nous aurons éprouvé la résistance, armons-nous de courage. car comme l'a dit Izoulet dans la *Cité moderne :*

« La voie du progrès est ouverte, mais les cimes en sont rudes. » (*Applaudissements.*)

Admission à la Chambre consultative de onze Associations ouvrières nouvelles.

Aussitôt après le discours de M. Barré, le Congrès des Associations ouvrières, agissant en tant qu'Assemblée générale de la Chambre consultative, prononça, sur le rapport lu par M. Regnard, au nom de la Commission spéciale, l'admission des onze Associations ouvrières suivantes réunissant les conditions voulues pour que leur adhésion soit acceptée :

Association ouvrière de l'*Alimentation*, 10, rue Boutebrie, à Paris;

Union des Tanneurs, Parc-au-Duc, à Morlaix;

Société de *Biseauteurs*, *Polisseurs de glaces* « La Renaissance », 23, rue Mercœur, Paris;

Société coopérative de *Terrassiers* « La Ruche », 48, rue du Mirail, à Bordeaux;

Union coopérative des ouvriers de l'*Habillement*, 25, rue d'Aboukir, à Paris;

Association des ouvriers *Grillageurs*, 5, rue Beautreillis à Paris;

Association des ouvriers *Plâtriers-Peintres*, 1, rue d'Alsace-Lorraine, à Poitiers;

Association d'*Ebénistes, Menuisiers* « L'Avenir », 88, rue de Paris, à Brest;

Union des Fondeurs réunis, rue de Ciry, à Montceau-les-Mines;

Association coopérative *La Décoration moderne*, 2, square Caulaincourt, à Paris;

Association ouvrière des *Ornemanistes sur métaux*, 13, passage Maurice, à Paris.

***

Le Congrès aborda ensuite la discussion du document de M. L. Petit. Ce rapport avait été publié dans le numéro du journal l'*Association ouvrière*, du 8 juillet, dont chaque congressiste avait un exemplaire entre les mains.

Nous ne croyons pas utile de reproduire ce document *in extenso* tout d'abord, puisque nous serions obligés d'en reprendre de nouveau le texte, chapitre par chapititre, au fur et à mesure de la discussion.

Nous pensons qu'il vaut mieux découper le texte du rapport de M. Petit, en fractions, correspondant aux délibérations, suivant l'ordre dans lequel elles se déroulèrent au cours des séances du Congrès.

Cela évitera des répétitions inutiles, en même temps que cette façon de procéder préviendra toute confusion qui pourrait en résulter dans l'esprit du lecteur.

Voici l'exposé préliminaire du rapport de M. Petit :

Messieurs,

A la dernière assemblée générale de la Chambre consultative, il a été décidé, à l'unanimité, que le Congrès international qui doit avoir lieu à l'occasion de l'Exposition universelle, au Palais des Congrès et de l'Économie sociale, serait précédé d'un Congrès des associations adhérentes à la Chambre consultative, et que les délégués des associations de province seraient particulièrement invités à y assister.

Ce Congrès sera ouvert sous la présidence d'honneur de M. Th. Villard, ancien membre du Conseil supérieur du travail. Il aura lieu les 8, 9 et 10 juillet, dans la grande salle des réunions de la Chambre consultative, 27, boulevard Saint-Martin; il comprendra trois séances, l'une le lundi à 2 heures; la seconde, le mardi, à 9 heures du matin; la troisième, à 2 heures de l'après-midi — le dimanche étant consacré à la réception des délégués.

Le programme des travaux a été ainsi arrêté :

1re Question. — *Des moyens à employer pour que le décret du 4 juin 1888 soit rigoureusement appliqué;*

2me Question. — *Des conditions essentielles à exiger des Associations ouvrières postulant pour entrer à la Chambre consultative;*

3me Question. — *Des moyens d'équilibrer le budget de la Chambre consultative;*

4me Question. — *Formation d'une Association de publicité par les Associations de la Chambre consultative;*

5me Question. — *Des modifications à apporter aux statuts.*

En établissant la liste des principales questions qu'il importait de soumettre aux délibérations du Congrès des Associations adhérentes à la Chambre consultative, les membres de la Commission du Congrès se sont aperçus que la plupart de ces questions étaient déjà soumises à l'étude de la Commission des statuts et de la Commission du budget de la Chambre consultative.

En conséquence, il leur a paru indispensable de s'entendre avec les membres de ces deux Commissions pour élaborer d'un commun accord le programme définitif des questions qu'il y avait lieu de porter à l'ordre du jour du Congrès.

Après d'assez longues discussions les membres de ces trois commissions sont tombés d'accord sur l'utilité de soumettre à vos délibérations les questions énoncées cidessus qui étaient depuis longtemps en suspens, et qu'il était absolument nécessaire de faire aboutir.

1re QUESTION. — *Des moyens à employer pour que le décret du 4 juin 1888 soit rigoureusement appliqué.*

Rappelons d'abord le texte du décret du 4 juin 1888 :

DÉCRET DU 4 JUIN 1888

relatif à la participation des Sociétés françaises d'ouvriers aux adjudications et marchés passés au nom de l'Etat

Le Président de la République française,

Sur les rapports des Ministres des Finances et de l'Intérieur ;

Vu l'avis de la Commission instituée à la date du 20 mars 1883 pour l'étude de diverses questions relatives aux sociétés d'ouvriers ;

Vu l'article 12 de la loi du 31 janvier 1883 ;

Vu le décret du 31 mars 1862, portant règlement sur la comptabilité publique ;

Vu le décret du 18 novembre 1882, relatif aux adjudications et aux marchés passés au nom de l'Etat ;

Le Conseil d'Etat entendu,

Décrète :

ARTICLE PREMIER. — Les adjudications et marchés de gré à gré passés au nom de l'Etat sont, autant que possible, divisés en plusieurs lots, selon l'importance des travaux ou des fournitures, ou en tenant compte de la nature des professions intéressées.

Dans le cas où tous les lots ne seraient pas adjugés, l'administration aura la faculté soit de traiter à l'amiable pour les lots non adjugés, soit de remettre en adjudication l'ensemble de l'entreprise ou les lots non adjugés, en les groupant s'il y a lieu.

ART. 2. — Les sociétés d'ouvriers français, constituées dans l'une des formes prévues par l'article 19 du Code de commerce ou par la loi du 24 juillet 1867, peuvent soumissionner, dans les conditions ci-après déterminées, les travaux ou fournitures faisant l'objet des adjudications de l'Etat.

Des marchés de gré à gré peuvent également être passés avec ces sociétés pour les travaux ou fournitures dont la dépense totale n'excède pas vingt mille francs (20,000 fr.)

Art. 3. — Pour être admises à soumissionner, soit par voie d'adjudication publique, soit par voie de marché de gré à gré, les entreprises de travaux publics ou de fournitures, les sociétés devront préalablement produire :

1° La liste nominative de leurs membres;

2° L'acte de société;

3° Des certificats de capacité délivrés aux gérants, administrateurs ou autres associés spécialement délégués pour diriger l'exécution des travaux ou fournitures qui font l'objet du marché, et assister aux opérations destinées à constater les quantités d'ouvrages effectuées ou de fournitures livrées.

Les sociétés indiqueront, en outre, le nombre minimum des sociétaires qu'elles s'engagent à employer à l'exécution du marché.

En cas d'adjudication, les pièces justificatives exigées par le présent article seront produites dix jours au moins avant celui de l'adjudication.

Art. 4. — Les sociétés d'ouvriers sont dispensées de fournir un cautionnement, lorsque le montant prévu des travaux ou fournitures faisant l'objet du marché ne dépasse pas cinquante mille francs (50,000 fr.).

Art. 5. — A égalité de rabais entre une soumission d'entrepreneur ou fournisseur et une soumission de société d'ouvriers, cette dernière sera préférée.

Dans le cas où plusieurs sociétés d'ouvriers offriraient le même rabais, il sera procédé à une réadjudication entre ces sociétés sur de nouvelles soumissions.

Si les sociétés se refusaient à faire de nouvelles offres, ou si les nouveaux rabais ne différaient pas, le sort en déciderait.

Art. 6. — Des acomptes sur les ouvrages exécutés ou les fournitures livrées sont payés tous les quinze jours aux sociétés d'ouvriers, sauf les retenues prévues par les cahiers des charges.

Art. 7. — Les sociétés d'ouvriers sont soumises aux clauses et conditions générales imposées aux entrepreneurs de travaux ou fournitures par les différents départements ministériels, en tout ce qu'elles n'ont pas de contraire au présent décret.

Art. 8. — Les dispositions du présent décret ne sont pas applicables aux marchés ou adjudications qui concernent les travaux ou fournitures de la Guerre ou de la Marine, lorsque l'application de ces dispositions paraîtra préjudiciable aux intérêts du service.

ART. 9. — Les ministres sont chargés, chacun en ce qui le concerne, de l'exécution du présent décret, qui sera inséré au *Journal officiel* et au *Bulletin des lois.*

CARNOT.

Par le Président de la République :

Le Président du Conseil, Ministre de l'Intérieur, *Le Ministre des Finances,*

CH. FLOQUET. PEYTRAL.

Ce décret qui ne visait que les adjudications et marchés passés au nom de l'Etat, fut par un avis du Conseil d'Etat, en date du 27 juin 1889, rendu applicable au nom des départements.

Une loi promulguée le 29 juillet 1893 l'étendit aux adjudications des travaux communaux.

A plusieurs reprises, les ministres de l'Intérieur et du Commerce, par des circulaires spéciales, ordonnèrent aux fonctionnaires de leur département d'observer, en matière d'adjudications ou de marchés passés au nom de l'Etat, des départements ou des communes, les prescriptions de ces décrets, avis et lois favorables aux associations ouvrières.

Récemment encore, le 16 septembre 1899, M. Waldeck-Rousseau, président du Conseil, ministre de l'Intérieur et des Cultes, adressait aux préfets la lettre suivante :

RÉPUBLIQUE FRANÇAISE

MINISTÈRE DE L'INTÉRIEUR

DIRECTION
De l'Administration départementale et communale

1er BUREAU

N° 16

Application du décret du 4 Juin 1888
SOCIÉTÉS D'OUVRIERS FRANÇAIS

CIRCULAIRE

Paris, le 16 septembre 1899.

Le Président du Conseil,
Ministre
de l'Intérieur et des Cultes,
à MM. les Préfets.

Votre attention a été attirée à plusieurs reprises, tant par mon administration que par M. le Ministre du Commerce et de l'Industrie, sur les conditions favorables que le décret du 4 juin 1888 a faites aux Sociétés d'ouvriers français, pour la soumission des travaux ou fournitures de l'Etat, des départements et des communes. Je rappellerai notamment les circulaires de mon département du 25 juillet 1880 et du 30 décembre 1897 et celle de M. le Ministre du Commerce, du 6 octobre 1897.

Néanmoins, il résulte de diverses réclamations parvenues au Gouvernement que ces instructions ne sont pas toujours appliquées. Je crois devoir, en conséquence, appeler l'attention, *de la manière la plus instante*, sur les dispositions du décret du 4 juin 1888 pour les adjudications de l'Etat et des départements, qui a été rendu applicable aux adjudications communales par la loi du 29 juillet 1893.

Je crois utile de rappeler ici les dispositions principales de ce décret :

1° Il y a lieu de fractionner, autant que possible, les lots à adjuger, pour faciliter l'accès de l'adjudication aux Associations ouvrières ;

2° Ces Associations sont dispensées de fournir un cautionnement, quand le montant de l'adjudication ne dépasse pas 50,000 francs ;

3° A égalité de rabais, les Sociétés ouvrières doivent avoir la préférence ;

4° Ces Sociétés doivent recevoir, tous les quinze jours, des acomptes sur les travaux exécutés ou les fournitures livrées.

Vous ne perdrez pas de vue que l'inexécution des dispositions du décret du 4 juin 1888 pourrait entraîner l'annulation de l'adjudication et, s'il y a faute personnelle des administrateurs, l'allocation de dommages-intérêts aux parties lésées.

Je saisis cette occasion pour appeler votre attention sur les trois décrets du 10 août 1889 applicables aux marchés de l'Etat, des départements et des communes, qui prévoient l'insertion, dans les cahiers des charges, des clauses et conditions relatives au repos des ouvriers, à l'exclusion partielle de la main-d'œuvre étrangère, au paiement d'un salaire normal, à la limitation des heures de travail et qui portent, d'autre part, interdiction du marchandage. La légalité de certaines de ces clauses avait été antérieurement contestée ; les décrets du 10 août 1889, qui modifient sur ces points la législation antérieure, font disparaître tout sujet de doute à cet égard.

Le Président du Conseil,
Ministre de l'Intérieur et des Cultes

Signé : WALDECK-ROUSSEAU.

Enfin le 4 février 1900, au banquet que lui offrirent les Associations ouvrières ainsi qu'à M. Millerand, ministre du commerce, M. Waldeck-Rousseau fit cette déclaration :

J'ai pensé que le premier client des Associations ouvrières, ce devait être l'Etat et que l'Etat devait donner à tous l'exemple de la confiance dans les Associations ouvrières.

A quelque temps de là, ces paroles furent d'ailleurs mises en pratique et par M. Millerand et par M. Waldeck-Rousseau qui, ayant dû faire bâtir au ministère du Commerce et au ministère de l'Intérieur, chacun une salle des fêtes, rendue nécessaire à cause de l'Exposition, en confièrent la construction aux Associations ouvrières.

En outre, quand les travaux de la salle des fêtes du ministère de l'Intérieur furent terminés, M. Waldeck-Rousseau invita, le 23 juin 1900, les ouvriers qui avaient travaillé à son édification, à un lunch au cours duquel il prononça l'allocution suivante :

J'ai tenu à constater ici, dans cette construction que vous venez d'élever, le succès d'une idée qui m'a toujours été particulièrement chère. Il y a seize ans, dans une salle voisine de celle-ci, j'affirmais ma confiance raisonnée dans l'avenir des Sociétés coopératives de production. L'essor qu'elles ont pris montre que je n'étais pas téméraire.

Je disais aussi que l'État et les administrations publiques devraient être leurs premiers clients. Le Parlement ayant bien voulu m'accorder des crédits pour cette salle des Fêtes, c'est à vous que je me suis adressé.

Ceux qui viendront ici à l'occasion de l'Exposition y trouveront la preuve que ma confiance a été bien placée. S'ils sont frappés de l'élégante simplicité du plan qui fait à M. Dupré le plus grand honneur, ils admireront aussi la perfection de l'ouvrage et le fini de son exécution. Il faut qu'ils admirent aussi qu'il ait pu être exécuté dans les délais prévus ; ce sera là un fait assez rare pour mériter une place dans les annales du bâtiment.

Il faudra, M. Dupré, trouver un emplacement pour inscrire dans un cartouche, avec le nom de l'architecte, celui des Sociétés qui ont si bien exécuté son œuvre. Il me sera très agréable de laisser au ministère de l'intérieur une bonne et juste réclame au profit des Associations ouvrières.

Je ne souhaite pas d'avoir beaucoup de bâtiments ministériels à construire. Cette mission très douce serait traversée par d'autres soucis moins attrayants. Mais je vous souhaite à tous beaucoup de travail, beaucoup de commandes, un long avenir de prospérité et je bois à tous les coopérateurs français.

Voilà, certes, depuis douze années une série ininterrompue de manifestations qui, semble-t-il, ne devrait laisser aucun doute sur les sentiments du gouvernement à l'égard des Associations ouvrières et sur sa volonté de voir les chefs de service des administrations publiques leur faciliter la participation aux adjudications et marchés dans les conditions spécialement stipulées à leur intention.

Eh bien ! très souvent la routine est plus forte que les décrets et que la loi — et l'inertie des bureaux paralyse les meilleures intentions des ministres les plus résolus à faire œuvre démocratique.

Encore, à Paris, grâce à la Chambre consultative qui intervient immédiatement, s'il y a lieu; grâce à la Banque coopérative qui peut aider les Associations ouvrières à attendre, quand cela leur est nécessaire, les règlements à long terme de leurs travaux — et puis aussi parce qu'on a des amis dans la place, il faut bien le dire; et enfin parce que les Associations ouvrières de Paris ont fait la preuve de leurs capacités professionnelles — le décret du 4 juin est appliqué d'une façon assez constante.

Nous ne devons pas cependant oublier de noter les observations qui furent présentées au Congrès par M. Langevin, directeur de la Société coopérative de *Sculpteurs, Décorateurs et Ornemanistes*, 51, rue de l'Amiral-Ranson, à Paris, au sujet du refus opposé par les Bâtiments civils à la demande de participation des Associations ouvrières à la décoration du Théâtre-Français et de l'escalier du Louvre.

Du reste, les travaux de reconstruction du Théâtre-Français ont été donnés de gré à gré à un entrepreneur et on n'a pas admis le concours — qu'elles avaient cependant offert au ministère de l'Instruction publique — des Associations ouvrières, sous prétexte que l'architecte s'était engagé, si on le laissait libre de choisir ses collaborateurs, à livrer le monument complètement réparé et la scène refaite pour qu'on y puisse jouer le 14 juillet 1900 : on voit où en est l'œuvre qui s'édifie avec la même sage lenteur qui nous a valu le type désormais légendaire du « Maçon de l'Opéra-Comique ».

Mais, ces cas, qui sont assez rares à Paris, sont beaucoup plus fréquents dans les départements et MM. Moty, de Bordeaux, Maître, de Poitiers et Duché, de Limoges, firent à ce sujet des communications particulièrement intéressantes au Congrès.

Aussi M. Vila n'eut-il pas de peine à démontrer l'importance de la question pour la prospérité des Associations ouvrières. Il aurait voulu que le Congrès tînt une séance spéciale où les Associations ouvrières se rattachant à l'industrie du bâtiment auraient discuté le texte d'une pétition à adresser au président du Conseil des Ministres pour lui exposer la situation et pour le prier d'y porter remède.

Mais M. Bougot, de Rennes, fit ressortir qu'il n'y avait pas lieu de limiter aux Associations ouvrières du bâtiment seulement le droit d'intervenir en cette affaire, attendu que, si celles-ci semblaient plus immédiatement intéressées à l'application du décret du 4 juin, les Associations ouvrières des industries diverses l'étaient aussi, car plus d'une d'entre elles pouvait se trouver en état de prendre part aux adjudications, aux marchés passés pour fournitures de produits ou marchandises diverses; ainsi, par exemple, pour les instruments de musique, pour les fournitures d'habillement, etc.

M. Mathieu, de Chalon-sur-Saône, insista dans le même sens que M. Bougot.

M. Vila fit remarquer que s'il avait surtout parlé des Associations ouvrières du bâtiment, c'est parce que la plupart des travaux qu'elles peuvent entreprendre sont mis en adjudication par des Administrations dépendant du Ministère de l'Intérieur; et que, par suite, ces administrations peuvent être rappelées par ordre du Ministre de l'Intérieur à la stricte observance des décrets et règlements favorables aux Associations, tandis que dans les autres ministères, où l'on met en adjudication des fournitures pouvant intéresser les Associations ouvrières des industries diverses, par exemple à la Guerre ou à la Marine, on procède de façon toute différente et il ne semble pas que la pétition puisse être suivie du même effet qu'elle le sera au Ministère de l'Intérieur. Toutefois il ne s'opposa pas à ce qu'on donne à sa proposition primitive l'extension désirée par M. Bougot. Il conclut en demandant la nomination d'une Commission de cinq membres chargée d'élaborer les termes de la pétition à adresser aux ministres.

M. Chausson, de Paris, fit alors observer qu'un grand nombre de directeurs d'Associations ouvrières de Paris, intéressées au premier chef dans la question, n'étaient pas présents parce qu'ils étaient retenus par les nécessités professionnelles et les exigences de leur situation, soit dans leurs bureaux, soit dans leurs ateliers, ou sur leurs chantiers et que cependant il n'était pas séant d'agir sans qu'ils aient pu exprimer leur avis.

En conséquence, il demanda que la Commission de cinq membres, dont M. Vila avait réclamé la nomination, soit formée par cinq délégués des associations ouvrières des départements, mais se réunisse pour remplir son rôle, à la Commission du travail de la Chambre consultative.

C'est ce que le Congrès accepta, et il désigna à cet effet MM. :

Bougot, de l'Association coopérative des ouvriers menuisiers et ébénistes, de Rennes ;

Duché, de l'Association des ouvriers menuisiers, de Limoges ;

Maître, de l'Association coopérative des ouvriers menuisiers et charpentiers, de Poitiers ;

Migeon, de la Société coopérative des ouvriers plâtriers-peintres, de Saint-Étienne ;

Moty, de la Société coopérative des tailleurs de pierre et maçons réunis, de Bordeaux.

Le soir même, à cinq heures et demie, ces cinq délégués se rencontrèrent à la Chambre consultative avec MM. Le Corre, Gillet, Goguin, Viardot et Regnard, de la Commission du travail.

La Commission plénière ainsi constituée entendit les observations de M. Moty, de Bordeaux, qui expliqua qu'actuellement des travaux assez importants se faisaient à la Gendarmerie et au Palais de Justice, et que ces travaux avaient été donnés de gré à gré à un entrepreneur favorisé par l'administration. Depuis cinq ans, nombre de travaux analogues ont aussi été donnés de gré à gré au même entrepreneur, malgré les démarches faites auprès du préfet de la Gironde par les délégués des Associations ouvrières et malgré que le Conseil général ait, par un vote formel, engagé le préfet à mettre en adjudication les travaux d'entretien départementaux.

A Limoges, dit M. Duché, depuis près de quarante ans, les travaux d'entretien sont donnés de gré à gré au même entrepreneur, malgré les démarches des délégués et malgré le vote du Conseil général de la Haute-Vienne en faveur des associations ouvrières.

A Poitiers, même situation, exposa M. Maître.

Et à Rennes aussi, d'après ce que révéla M. Bougot ; ainsi qu'à Morlaix, comme l'apprit M. Caramour, etc.

Bref il fut convenu que les diverses personnes qui avaient apporté des plaintes verbales devant la Commission les formuleraient par écrit avec preuves à l'appui et remettraient les dossiers ainsi formés à la Chambre consultative.

D'autre part, on décida de rappeler aux directeurs d'Associations ouvrières la circulaire publiée dans le numéro d'octobre 1899 du journal l'*Association ouvrière* et dont voici le texte :

Cher Collègue,

La Commission du travail ayant pris note des réclamations formulées par plusieurs Associations adhérentes n'ayant pas soumissionné aux travaux de l'Etat, des départements et des communes avec le bénéfice du décret du 4 juin 1888, vous prie de bien vouloir tenir la Chambre consultative au courant des difficultés ou des fins de non recevoir que vous auriez éprouvées, afin que l'on puisse signaler à qui de droit les infractions à ce décret.

De plus, elle vous engage à vous enquérir des travaux qui peuvent être donnés de gré à gré ou en adjudications restreintes et d'en informer également notre secrétariat.

Pour la Chambre consultative :

A. VILA.

Enfin, la Commission rédigea le projet de pétition à envoyer aux ministres.

Ce projet fut soumis au Congrès. M. Chausson proposa la modification de quelques passages qui ne lui semblaient pas présenter un caractère de revendication suffisamment énergique, et M. Carlier y fit introduire une phrase pour demander que les Associations ouvrières soient prévenues des adjudications assez tôt pour pouvoir fournir les pièces exigées par l'article 3 du décret du 4 juin, dix jours avant celui fixé par l'adjudication.

En fin de compte, la pétition se trouva rédigée comme suit :

Paris, le 10 juillet 1900.

Monsieur le Ministre,

Le 4 juin 1888, sur les rapports de M. Floquet, président du Conseil, ministre de l'intérieur, et de M. Peytral, ministre des finances, et le Conseil d'Etat entendu, le Président de la République rendait un décret réglant les conditions de la participation des Sociétés françaises d'ouvriers aux adjudications et marchés passés au nom de l'Etat.

Le 27 juin 1889, le Conseil d'Etat, sur le renvoi ordonné par le ministre de l'intérieur, émettait l'avis que le décret du 4 juin est également applicable au nom des départements.

Le 29 juillet 1893 était promulguée une loi dont l'article unique était ainsi conçu :

« Les Associations d'ouvriers français sont admises aux adjudications des travaux communaux dans les conditions déterminées par le décret du 4 juin 1888 relatif à la participation des Sociétés françaises d'ouvriers aux adjudications et marchés passés au nom de l'Etat. »

Le 25 juillet 1889, le 30 décembre 1897, M. le ministre de l'intérieur, et le 6 octobre 1897 M. le ministre du commerce, attiraient de nouveau l'attention des fonctionnaires de leurs départements sur les prescriptions favorables aux Associations ouvrières pour la soumission des travaux ou fournitures de l'Etat, des départements et des communes.

Enfin, le 16 septembre 1899, M. Waldeck-Rousseau, président du Conseil, ministre de l'intérieur et des cultes, adressait aux préfets une circulaire dans laquelle il croyait devoir rappeler les dispositions principales du décret du 4 juin qui sont les suivantes :

1° Il y a lieu de fractionner autant que possible les lots à adjuger pour faciliter l'accès de l'adjudication aux Associations ouvrières;

2° Ces Associations sont dispensées de fournir un cautionnement quand le montant de l'adjudication ne dépasse pas 50,000 francs;

3° A égalité de rabais, les Sociétés ouvrières doivent avoir la préférence;

4° Ces Sociétés doivent recevoir, tous les 15 jours, des acomptes sur les travaux exécutés ou les fournitures livrées.

Et M. Waldeck Rousseau ajoutait que « l'inexécution « des dispositions du décret du 4 juin 1888 pourrait « entraîner l'annulation et, s'il y a faute personnelle « des administrateurs, l'allocation de dommages-intérêts « aux parties lésées. »

Ces instructions si précises sont loin d'être respectées, surtout en province, et les travaux, marchés et fournitures de l'Etat, des départements, des communes et des administrations publiques continuent à être souvent donnés de gré à gré aux entrepreneurs sans que les Associations ouvrières soient appelées à y participer.

Aussi le Congrès des Associations ouvrières de Paris et des départements adhérentes à la Chambre consultative a-t-il décidé, dans sa séance du 10 juillet 1900, de signaler à M. le président du Conseil et à tous les ministres le peu de cas fait jusqu'ici, par la plupart de leurs représentants, des obligations auxquelles les astreignent les lois et les décrets, et des recommanda-

tions réitérées qui leur ont été faites à ce sujet par le Gouvernement.

Les délégués des Associations qui se sont fait l'écho de ces plaintes au sein du Congrès ont d'ailleurs déposé à la Chambre consultative, pour que communication en soit faite aux ministres compétents, s'il y a lieu, des dossiers probants à l'appui de leurs réclamations.

Confiant dans l'esprit démocratique qui anime le ministère actuel, le Congrès est persuadé qu'en ce qui vous concerne, vous voudrez bien, Monsieur le Ministre, examiner avec bienveillance les doléances trop justifiées qui vous sont soumises.

Et il espère que vous consentirez, non seulement à mettre les administrations publiques en demeure de tenir enfin un compte sérieux des droits qu'une législation républicaine a conférés aux Associations, mais que vous insisterez pour qu'on leur en assure l'exercice dans des conditions qui leur permettent d'en profiter dans la limite de leurs moyens notamment en appliquant à la lettre le 4e paragraphe spécialement visé dans la circulaire du 16 septembre 1899 qui recommande le payement des acomptes par quinzaine — et aussi, en priant les chefs de services qui en ont la mission, d'aviser des adjudications les Associations assez tôt pour qu'elles aient le temps de fournir les pièces justificatives désignées par le décret du 4 juin, dans son article 3, dix jours avant celui de l'adjudication.

Veuillez agréer, Monsieur le Ministre, l'assurance de notre respectueuse considération et de notre inaltérable dévouement à la République.

Pendant tout le temps du Congrès, un original de cette pétition resta déposé à la Chambre consultative, pour être signé des directeurs de toutes les Associations adhérentes.

Cette pièce est conservée dans les archives de la Chambre consultative et une copie a été remise par les soins du secrétaire de la Chambre consultative, aux ministres de l'Intérieur, de l'Instruction publique, des Finances, de la Guerre, du Commerce, de l'Agriculture, de la Marine, des Travaux publics et de la Justice.

Ainsi que le Congrès l'a décidé, sur l'initiative de M. Bougot, de Rennes, quand la Chambre consultative aura reçu les réponses des ministres, elle les publiera dans une petite brochure qui comprendra en outre le texte de la pétition, du décret du 4 juin 1888, de la circulaire de M. Waldeck-Rousseau du 16 septembre 1899, et enfin des décrets du 10 août 1899 dits « décrets Millerand » sur les conditions du travail dans les marchés passés au nom de l'Etat, des départements, des communes et des établissements publics de bienfaisance.

Cela constituera un ensemble de documents dont les Associations ouvrières devront toujours posséder un certain stock pour les faire tenir, en temps opportun, et le cas échéant, aux préfets, municipalités, conseillers généraux, architectes départementaux, communaux ou d'hospices, et à tous les fonctionnaires qui pourraient oublier les conditions dans lesquelles nos Sociétés doivent être admises aux adjudications.

***

2me Question. — *Des conditions essentielles à exiger des Associations ouvrières postulant pour entrer à la Chambre consultative.*

Voici la partie du rapport de M. L. Petit, ayant trait à cette question :

Depuis quelques années il a été beaucoup parlé des conditions d'admission des Associations et de l'unité de vues qu'il est nécessaire d'établir entre les Associations adhérentes à la Chambre consultative sur les points essentiels qui caractérisent l'Association coopérative ouvrière de production et sur les devoirs des coopérateurs.

Mais, jusqu'ici, aucun des divers projets de règlement qui ont été présentés sur cette question n'a réuni une majorité suffisante pour que l'on puisse dire que cette question a été réglée.

Nous croyons d'ailleurs que le sentiment de la grande majorité des directeurs d'Associations est qu'une question de cette importance ne peut être tranchée de façon définitive que par un Congrès de toutes les Associations adhérentes à la Chambre consultative.

Cette question est peut-être la plus ardue de toutes celles que nous ayons à résoudre; nous n'avons pas cru que c'était le moment de dire : « La question ne sera pas posée. »

Nous croyons, au contraire, qu'il faut qu'elle soit une bonne fois posée, et c'est pourquoi nous l'avons mise à l'ordre du jour de vos délibérations avec l'espoir que nous ne nous séparerons pas sans l'avoir résolue à la satisfaction générale, en donnant une forme concise à cette unité de vues qui est la raison d'être de notre groupement et qui doit être la base de notre action future.

Pour aboutir à une solution, nous croyons qu'il ne faut pas nous occuper de ce que sont les Associations actuellement adhérentes à la Chambre consultative.

Il ne s'agit pas, en effet, de ces Associations, dont les constitutions sont plus ou moins anciennes et plus ou moins difficiles à modifier.

Ces Associations ne sont pas, ne peuvent pas être en jeu, quelle que soit la décision à laquelle nous nous arrêterons, car il n'est pas d'usage que des lois aient un effet rétroactif.

Le principe de l'Association étant la solidarité,

Le but de la Chambre consultative étant d'associer les Associations,

Toute collectivité n'accomplissant pas ses devoirs de solidarité ne peut pas prétendre à faire partie de notre Fédération.

Toutefois, ces devoirs étant illimités, les hommes n'étant pas parfaits, des Associations pouvant être obligées de faire certaines concessions aux usages de la société capitaliste dans laquelle nous vivons, et notre intérêt étant de grouper le plus grand nombre possible d'Associations, nous ne pouvons exiger pour leur admission parmi nous que l'accomplissement des plus essentiels de ces devoirs.

Il s'agit donc de nous prononcer sur ce que nous appellerons le minimum de garanties que doit présenter une Association ouvrière de production pour être admise à faire partie de la Chambre consultative.

Considérant :

Que certaines Sociétés ayant besoin d'un gros capital et pouvant se trouver dans l'obligation de faire appel au public, il importe de tenir compte, dans une certaine mesure, des usages établis dans les Sociétés financières actuelles, afin de laisser aux Associations tous les moyens possibles de prendre de l'extension et de faciliter à certaines Sociétés relativement démocratiques une adhésion à notre groupement qui augmentera sa force et ne pourra être que favorable aux travailleurs associés et auxiliaires de ces Sociétés, mais qu'il convient toutefois d'assurer la prépondérance dans les Conseils d'administration à l'élément coopératif, nous vous soumettons ce

PROJET DE RÉSOLUTION

Le Congrès décide que pour être admise à la Chambre consultative toute Association devra :

1° Etre constituée légalement;

2° Ne pas exiger de ses adhérents qu'ils aient versé plus de 200 francs pour avoir voix délibérative aux Assemblées, ni plus de 1,000 francs pour être éligibles au conseil d'administration;

3º Ne pas accorder dans les Assemblées plus de 5 voix à un actionnaire, quelle que soit sa part du capital social;

4º Au cas où elle ferait appel au public pour la souscription de son capital, stipuler que les trois quarts au moins des membres du Conseil d'administration devront être pris parmi l'élément coopératif;

5º Quand la situation sera assez florissante pour lui permettre de distribuer des bénéfices, servir aux ouvriers de l'Association une participation au moins égale à la somme attribuée comme dividende aux actions, sans que cette répartition puisse être inférieure à 25 o/o au moins desdits bénéfices, au prorata des salaires reçus.

6º S'engager à contribuer dans la mesure de ses moyens aux œuvres de solidarité et de propagande des idées coopératives (1) dont la fondation serait décidée en Assemblée générale de la Chambre consultative à la majorité des deux tiers des adhérents;

7º S'engager à tenir une comptabilité régulière et à fournir à la Chambre consultative les renseignements statistiques d'intérêt général qui pourraient être demandés par le Conseil d'administration, tels que chiffres d'affaires et de main-d'œuvre annuelle, d'associés, nombre de travailleurs associés et auxiliaires, etc.

8º Enfin s'engager à soumettre à l'arbitrage de la Chambre consultative tout différend survenant entre elle et une autre Association.

Le projet de résolution présenté par M. L. Petit, fut examiné paragraphe par paragraphe.

Sur le 1er paragraphe, une discussion s'engagea sur le point de savoir ce qu'il fallait entendre au juste par ces mots: *Etre constituée légalement.*

M. H. Weber, des *Horlogers*, de Paris, fit remarquer que certaines sociétés se croyaient très régulièrement constituées si elles se formaient tout simplement par un acte sous seing privé fait en double original, tandis que d'autres pensaient qu'elles devaient se former par acte notarié. Il serait bon que la question fût définitivement élucidée.

C'est à quoi s'employèrent, par les explications et les arguments

(1) Telles que l'Orphelinat de la Coopération, la Société de Publicité, le journal *l'Association ouvrière*, etc.

qu'ils fournirent à tour de rôle, MM. Vila, Bougot, de Rennes; Mathieu, de Chalon-sur-Saône : Barré, Fagot, de Lyon ; Chirard, d'Amiens; Bach, de Bordeaux ; Chausson, Ladousse, Migeon, de Saint-Etienne; Blanchard et Paris, de Poitiers et le rapporteur général Petit.

Et de cette longue discussion il résulta que les coopérateurs qui veulent former une Association ouvrière doivent tenir compte à la fois :

1° De l'article 21 de la loi du 24 juillet 1867, qui est ainsi conçu :

« A l'avenir, les sociétés anonymes pourront se former sans l'auto-« risation du gouvernement.

« Elles pourront, quel que soit le nombre des associés, être formées « par un acte sous seing privé fait en double original. »

2° Du 2e alinéa de l'article 55 de cette même loi qui dit :

« A l'acte constitutif des sociétés en commandite par actions et des « sociétés anonymes sont annexées : 1° *une expédition de l'*ACTE NOTA-« RIÉ *constatant la souscription du capital et le versement du quart...* »

Ainsi voilà qui est bien clair : La société peut être formée par un acte sous seing privé; mais, à cet acte constitutif de la société, il faut annexer une expédition de l'*acte notarié* constatant la souscription du capital et le versement du quart. (Pour les sociétés à capital variable, le versement exigé n'est que du dixième.)

Donc, il n'y a lieu de faire intervenir le notaire que pour l'établissement de l'acte constatant la souscription du capital et le versement du dixième. Les associations restent bien libres, évidemment, de charger le notaire de toutes les opérations et de toutes les formalités constitutives, mais alors elles auront à payer des honoraires fort élevés, et ce sont des frais dont elles peuvent se dispenser en faisant elles-mêmes le dépôt au greffe de la Justice de paix et du Tribunal de commerce, et en faisant insérer dans un journal désigné pour recevoir les annonces légales un extrait de l'acte sous seing privé.

Si elles suivent ces conseils, que M. Raphaël Barré, directeur de la Banque coopérative des Associations ouvrières de production, a développés avec tant de clarté dans son étude sur « les Frais de Notaire », publiée en plusieurs numéros du journal *l'Association ouvrière* (1), les Associations feront une économie de plus de 50 p. 100; et c'est, surtout à leurs débuts, une considération qui ne manque pas d'importance.

***

Sur cette question de la constitution légale des Associations ouvrières, d'autres vinrent se greffer par suite des observations de divers membres du Congrès.

C'est ainsi que M. Chirard, d'Amiens, demanda si les modifications statutaires devaient être consignées par devant notaire.

Il lui fut démontré que cela était absolument inutile.

Par contre, toutes les délibérations ayant trait à l'augmentation du Capital social doivent faire l'objet d'une déclaration notariée, si le capital initial est complètement versé.

D'autres congressistes, et notamment M. Fagot, des *Cordonniers*, de

---

(1) Voir également *Discours et Ecrits sur la Coopération de Production*, par Raphaël Barré (pages 153 et suivantes), 1 vol. 1 fr. 15, par la poste, à l'Association « Le Papier », 221, rue Lafayette, à Paris, ou chez l'auteur, 27, boulevard Saint-Martin, à Paris.

Lyon, exposèrent que leurs Associations étaient astreintes au paiement de l'impôt sur les bénéfices répartis entre les Sociétaires.

M. H. Weber donna les renseignements les plus catégoriques. M. H. Weber a fait, en effet, une étude spéciale de cette question et il montra au Congrès comment la loi de 1876 a modifié, en faveur des Sociétés coopératives, les stipulations de la loi de 1872 à ce sujet.

Aujourd'hui, cela ne fait pas le moindre doute, les Associations ouvrières n'ont pas à payer l'impôt sur les bénéfices qu'elles distribuent à leurs sociétaires, à moins que ces Associations ne soient régulièrement constituées par actions et que ces actions aient été effectivement créées, qu'elles aient été timbrées et qu'elles soient distribuées entre les mains des sociétaires.

Si les Associations ouvrières ne sont pas dans ce cas, dit M. Weber, il n'y a qu'à répondre au fisc que l'Association n'est pas une Société anonyme financière, mais une Société de personnes se connaissant, une Société d'artisans se réunissant pour travailler en commun, et qu'en réalité les sommes réparties entre elles, en fin d'exercices, ne constituent pas un bénéfice au sens fiscal du mot, mais que c'est un sursalaire et que les bénéfices se fussent évanouis si elle avait voulu fixer à un taux plus élevé le salaire de la journée ou la rémunération de l'heure.

M. Vila cita de nombreux exemples, corroborés par les directeurs de province, montrant que l'intervention de la Chambre consultative auprès de l'administration des contributions en semblable circonstance a toujours été couronnée de succès et qu'ainsi, non seulement les Associations n'ont plus été imposées sur leurs bénéfices répartis, mais encore qu'on a remboursé, à celles qui avaient payé, les impôts de plusieurs années.

M. Bougot, de Rennes, conclut en demandant que la Chambre consultative établisse des instructions explicites permettant aux Associations de connaître exactement leurs obligations et leurs droits pour être en règle avec la loi sans être exposées à payer des sommes qui ne sont pas dues aux notaires ou au fisc, soit pour la constitution soit pour ensuite le fonctionnement de la Société.

Cette proposition est prise en considération.

***

On passa ensuite à la discussion du 2e paragraphe du projet de résolution de la Commission.

Au préalable, M. Bougot demanda à revenir sur l'exposé des motifs qui semble prévoir deux sortes d'Associations, de constitution différente, dans la Chambre consultative.

Cette observation appela l'intervention de M. Ladousse et de M. Weber, qui expliquèrent qu'à l'origine les Asssociations se sont constituées sans guide, un peu au hasard des inspirations de ceux qui avaient eu l'idée de ces groupements. Il en est résulté des statuts tout à fait variés et de la diversité desquels il ne fut pas tenu compte quand les Associations éparses sentirent le besoin, pour être plus fortes, de se réunir et de former la Chambre consultative ; mais depuis, l'éducation coopérative s'est faite et on a compris le devoir d'émancipation qui incombait aux Associations, devoir qu'elles ne peuvent remplir sans se soumettre à un minimum d'obligations vis-à-vis de leurs associés, auxiliaires ou employés similaires. C'est là le but du projet de résolution dont les divers paragraphes sont soumis aux délibérations du Congrès, mais on ne peut cependant rejeter les anciennes Associations, même si leurs statuts ne leur permettent pas, comme c'est le cas pour l'*Imprimerie Nouvelle*, de se réorganiser sur les bases que l'on préconise maintenant.

M. Bougot dit : Tout au moins, il faut qu'il soit bien entendu que désormais les Associations qui subiraient des modifications dans un sens contraire aux principes du Congrès ne pourraient être affiliées à la Chambre consultative.

Tout le monde resta d'accord à ce sujet.

Et, sous le bénéfice d'une observation de M. Fagot, de Lyon, qui fit remarquer qu'il n'est pas nécessaire d'avoir versé 200 francs pour avoir voix délibérative aux Assemblées ni 1,000 francs pour être éligible au Conseil d'Administration, mais seulement qu'on ne peut exiger plus, le deuxième paragraphe du projet de résolution fut adopté.

***

3e *paragraphe*. — M. Bougot soutint que c'est faire la part trop belle aux capitalistes que de leur permettre d'avoir cinq voix. Il y voit un danger et craint que les Associations ne tombent, en certains cas sous la coupe des capitalistes.

M. Ladousse répliqua que si les Sociétés coopératives de production veulent aborder la grande industrie, comme elles sont aujourd'hui capables de le faire, il faut accepter le concours des capitalistes.

Ces capitalistes ne voudront pas confier leurs fonds aux Associations si on ne leur donne pas certaines garanties de bonne administration. Or, ces garanties sont en réalité plus flatteuses pour le capitaliste qu'effectives quant à la direction des Associations.

Il y a lieu de tenir compte, d'ailleurs, que les capitalistes qui viennent aux Associations sont des philanthropes; des bourgeois, c'est vrai, mais des bourgeois d'opinion avancée, des coopérateurs en un mot et non des faiseurs d'affaires. Ne croyez pas que ce soit là le péril, dit M. Ladousse, car on n'a pas d'exemple d'Associations ayant été détournées de leur but par un capitaliste entré dans leur sein, tandis qu'on en a vu plus d'une, détruite par le fait d'un ouvrier qui avait rêvé de devenir patron en escamotant la Société.

M. Roussat, de Clermont-Ferrand, cita l'exemple de la Société d'équipements militaires de Marseille dont le directeur a pu s'emparer pour son compte de 100,000 francs de fournitures, parce que 7 membres du conseil d'administration avaient, par le nombre de leurs actions, la prépondérance sur leurs camarades.

M. Bougot insista et dit qu'il ne comprenait pas qu'on accorde à un capitaliste cinq voix, c'est-à-dire qu'on lui reconnaisse cinq fois plus d'intelligence parce qu'il est cinq fois plus riche.

M. Vila dit : « Mais la Verrerie Ouvrière, qui devrait cependant passer pour le prototype de la Coopérative socialiste, accorde jusqu'à dix voix à un seul actionnaire. »

MM. Maitre, de Poitiers, Petit, Bach, Moty et Rousseau, de Puteaux, proposèrent divers amendements, tandis que M. Guyard, de Bordeaux, insista pour le maintien de la rédaction proposée par la Commission.

M. Dufresne fit remarquer que vouloir ne donner qu'une voix à un capitaliste qui aura apporté son concours à l'Association pour une somme de 100,000 francs, par exemple, comme à un actionnaire de 25 francs ; c'est, par peur de voir l'élément ouvrier dominé par le capitaliste, renverser les rôles et faire du capitaliste l'esclave de l'ouvrier : or, il ne doit y avoir de servitude, ni d'un côté, ni de l'autre.

Quoi qu'il en soit, la proposition de M. Bougot, tendant à n'accorder qu'une seule voix à tout sociétaire, quel que soit son nombre d'actions, fut tout d'abord adoptée par 34 voix contre 24 et 19 abstentions. Toutefois, un certain nombre de congressistes, tout en reconnaissant le côté démocratiquement séduisant de la motion Bougot, y voyaient une entrave au développement des Associations ouvrières, et ils recherchèrent une formule qui donnât satisfaction à l'esprit dont s'était inspiré M. Bougot, sans que les capitalistes amis de la coopération soient, par une suspicion exagérée, privés de leur influence légitime dans les Conseils des Associations.

Et alors, en fin de séance, MM. Petit et Dufresne, de Paris, et MM. Maître, de Poitiers et Duché, de Limoges s'entendirent pour proposer la rédaction suivante :

3e *paragraphe*. — Ne pas accorder dans les Assemblées plus d'une voix par 500 francs de capital souscrit sans que le nombre de voix puisse être supérieur à 5.

Toutefois, lorsqu'il s'agira de la revision des statuts ou de la dissolution de la Société, les actionnaires seront convoqués et n'auront qu'une voix, quel que soit le nombre des actions possédées.

M. Dufresne fit ressortir les avantages de ce texte qui, tout en laissant aux actionnaires capitalistes la possibilité d'une intervention bien réelle dans la discussion des intérêts et dans l'examen des opérations des Associations, limitait cependant leur action quand il s'agissait de l'existence même et de la direction des Sociétés.

M. Ladousse rappela d'ailleurs qu'il ne s'agissait nullement d'imposer à toutes les Associations l'obligation d'accorder 5 voix aux capitalistes; bien au contraire, on voulait dire qu'on ne pourrait jamais donner plus de 5 voix à n'importe quel capitaliste, quelle que soit la somme qu'il ait versée; mais chaque Association reste libre d'introduire dans la rédaction de ses statuts une clause n'accordant qu'*une seule voix* à tous les sociétaires.

Dans ces conditions, le texte Petit, Dufresne et Maître fut adopté par le Congrès, à l'unanimité, moins la voix irréductible de M. Bougot.

***

Le paragraphe 4 fut ensuite voté sans observations.

Le paragraphe 5 fut modifié sur la demande de MM Dufresne et Bougot, qui firent remarquer l'inutilité de la première partie de la phrase : « Quand la situation sera assez florissante pour permettre de « distribuer des bénéfices... »

Il est évident que, s'il n'y a pas de bénéfices, on n'a pas à se préoccuper de la façon dont ils seront répartis; et d'un autre côté la restriction : « Quand la situation sera assez florissante... » laisse la question d'appréciation complètement ouverte et peut retarder sans raison véritablement justifiée la répartition aux ouvriers de l'Association.

M. Bach, de Bordeaux, dit aussi qu'il serait bon de bien spécifier que, par l'expression : « Ouvriers de l'Association » on entend non seulement les sociétaires, mais aussi les auxiliaires, employés ou similaires et, en général, sans aucune exception, toutes les personnes ayant travaillé pour l'Association.

De sorte que le paragraphe 5 fut adopté par le Congrès dans la forme suivante :

5° Servir aux ouvriers de l'Association, associés, employés, auxiliaires ou similaires, une participation aux bénéfices au moins égale à la somme attribuée comme dividende aux actions, sans que cette répartition puisse être inférieure à 25 0/0 au moins desdits bénéfices, au prorata des salaires reçus ou du nombre d'heures de travail.

Sur le paragraphe 6 M. Fagot, de Lyon, exprima le désir de voir étendre la participation des Associations ouvrières aux œuvres d'émancipation sociale.

D'autre part, M. Mangeot manifesta la crainte que les Associations ouvrières n'apportent qu'un concours très restreint aux entreprises de solidarité si on les laissait libres d'y « contribuer *dans la mesure de leurs moyens* », car elles pourraient avoir une tendance à dire que leurs moyens ne les mettent pas en mesure de faire l'acte de solidarité qu'on en attend.

Il faut donc que la contribution des Associations aux œuvres de solidarité, de propagande coopérative et d'émancipation sociale soit déterminée; et la Chambre consultative, en se basant sur les bilans des Associations, a l'autorité nécessaire pour le faire.

Tenant compte de ces diverses observations, le Congrès adopta pour le paragraphe 6 le texte suivant :

6° S'engager à contribuer dans la mesure fixée par la Chambre consultative, pour chaque Association, d'après les données de son dernier bilan, aux œuvres de solidarité, de propagande des idées coopératives ou d'émancipation sociale, dont la fondation serait décidée en Assemblée générale de la Chambre consultative à la majorité des deux tiers des adhérents, ou auxquelles la Chambre consultative aurait résolu, dans les mêmes conditions, de participer.

Le paragraphe 7 fut voté sans modifications.

Le paragraphe 8 fut l'objet d'une addition disant que l'arbitrage devrait être demandé à la Chambre consultative non seulement pour les différends d'associations entre elles, mais encore pour les difficultés venant à s'élever entre une Association et l'un de ses membres.

***

En définitive, le Congrès formula comme suit les conditions essentielles d'admission des Associations ouvrières à la Chambre consultative :

Pour être admise à la Chambre consultative, toute Association devra :

1° Etre constituée légalement;

2° Ne pas exiger de ses adhérents qu'ils aient versé plus de 200 francs pour avoir voix délibérative aux Assemblées, ni plus de 1,000 francs pour être éligibles au Conseil d'administration;

3° Ne pas accorder dans les Assemblées plus d'une voix par 500 francs de capital souscrit, sans que le nombre de voix puisse être supérieur à 5.

Convoquer tous les sociétaires et ne leur accorder à chacun qu'une voix, quel que soit le nombre de parts possédées par chacun d'eux, dans les Assemblées concernant la revision des statuts ou la dissolution de la Société ;

4° Au cas où elle ferait appel au public pour la souscription de son capital, stipuler que les trois quarts au moins des membres du Conseil d'administration devront être pris dans l'élément coopératif ;

5° Servir aux ouvriers de l'Association, associés, employés, auxiliaires ou similaires, une participation aux bénéfices au moins égale à la somme attribuée comme dividende aux actions, sans que cette répartition puisse être inférieure à 25 0/0 au moins desdits bénéfices, au prorata des salaires reçus ou du nombre d'heures de travail ;

6° S'engager à contribuer, dans la mesure fixée par la Chambre consultative, pour chaque Association, d'après les données de son dernier bilan, aux œuvres de solidarité, de propagande des idées coopératives ou d'émancipation sociale, dont la fondation serait décidée en Assemblée générale de la Chambre consultative à la majorité des deux tiers des adhérents, ou auxquelles la Chambre consultative aurait résolu, dans les mêmes conditions, e participer ;

7° S'engager à tenir une comptabilité régulière et à fournir à la Chambre consultative les renseignements statistiques d'intérêt général qui pourraient être demandés par le Conseil d'administration, tels que chiffres d'affaires et de main-d'œuvre annuelle, nombre d'associés, nombre de travailleurs associés et auxiliaires, etc.

8° Enfin, s'engager à soumettre à l'arbitrage de la Chambre consultative tout différend survenant entre elle et une autre Association ou entre elle et l'un ou plusieurs de ses associés.

C'est sur le vote de l'ensemble de cette résolution que prit fin la première séance du Congrès.

Séance du Mardi matin 10 Juillet.

Le bureau fut constitué comme suit :

Président : M. Th. Villard;

Vice-président : M. Gillet, directeur de l'Association d'ouvriers *Peintres* « La Mutuelle », de Paris;

Assesseurs : M. Bach, directeur de l'Association des ouvriers *Paveurs et Cimentiers* « L'Epargne », de Bordeaux; M. Blanchard, directeur de l'Association coopérative des *Tailleurs de pierre et Maçons*, « La Fraternelle », de Poitiers;

Secrétaire : M. Manoury.

Présents : MM. Lamarche, Barré, Barbier, Audebert, Trannoy, Chaussade, Harmanlius, Ragot, Fagot, Jouandanne, Guyard, Meriot, Chirard, Bonnet, Caramour, Laberthe, Grappin, Barnet, Chausson, Prigent, Cornic, Deschamps, Pallier, Boussat, Bresle, Mathieu, Berthon, Marpinaud, Charollais, Bourzat, Bord, Weber, Bougeot, Arjo, Paris, Moullec, Cogniet, Nel, Gontard, Viardot, Bourrisset, Romanet, Taupin, Imbert, James, Machuron, Maître, Martin, Duché, Bougot, Bach, Gillet, Gaillard, Rousseau, Laberan, Dutour, Laroche, Thuillier, Boulin, Migeon, Porteron, Régnier, Lavignas, Serre, Dupuy, Carlier, Langevin, Millet, Pasquier, Le Corre, Rouberty, Chaîne, Moty, Blanchard, Doubliez, Barillon, Ladousse, Septembre, Simon, Raoux, Gaillard, Goden (Jean-Marie) et Manoury.

Excusés : MM. Lavenir, Petit et Vila.

Le secrétaire donna lecture du procès-verbal de la précédente séance qui fut adopté.

L'ordre du jour appela la suite de la discussion du rapport Petit dont voici le passage ayant trait à la 3e question :

3° Question. — *Des moyens d'équilibrer le budget de la Chambre consultative.*

Il est un fait certain, c'est que, depuis des années, les cotisations sont insuffisantes pour équilibrer le budget de la Chambre consultative.

Nous sommes tous d'accord pour reconnaître que cette situation ne peut durer et que les Associations doivent faire le nécessaire pour assurer d'une façon normale l'existence de leur fédération.

Avant d'entrer dans la discussion des différentes contributions qui ont déjà été proposées, il est bon de savoir que, d'après l'état des recettes et des dépenses du dernier exercice, c'est-à-dire pour l'année 1899, il y a eu à faire face à environ 7,500 francs de dépenses, la Banque coopérative continuant à prendre à sa charge le loyer, le chauffage et l'éclairage.

La Commission a successivement examiné les diverses cotisations dont on a déjà parlé, en prenant pour bases soit le chiffre d'affaires annuel, soit le montant de la main-d'œuvre, soit le chiffre des bénéfices nets, soit le nombre des associés inscrits ou celui des travailleurs occupés ou le chiffre des opérations à la Banque coopérative, etc.

Les objections qui ont été faites à chacun de ces systèmes, nous ont montré que c'était celui de la cotisation basée sur le montant de la main-d'œuvre qui était le plus rationnel et qui pouvait être appliqué avec le plus d'équité à l'ensemble des associations.

Ce système avait encore l'avantage d'avoir une sanction toute trouvée, puisque la prime exigée par la loi sur les accidents du travail a eu pour conséquence de faire relever très sérieusement le montant de la main-d'œuvre dans toutes les entreprises industrielles.

D'après l'estimation approximative qui a été faite, l'application de cette cotisation proportionnelle permettrait de boucler le budget de la Chambre consultative.

PROJET DE RÉSOLUTION

A partir du 1er janvier 1901 la quote-part de frais à payer à la Chambre consultative pour assurer son fonctionnement sera établie de la manière suivante :

Par une cotisation proportionnelle de 0 fr. 50 par 1,000 francs de main-d'œuvre annuelle, avec un minimum de 30 francs par an.

La cotisation sera fixée par le Conseil d'administration de la Chambre consultative, d'après le montant de l'année précédente.

La cotisation sera payable par quart.

M. Ladousse, en sa qualité de trésorier de la Chambre consultative, expliqua que la Chambre consultative a des frais de personnel, de bureau, de correspondance, de délégations en province; qu'elle a des démarches à faire auprès des pouvoirs publics, dans l'intérêt des Associations; qu'elle intervient auprès des administrations et que ces actes ne sont pas sans entraîner des dépenses. Ces dépenses ont été en partie couvertes par la cotisation annuelle de 36 francs, actuellement réclamée aux Associations — que quelques-unes, d'ailleurs, ne paient pas toujours très régulièrement — et par le droit d'entrée de 10 francs qui est perçu quand une Association est admise à faire partie de la Chambre consultative.

Ce sont là des ressources fort insuffisantes et qui tendent à le devenir encore davantage à mesure que le mouvement coopératif prend de l'extension, car les délégations en province sont d'une nécessité plus fréquente, la correspondance est plus nombreuse, et plus multipliées aussi sont les circonstances dans lesquelles la Chambre consultative est appelée à agir au nom des Associations.

Il y a bien, il est vrai, les subventions ministérielles qui, en ces derniers temps sont devenues plus élevées et qui nous ont aidé à subvenir aux besoins de la Chambre consultative. Mais les subventions sont aléatoires, et nous n'aurons peut-être pas toujours des Ministres aussi bien disposés que MM. Waldeck-Rousseau et Millerand à seconder l'émancipation des travailleurs par la Coopération.

Donc, ne comptons que sur nous-mêmes et assurons à la Chambre consultative des ressources certaines pour qu'elle continue à rendre aux Associations ouvrières les services qu'elles sont en droit d'en attendre.

La cotisation proposée a l'avantage de dégrever les Associations qui ne font pas au moins 60,000 francs de main-d'œuvre et, pour le surplus, quand une société fait plus de 60,000 francs de main-d'œuvre, elle peut sans se gêner supporter la majoration à laquelle elle se trouvera désormais astreinte, et c'est pour elle un devoir de solidarité qu'aucune certainement ne cherchera à éluder.

M. Serre, des *Replanisseurs de la Seine*, fit remarquer que la valeur bénéficiaire de la main-d'œuvre n'est pas la même dans tous les corps de métiers et qu'à cause de cela la taxation, suivant le chiffre de main-d'œuvre, n'est peut-être pas aussi équitable qu'il le semble au premier abord.

M. Ladousse répliqua que l'on trouvera toujours quelque objection à faire à l'établissement d'un impôt, et c'est bien de cela qu'il s'agit actuellement, car l'impôt lèse toujours de quelque façon celui qu'il frappe.

Mais, expliqua M. Barré, la Commission a étudié tous les systèmes pouvant servir de base à la perception de la cotisation à faire payer aux Associations : chiffre d'affaires, importance du personnel employé ou du nombre des associés, et elle est arrivée à se convaincre que le chiffre de main-d'œuvre était d'une façon générale le plus juste et le plus sincère.

Il est aussi le plus commode à établir, parce qu'il sera tout trouvé dans les déclarations obligatoires que les Associations doivent faire aux compagnies d'assurances, conformément à la loi sur les accidents du travail. Enfin il a le mérite de pratiquer le principe essentiellement démocratique de la proportionnalité de l'impôt.

M. Fagot, de Lyon, aurait voulu qu'on réduisît à 24 francs le droit minimum à payer par les petites sociétés, soit 2 francs par mois, et alors la cotisation de 50 centimes par mille de main-d'œuvre serait appliquée à partir de 40,000 francs au lieu de 60,000.

Il fit remarquer que certaines Associations des départements un peu éloignés de Paris, celles de la région lyonnaise, par exemple, ont éprouvé le besoin de se fédérer et paient une cotisation; si elles doivent en payer à la Chambre consultative une autre encore relativement élevée, il y a danger qu'elles ne trouvent qu'on exige trop.

M. Ladousse se demanda s'il valait la peine de marchander 6 francs par an, et il démontra que ce sont les Associations ouvrières de province qui usent et profitent le plus de la Chambre consultative. Ce sont elles qui rendent nécessaire le travail et l'emploi des secrétaires, et cela se conçoit, car les Associations de Paris, qui sont sur place, peuvent faire par elles-mêmes bien des démarches pour l'accomplissement desquelles les Associations des départements doivent s'adresser à la Chambre consultative. Aussi, sur cent lettres écrites par le Secrétariat, il y en a quatre-vingt pour les Sociétés des départements.

Les gros frais de délégations en province, quand les Sociétés ont besoin de renseigements détaillés et complets concernant leur organisation, leur comptabilité, l'aplanissement de difficultés intérieures ou extérieures, sont faits au bénéfice des Associations des départements.

Enfin ce sont les directeurs seuls de Paris qui se réunissent constamment à la Chambre consultative pour prendre toutes mesures utiles dans l'intérêt général et qui, de ce fait, entreprennent souvent un travail fort lourd et de longue haleine, comme ils ont fait, par exemple, pour arriver à la participation fructueuse des Associations de province à l'Exposition.

M. Barré, répondant d'autre part à l'observation de M. Fagot, relative à la Fédération de Lyon, dit que cette question des Fédérations régionales, fait l'objet d'un titre spécial des statuts nouveaux de la Chambre consultative dont le Congrès va avoir à s'occuper.

La discussion fut ainsi close sur la troisième question et le projet de résolution proposé par la Commission, adopté à l'unanimité moins une voix.

***

Membres honoraires.

Avant de passer à la 4e question, M. Villard, président, dit qu'il avait reçu une proposition d'un certain nombre de membres et que la discussion de cette proposition viendrait bien à son heure, car elle pourrait former un chapitre du budget des recettes de la Chambre consultative.

Voici cette proposition :

Le Congrès invite le Conseil d'administration de la Chambre consultative à faire revivre l'institution des membres honoraires déjà ancienne.

On pourrait proposer que la qualité de *membre honoraire* puisse être attribuée à toute personne qui en ferait la demande appuyée par deux membres de la Chambre consultative.

La cotisation de membre honoraire pourrait être fixée à 20 francs par an, sans conférer aucun droit d'intervention aux opérations de la Chambre consultative que les concours personnels, bénévoles et volontaires qui pourraient être demandés aux membres honoraires.

Une décision ultérieure du Conseil pourrait spécifier que les bulletins de la Chambre consultative et toutes les publications intéressant la Coopération seraient adressés gratuitement aux membres honoraires.

M. Barré approuva hautement cette idée; M. Rousseau, de Puteaux, également, mais il demanda qu'on ne spécifiât pas que les membres honoraires devaient être de nationalité française, comme cela était indiqué dans le texte primitif, car la Coopération n'a pas de nationalité.

MM. Ladousse et Villard appuyèrent cette observation.

M. Villard rappela que le premier membre honoraire de la Chambre consultative fut, avec lui, M. Waldeck-Rousseau qui, sans doute, ne demandera pas mieux que de le redevenir. Au besoin, dit M. Villard, je le lui proposerai.

M. Bach, de Bordeaux, présenta quelques considérations sur la façon dont il pourra être fait savoir aux personnes qui s'intéressent à la Coopération que la Chambre consultative accepte volontiers le concours de membres honoraires. La Chambre consultative en fera son profit.

Et, après que M. Villard eut insisté sur ce point que la qualité de membre honoraire ne confère aucun droit d'immixtion dans le fonctionnement ou la direction de la Chambre consultative, la proposition fut adoptée à l'unanimité.
On reprit ensuite l'ordre du jour sur la 4e question:

Fondation d'une Association de publicité par les Associations de la Chambre consultative.

Voici le passage du rapport de la Commission ayant trait à cette question :

Il est de toute nécessité de donner une nouvelle impulsion à la propagande coopérative et d'étendre la publicité des Associations ouvrières.

La Commission a pensé que la constitution d'une Société commerciale, basée sur le type de nos Associations serait la meilleure manière d'atteindre ce but, en même temps que cela dégrèverait le budget de la Chambre consultative.

Dans notre pensée, les souscripteurs du capital devraient être les Associations, les coopérateurs des Associations, et les personnes s'intéressant à un titre quelconque à la Coopération.

Le capital primitif se composerait de 200 parts de 25 francs chacune payables à la souscription.

Et les Associations assureraient l'existence de la Société par un nombre d'abonnements au journal proportionné à l'importance de chaque société.

Ce nombre d'abonnements serait établi chaque année par le Conseil d'administration, en se basant sur le nombre des coopérateurs employés dans l'Association.

En raison du caractère spécial de cette fondation d'intérêt général, créée par la Chambre consultative, en dehors des attributions ordinaires de bénéfices à la réserve, au personnel, au capital et à une caisse de solidarité, nous réservons 50 0/0 des bénéfices nets pour la Chambre consultative.

Nous pensons que cette attribution de 50 0/0 à notre fédération pourra, par la suite, devenir pour elle une source de revenus assez importante et qui pourrait même permettre d'alléger le budget de la Chambre consultative.

Cette combinaison aura entre autres avantages :

1° De permettre aux personnes s'intéressant à la Coopération, mais ne faisant pas partie de nos Associations, de nous apporter un concours qui n'est pas à dédaigner ;

2° De permettre aux coopérateurs, membres de nos Associations, d'apporter leur concours personnel à la Société ;

3° D'augmenter le nombre des abonnements des Associations ;

4° De permettre l'extension du service de la publicité des Associations. Nous vous soumettons, comme suite à ces considérations générales, le projet de résolution et de statuts suivants :

PROJET DE RÉSOLUTION

Le Congrès partage l'idée de fonder, pour l'ensemble des Associations de la Chambre consultative, des Associations d'intérêt général.

La première qui se présente dans ce genre est celle de la *publicité* dont aucune ne peut se passer.

La discussion générale fut ouverte sur cette motion, et M. Rousseau, de Puteaux, y prit part, ainsi que M. Bougot, de Rennes. M. Barré se trouva ainsi amené à donner des explications sur l'organisation de la société « l'Association ouvrière », qui est projetée, et dont il s'agit de voter la fondation et les statuts.

Le journal actuel *l'Association ouvrière*, a une périodicité insuffisante pour qu'on s'y intéresse. Il faut qu'il commence par paraître tout au moins deux fois par mois. Ensuite on verra.

Ce journal n'est pas assez répandu, parce que tous les membres de toutes les Associations n'y sont pas abonnés, ce qui serait cependant leur devoir de bons coopérateurs.

Il tire à 2,500 exemplaires avec pas mal de bouillons, alors qu'il devrait pouvoir atteindre 6.000 aisément. Et c'est à quoi nous arriverons, pensons-nous, en rendant le journal obligatoire. C'est ce qui se fait dans certaines corporations ouvrières florissantes, comme la Fédération du Livre, dont l'abonnement au journal *la Typographie française* est obligatoire pour tous les syndiqués sans exception.

Quand nous tirerons à 6,000, le journal reviendra à bien meilleur marché que maintenant; sa publicité, en outre, sera recherchée. Il réalisera des bénéfices.

Il en sera de même des autres publications que nous entreprendrons dans un but d'intérêt coopératif général, telle que l'édition d'un *Annuaire de la Coopération de production*, qui prendra chaque année de l'importance et dont la publicité sera très fructueuse, pour les industries diverses surtout.

M. Chirard, d'Amiens, estima le prix de vente du journal au numéro trop élevé. On lui répondit que ce prix de vente n'a rien à voir avec l'abonnement, qui fait ressortir le prix du numéro à bien moins de 10 centimes.

C'est d'ailleurs là une question secondaire à examiner par le Conseil d'administration de l'*Association ouvrière*.

La discussion générale étant close, on passa à l'examen du projet des Statuts de la Société anonyme à capital variable l'*Association ouvrière*, proposé par la commission.

Le projet subit d'ailleurs peu de modifications.

M. Villard demanda seulement que la désignation : « Journal » l'*Association ouvrière* fût remplacée par le mot « Bulletin » l'*Association ouvrière* pour bien marquer qu'il s'agissait d'un organe spécial et non pas d'un journal ordinaire dans lequel on pourrait être tenté de laisser la politique s'introduire, ce qu'il faut éviter à tout prix.

Puis M. Vila expliqua que, pour éviter toute velléité d'intervention du fisc dans l'*Association ouvrière*, il serait bon de supprimer partout où elle se trouve dans les Statuts l'expression : « action » et de laisser subsister simplement celle de « part d'intérêts ».

Enfin MM. Vila, Barré, Bougot, Maître et Rousseau se préoccupèrent de la façon de régler les pouvoirs du directeur et leur durée qui, d'après les Statuts, ne sont pas délimités.

Le Congrès se rallia en définitive à l'avis de M. Barré qui pensait que les pouvoirs du directeur seraient définis par le Conseil d'administration, mais que la durée n'avait pas besoin d'en être fixée attendu qu'ils prendraient tout naturellement fin par la démission du directeur le jour où il ne serait plus d'accord avec son Conseil ou la majorité des Sociétaires.

Et c'est en tenant compte de ces diverses observations que le Congrès vota les Statuts suivants de la Société : l'*Association ouvrière*.

L'ASSOCIATION OUVRIÈRE

Société anonyme à capital variable

STATUTS

TITRE PREMIER

Dénomination — Objet — Siège social — Durée.

ARTICLE PREMIER. — Il est formé, entre les soussignés et ceux qui adhéreront par la suite aux présents Statuts, une Société anonyme à capital variable sous la dénomination de *l'Association Ouvrière.*

ART. 2. — La Société a pour objet :

1° L'exploitation du bulletin *l'Association Ouvrière*, organe de la Chambre consultative des Associations ouvrières de production, et toute publicité concernant lesdites Associations;
2° La souscription, à titre d'actionnaire, à la fondation de toutes Sociétés coopératives de production.

ART. 3. — Le siège social est fixé à Paris, 27, boulevard Saint-Martin; il pourra être transféré ailleurs, par décision du Conseil d'administration.

ART. 4. — La durée de la Société est fixée à quatre-vingt-dix-neuf ans à partir de la constitution définitive.

TITRE II

Capital social — Parts d'intérêt.

ART. 5. — Le capital social est primitivement fixé à 5,000 francs, divisé en 200 parts d'intérêt de

25 francs. Le capital a droit à un intérêt annuel de 3 o/o.

Cet intérêt est considéré comme charge sociale.

Art. 6. — Le capital est susceptible d'augmentation, soit par la création de nouvelles parts souscrites par les premiers sociétaires, soit par l'admission de nouveaux adhérents et de diminution par les retraites, exclusions ou décès, mais sans pouvoir jamais être inférieur aux 9/10es du capital souscrit au 31 décembre de l'année précédente.

Art. 7. — Le montant de chaque part d'intérêt est payable en souscrivant.

Art. 8. — Il n'y a pas de maximum fixé dans la possession des parts d'intérêt. La propriété nominative est constatée par les reçus des sommes versées et l'inscription sur les registres de la Société.

Art. 9. — Les parts d'intérêt sont indivisibles; la Société ne reconnaît qu'un seul propriétaire pour chacune d'elles. La responsabilité de chaque souscripteur est limitée à la valeur de ses parts d'intérêt.

TITRE III

Admissions — Transferts — Démissions — Radiations.

Art. 10. — Sont seuls admis à souscrire, après avoir été agréés par le Conseil d'administration :

1° A titre collectif, les Associations ouvrières faisant partie de la Chambre consultative desdites Associations;

2° Les employés de la Société;

3° A titre personnel, les coopérateurs des Associations de la Chambe consultative;

4° Les personnes s'intéressant à un titre quelconque la Coopération de prorduction.

La part dans le capital est limitée à un quart du total pour l'ensemble des personnes désignées au § 4.

Art. 11. — Les parts d'intérêt ne sont transmissibles que par une inscription sur les registres de la

Société, signée du cédant et du cessionnaire qui, comme tous les souscripteurs, sera soumis aux conditions prescrites par l'article précédent. En outre, le transfert est subordonné à l'agrément du Conseil d'administration. Si cet agrément est refusé par ledit Conseil, il peut être demandé à la plus prochaine Assemblée générale.

Art. 12. — La souscription à un nombre déterminé d'abonnements au journal est obligatoire pour toute Association adhérente à la Chambre consultative.

Le prix de l'abonnement sera fixé chaque année par le Conseil d'administration.

Le nombre des abonnements que devra contracter chaque Association sera déterminé également par le Conseil d'administration, suivant l'effectif moyen de coopérateurs, sociétaires et auxiliaires, occupés par l'Association.

Art. 13. — Tout sociétaire pourra se retirer de la Société lorsqu'il le jugera convenable, et autant que le capital social ne sera pas réduit au chiffre irréductible, et ses parts d'intérêt lui seront remboursées dans le délai de cinq ans.

L'associé qui se retire volontairement ou qui est exclu reste soumis, conformément à la loi, pendant cinq ans, envers les associés et les tiers, à toutes les obligations existantes au moment de sa retraite et telles qu'elles sont établies par le dernier inventaire.

Art. 14. — Tout actionnaire qui, par ses agissements, occasionnerait un préjudice moral à la Société, qui aurait fraudé ou tenté de frauder la Société, peut être déclaré exclu de l'Association. Un rapport relatant les faits motivant la demande d'exclusion sera dressé par le Conseil d'administration pour être soumis à l'Assemblée générale.

Convocation spéciale sera adressée au sociétaire mis en cause; et, dans son intérêt même, il devra venir présenter sa défense. La décision de l'Assemblée générale sera souveraine et sans appel ni recours devant les tribunaux.

Art. 15. — Le membre démissionnaire ou exclu ne peut, à aucun titre, s'immiscer dans les affaires de la Société, et il devra subir le transfert de sa ou de ses parts d'intérêt, à ses risques et périls.

Art. 16. — Les héritiers ou ayants droit d'un sociétaire décédé, le sociétaire démissionnaire ou exclu ne peuvent, sous aucun prétexte, exercer aucune action contre la Société, apposition de scellés, confection d'inventaires ou autres; ils n'ont droit qu'au remboursement de leur part d'intérêt, comme il est dit dans l'article précédent.

Art. 17. — Toute Association en retard de plus de six mois dans le paiement de ses abonnement au journal sera invitée par le Conseil à se mettre à jour.

TITRE IV

Conseil d'Administration.

Art. 18. — La Société est administrée par un Conseil composé de sept membres dont deux au plus pourront être pris parmi les employés de la Société et un parmi les porteurs de parts ne faisant pas partie des Associations.

En cas de vacances, le Conseil pourra pourvoir lui-même au remplacement des administrateurs manquants, mais leur nomination devra être ratifiée par la prochaine Assemblée générale.

Art. 19. — Le Conseil est nommé pour trois ans et renouvelable par tiers chaque année. Les premiers membres sortants seront désignés par le sort.

Les membres du Conseil d'administration sont toujours révocables et rééligibles.

Les parts possédées par chacun des administrateurs seront déposées dans la caisse de la Société pour demeurer affectées à la garantie de leur gestion. Ces parts sont inaliénables.

Art. 20. — Le Conseil d'administration est investi des droits les plus étendus pour représenter la Société en toutes circonstances. Pour bien préciser les droits du Conseil d'administration, il est arrêté ceci : que ses pouvoirs sont aussi étendus que ceux d'un gérant d'une Société en nom collectif et, de plus, le

Conseil aura tous les pouvoirs nécessaires pour traiter, transiger, consentir tous désistements, mainlevées, antériorités et autres facultés, avec ou sans constatations de paiement.

Le Conseil est autorisé à contracter tous emprunts et à consentir toutes délégations, transferts, avec ou sans garantie, au profit de tous prêteurs et de tous établissements financiers, des sommes pouvant être dues à l'Association pour travaux effectués par elle pour le compte de l'État français, des départements, des communes et des particuliers.

Toutefois, pour les emprunts au-dessus de 5,000 francs, le Conseil devra demander l'avis préalable de l'Assemblée générale.

Le Conseil peut également consentir toutes délégations, transports, avec ou sans garantie, en raison des sommes pouvant faire l'objet des cautionnements fournis par la Société.

Il consent toutes antériorités et subrogations dans l'effet de tous privilèges, hypothèques et actions résolutoires.

Il délègue tout ou partie de ses pouvoirs à l'un de ses membres qui prend le titre de directeur.

Les extraits et délibérations du Conseil d'administration à produire aux tiers sont signés par le directeur et un membre dudit Conseil.

En cas de maladie ou d'absence prolongée du directeur, le Conseil nommera un directeur-délégué pour remplacer provisoirement le directeur dans ses fonctions.

Art. 21. — Les membres du Conseil d'administration se réuniront au moins deux fois par mois et autant de fois qu'ils le jugeront nécessaire pour prendre avis les uns des autres, se consulter sur les affaires en préparation et en cours d'exécution et chercher à obtenir les meilleurs résultats possibles pour la prospérité de la Société.

Art. 22. — Le Conseil d'administration dressera chaque semestre et présentera à l'Assemblée générale un état de situation active et passive; cet état est transmis à la Commission de contrôle. En outre, le Conseil dresse, à la fin de chaque année, un inventaire général contenant l'inventaire des valeurs mobilières et immobilières et des dettes actives et passives de la Société.

L'inventaire, le bilan et le compte des profits et pertes sont mis à la disposition de la Commission de contrôle le vingtième jour au plus tard avant l'Assemblée générale.

Art. 23. — Les administrateurs ne contractent, à raison de leur gestion, aucune délégation personnelle ni solidaire, relative aux engagements de la Société; ils ne répondent que de l'exécution de leur mandat.

En cas de perte de la moitié du capital social, les administrateurs sont tenus de provoquer la réunion de l'Assemblée générale.

TITRE V

Commission de contrôle.

Art. 24. — Il est institué une Commission de contrôle composée de trois membres nommés pour trois ans et rééligibles.

Cette Commission établira chaque année et soumettra à l'Assemblée un rapport sur les comptes présentés par le Conseil d'administration.

La délibération de l'Assemblée générale sur l'approbation du bilan et des comptes est nulle si elle n'a été précédée du rapport des commissaires.

TITRE VI

Assemblées générales.

Art. 25. — L'Assemblée générale représente l'universalité des porteurs de parts; elle peut être annuelle, extraordinaire ou trimestrielle.

Chaque sociétaire n'a qu'une voix dans les Assemblées, quel que soit le nombre de ses parts d'intérêts.

Art. 26. — Si les sociétaires réunis en Assemblée générale annuelle ou extraordinaire ne représentent pas la moitié plus un, il est convoqué une deuxième Assemblée dans la huitaine.

Les délibérations deviennent alors valables, quel que soit le nombre des sociétaires présents; mais les délibérations prises ne peuvent porter que sur les questions à l'ordre du jour de la première réunion.

Art. 27. — L'Assemblée générale annuelle est celle qui a lieu après l'inventaire, pour entendre la lecture des rapports du Conseil d'administration et de la Commission de contrôle, sur la situation active et passive de la Société, sur le bilan et sur chacun des comptes particuliers. Les comptes sont discutés et, s'il y a lieu, approuvés. L'Assemblée annuelle délibère sur toutes autres questions portées à l'ordre du jour, avec les pouvoirs les plus étendus; elle peut même modifier et compléter les Statuts; elle nomme les administrateurs et membres du Conseil de surveillance à remplacer.

Art. 28. — L'Assemblée générale extraordinaire est celle qui est convoquée en dehors de l'Assemblée annuelle, soit par le Conseil d'administration, soit par le Conseil de surveillance, pour prendre des mesures justifiées par l'urgence.

Art. 29. — Dans les Assemblées générales trimestrielles, le Conseil d'administration expose les changements survenus dans la situation active et passive de la Société, depuis la dernière Assemblée; il rend compte des opérations projetées ou en cours d'exécution. Dans ces Assemblées, purement consultatives, la moitié plus un des sociétaires n'est pas exigée.

Art. 30. — Chaque Assemblée nomme son bureau, et les délibérations sont prises à la majorité des membres présents.

Il est fait, à l'ouverture de la séance, un appel nominal pour constater le nombre des sociétaires présents. Après quoi, l'Assemblée est déclarée valablement constituée.

Les délibérations obligent tous les sociétaires, même absents ou dissidents.

Art. 31. — L'ordre du jour de chaque Assemblée est arrêté par le Conseil d'administration. Il n'y est porté que les propositions émanant dudit Conseil ou qui lui auront été communiquées au moins dix jours à l'avance. Il ne peut être mis en délibération que les objets portés à l'ordre du jour.

Les délibérations des Assemblées générales sont constatées par des procès-verbaux inscrits sur un registre spécial et signé des membres du bureau.

Les copies ou extraits des délibérations des Assemblées générales à produire en justice ou ailleurs seront signés par le directeur et par un autre administrateur.

TITRE VII

Répartition des bénéfices — Fonds de réserve Caisse de solidarité.

Art. 32. — Les bénéfices annuels, déduction faite de toutes charges sociales, seront répartis comme suit :

10 o/o au personnel;
10 o/o comme dividende aux parts d'intérêt;
10 o/o à la Caisse de solidarité;
20 o/o à la Réserve ordinaire;
50 o/o à la Chambre consultative des Associations ouvrières de production.

Le fonds de réserve appartient à la Société; aucun sociétaire ne peut revendiquer le remboursement de sa quote-part.

TITRE VIII

Dissolution — Liquidation.

Art. 33. — En cas de perte des trois quarts du capital social, le Conseil d'administration convoque une Assemblée générale extraordinaire, à l'effet de savoir s'il y a lieu de prononcer la dissolution de la Société.

A l'expiration de la Société, ou en cas de dissolution anticipée, l'Assemblée générale règle le mode de liquidation et nomme un ou plusieurs liquidateurs investis des pouvoirs les plus étendus.

Après l'extinction du passif et des frais de liquidation, le surplus est distribué aux actionnaires.

Toutefois, lorsque, soit par amortissements antérieurs, soit par suite de cette répartition, les sociétaires auront reçu 25 francs par action, le surplus sera affecté à des œuvres sociales suivant détermination de l'Assemblée générale.

TITRE IX

Dispositions générales

Art. 34. — Pour tout ce qui n'est pas prévu dans les statuts, un règlement d'ordre intérieur sera établi par l'Assemblée générale constitutive. Ce règlement pourra toujours être complété ou modifié par l'Assemblée générale des sociétaires.

Les sociétaires et tous ceux qui adhéreront aux présents statuts de la Société seront tenus de se conformer aux règlements établis.

Art. 35. — Tous pouvoirs sont donnés au porteur d'un exemplaire des présents statuts pour faire les publications légales, conformément à la loi.

Fait en quadruple original à Paris, le

5° QUESTION. — *Des modifications à apporter aux Statuts de la Chambre consultative.*

M. Petit, rapporteur de la Commission, avant de donner lecture du projet de statuts, s'était exprimé en ces termes :

Les questions précédentes qui viennent d'être présentées entraînant des modifications importantes dans la constitution de la Chambre consultative, nous avons apporté dans nos articles des statuts les changements qui en découlaient.

D'autre part, pour assurer l'unité d'action de la Chambre consultative, il nous a paru nécessaire de rattacher les diverses Commissions qu'il y a lieu de nommer chaque année, plus étroitement au Conseil d'administration.

Les statuts suivants répondent à cette manière de voir :

Nous ne croyons pas utile de réimprimer immédiatement à cette place le projet de statuts de la Commission.

Il nous paraît plus simple de noter la discussion dont furent l'objet certains articles ou les observations qu'ils soulevèrent. Nous publierons ensuite le texte définitivement voté par le Congrès.

C'est ainsi qu'à propos de l'article 11 ainsi conçu :

La Chambre consultative est administrée par un Conseil composé de vingt-huit membres, se subdivisant en quatre Commissions :

1° La Commission d'admission et d'arbitrage;
2° La Commission des finances et des expositions;
3° La Commission des intérêts des industries du bâtiment;
4° La Commission des intérêts des industries diverses.

M. Weber demanda pourquoi on a supprimé la Commission de la voirie qui existe actuellement à la Chambre consultative.

M. Vila répondit que cette Commission existe, il est vrai; mais elle n'a jamais éprouvé le besoin de se réunir et si quelque question du ressort des Associations ouvrières qu'intéressent les travaux de voirie venait à être soulevée, la 3° Commission serait suffisamment qualifiée pour s'en occuper.

Les articles 11 et 12 étaient ainsi rédigées :

Art. 12. — Chaque Commission élit un président et un secrétaire.

Art. 13. — La réunion des présidents et des secrétaires de Commissions forme le bureau du Conseil d'administration.

Le bureau peut s'adjoindre un secrétaire dont les fonctions sont rétribuées.

M. Chausson, directeur des Doreurs sur bois, de Paris, demanda qu'au lieu de nommer un président et un secrétaire, chaque Commission nomme un secrétaire et un secrétaire adjoint; mais pas de président, parce qu'un président a trop de tendance à considérer ses fonctions comme purement honorifiques et ne fait alors aucune besogne utile.

M. Bougot appuya cette manière de voir, en ajoutant que, si un président ne fait pas son devoir, il semble que son titre inspirant un certain respect, on hésite plus volontiers à le remplacer qu'on ne ferait pour un simple secrétaire.

A propos de cette question, M. Carlier jugea intéressant de rappeler qu'à l'origine, il n'y avait pas de Conseil d'administration à la Chambre consultative. Les questions étaient soumises à l'Assemblée générale; mais cette façon de procéder était défectueuse et faisait perdre du temps à tout le monde, tout en retardant l'évacuation des affaires les plus urgentes.

C'est pour cela qu'il prit avec ses collègues, MM. Brunet, Machuron et E. Mangeot, l'initiative de la nomination du premier Conseil d'administration de la Chambre consultative.

Cette proposition marquant une étape dans l'organisation de la Chambre consultative, on nous saura gré d'en donner le texte.

Le voici :

« Attendu qu'il est absolument nécessaire de ne pas abuser du « temps des délégués des Associations qui constituent la Chambre « consultative;

« Attendu qu'il est possible d'obtenir ce résultat par un classement du « travail à exécuter dans le but d'atteindre l'obtention des désidérata « prévus par les statuts de ladite Chambre consultative;

« Les soussignés proposent à l'Assemblée la délibération suivante :

« Il y a lieu de procéder à l'élection d'une Commission d'adminis- « tration composée de trois membres, dont les attributions sont les « suivantes :

« 1° Dépouillement de la correspondance;

« 2° Classement des travaux;

« 3° Répartition des travaux et envoi aux Commissions compétentes;

« 4° Élaboration des ordres du jour.

« CARLIER, F. BRUNET, E. MANGEOT, MACHURON. »

Après la lecture de ce document, on revint à l'amendement Chausson, qui fut adopté par 33 voix.

Le 2e paragraphe de l'article 13 fut, sur la demande de M. Vila et de M. Dufresne, étendu de manière à laisser au Conseil d'administration de la Chambre consultative la faculté de s'adjoindre non seulement un secrétaire rétribué, mais encore un trésorier rétribué et tous autres employés dont l'utilité serait reconnue pour le bon fonctionnement de la Chambre consultative.

M. Dufresne aurait voulu qu'il y eût un président permanent de la Chambre consultative pour la facilité et l'efficacité des rapports avec les pouvoirs publics et avec les administrations.

Le Congrès ne fut pas de cet avis et il décida qu'il y aurait seulement au Conseil d'administration un président de séance qui, toutefois, aurait voix prépondérante en cas de partage des voix.

Enfin, M. Maître, de Poitiers, fit admettre le droit de vote par correspondance dans les Assemblées générales de la Chambre consultative portant modification aux statuts.

L'ensemble des nouveaux statuts de la Chambre consultative fut alors définitivement adopté par le Congrès dans la forme suivante:

NOUVEAUX STATUTS DE LA CHAMBRE CONSULTATIVE

But.

Article premier. — Le but de la Chambre consultative est de grouper en une action commune toutes les Associations ouvrières de production, afin de leur faciliter l'obtention des travaux, soit par la recherche collective, soit par la mutualité, et de favoriser le développement des principes de la Coopération en faisant bénéficier les jeunes Associations de l'expérience acquise par les anciennes.

Au point de vue industriel et commercial, la Chambre consultative met en rapport direct le consommateur avec le producteur; au point de vue social, elle préconise, sans tenir compte des préjugés, les idées de progrès qui doivent amener le taux du salaire à être conforme aux besoins de la vie.

Exposé de principes.

Art. 2. — L'esprit de la Chambre consultative est que toutes les Associations ouvrières de production s'appuient sur les données de la science en matière de socialisme.

Le mot de solidarité peut se définir ainsi : Faire converger les efforts de l'individualité dans l'intérêt de la collectivité, et conséquemment créer une garantie de justice et de sécurité au profit de l'individualité; en d'autres termes, la Chambre consultative adopte l'idée moderne : comprendre le bonheur des individus dans le bonheur général et non plus le *chacun pour soi* de la doctrine égoïste qui a prévalu jusqu'ici.

Siège social.

Art. 3. — Le siège social est momentanément fixé à Paris, 27, boulevard Saint-Martin.

Il pourra être transféré ailleurs, par simple décision de la Chambre consultative.

Formation de la Chambre consultative.

Art. 4. — La Chambre consultative se compose des Associations ouvrières qui ont adhéré ou qui adhéreront aux présents statuts.

Admissions.

Art. 5. — Chaque association postulante doit remplir les conditions suivantes :

1° Etre constituée légalement ;

2° Faire une déclaration d'adhésion aux statuts de la Chambre consultative ;

3° Ne pas exiger de ses adhérents qu'ils aient versé plus de 200 francs pour avoir voix délibérative aux Assemblées, ni plus de 1,000 francs pour être éligibles au Conseil d'administration ;

4° Ne pas accorder dans les Assemblées plus d'une voix par 500 francs de capital souscrit, sans que le nombre de voix puisse être supérieur à 5 ;

Convoquer tous les sociétaires et ne leur accorder à chacun qu'une voix, quel que soit le nombre des parts possédées par chacun d'eux, dans les Assemblées concernant la révision des statuts ou la dissolution de la Société ;

5° Au cas où elle ferait appel au public pour la souscription de son capital, stipuler que les trois quarts au moins des membres du Conseil d'administration devront être pris dans l'élément coopératif ;

6° Servir aux ouvriers de l'Association, associés, employés, auxiliaires ou similaires, une participation au moins égale à la somme attribuée comme dividende aux actions, sans que cette répartition puisse être inférieure à 25 o/o au moins desdits bénéfices, au prorata des salaires reçus ou du nombre d'heures de travail ;

7° S'engager à contribuer dans la mesure fixée par la Chambre consultative pour chaque Association d'après les données de son dernier bilan, aux œuvres de solidarité, de propagande des idées coopératives ou d'émancipation sociale, dont la fondation serait décidée en assemblée générale de la Chambre consultative à la majorité des deux tiers des adhérents ou auxquelles la Chambre consultative aurait résolu, dans les mêmes conditions, de participer.

8° S'engager à tenir une comptabilité régulière et à fournir à la Chambre consultative les renseignements statistiques d'intérêt général qui pourraient être demandés par le Conseil d'administration, tels que chiffres d'affaires et de main-d'œuvre annuelle, nombre d'associés, nombre de travailleurs associés et auxiliaires, etc.

9° Enfin, s'engager à soumettre à l'arbitrage de la Chambre consultative tout différend survenant entre elle et une autre Association ou entre elle et l'un ou plusieurs de ses associés.

L'admission est prononcée en Assemblée générale, après discussion du rapport de la Commission d'admissibilité;

Néanmoins un stage de trois mois sera imposé aux Associations débutantes avant d'être reçues à titre définitif.

Pendant la durée de ce stage, leur délégué n'aura que voix consultative aux Assemblées générales.

Représentation des Associations.

Art. 6. — Chaque Association est représentée à la Chambre consultative par un délégué.

Dans les réunions, le délégué n'a droit qu'à une voix, quel que soit le nombre des membres de son Association.

Réunions de la Chambre consultative.

Art. 7. — Les délégués se réunissent en Assemblée générale tous les trimestres, en avril, juillet, octobre et janvier.

Art. 8. — A l'Assemblée générale d'avril, le Conseil d'administration devra présenter un rapport sur les recettes et dépenses de l'année précédente; comme dans les Sociétés commerciales, la Commission de contrôle devra faire connaître son avis avant qu'il soit passé à la discussion dudit rapport.

L'objet des autres réunions est, en dehors de l'ordre du jour, de permettre aux délégués de prendre connaissance de la correspondance et des documents centralisés au siège social, d'échanger leurs idées et de se renseigner sur les travaux auxquels peuvent prendre part les Associations, et, en général, de marcher toujours d'accord dans toutes les questions qui concernent la Coopération.

Validité des décisions.

Art. 9. — Les délibérations sont prises à la majorité des voix.

Les Assemblées ne délibèrent valablement qu'autant qu'elles réunissent la moitié du nombre des délégués.

Les Assemblées générales ayant à se prononcer sur des propositions de radiations d'Associations, ou de dissolution de la Chambre consulative, devront être composées des deux tiers des délégués.

Délégations.

Art. 10. — Lorsqu'il s'agira de faire valoir les revendications des Associations auprès des pouvoirs publics, ou pour tout autre motif ayant un objet collectif, la Chambre consulttative pourra nommer des délégations.

Le mandat et le but seront toujours déterminés à l'avance.

Sa mission remplie, chaque délégation fera un rapport à la prochaine Assemblée générale.

Administration.

Art. 11. — La Chambre consultative est administrée par un Conseil composé de vingt-huit membres, se subdivisant en quatre Commissions :

1° La Commission d'admission et d'arbitrage ;
2° La Commission des finances et des expositions ;

3° La Commission des intérêts des industries du bâtiment ;

4° La Commission des intérêts des industries diverses.

Art. 12. — Chaque Commission élit un secrétaire et un secrétaire-adjoint.

Art 13. — La réunion des secrétaires et des secrétaires-adjoints de Commissions forme le bureau du Conseil d'administration.

En cas de partage égal des suffrages, la voix du président de séance est prépondérante.

Le bureau peut s'adjoindre un secrétaire et un trésorier dont les fonctions sont rétribuées, ainsi que tous autres employés dont l'utilité serait démontrée pour le bon fonctionnent de la Chambre consultative.

Art. 14. — Le bureau tient séance tous les lundis de chaque semaine ; sur le rapport de son secrétaire, il expédie les affaires courantes et prépare les questions qui doivent être envoyées à chaque Commission respective ; il prend l'initiative des mesures d'urgence absolue et immédiate sous sa responsabilité.

Art. 15. — Les Commissions se réunissent suivant les nécessités du service et sur convocation de leur secrétaire.

Ces Commissions ne peuvent prendre aucune décision ; elles font des propositions au Conseil d'administration, qui les approuve définitivement ou les renvoie à l'examen de l'Assemblée générale.

Art. 16. — Le Conseil d'administration se réunit en Assemblée générale une fois par mois.

Art. 17. — Les administrateurs sont nommés tous les ans à l'Assemblée générale de janvier ; les membres sortants sont rééligibles.

Pour pouvoir être éligible au Conseil d'administration, il faut être délégué d'une Association à la Chambre consultative depuis une année au moins.

Commission de contrôle.

Art. 18. — La Commission de contrôle est composée de trois membres nommés pour une année et rééligibles.

Art. 19. — Les fonctions de la Commission de contrôle consistent à vérifier les comptes, l'emploi des fonds, à contrôler les recettes et les dépenses, etc.

La délibération de l'Assemblée générale sur l'approbation du bilan et des comptes est nulle si elle n'a été précédée du rapport des commissaires.

Recettes de la Chambre consultative.

Art. 20. — Les recettes de la Chambre consultative se composent :

1° D'une cotisation de chaque Association adhérente, basée sur la main-d'œuvre effectuée, à raison de 50 centimes par 1,000 francs, avec un minimum de 30 francs. La cotisation est payable par quart;

2° De la part des bénéfices réservés à la Chambre consultative par chaque Association d'intérêt général fondée par les Associations adhérentes.

Radiations.

Art. 21. — Les Associations en retard d'une année de cotisations seront considérées comme démissionnaires, après avis donné par le secrétaire du bureau. Toutefois elles ne pourront être radiées définitivement que par un vote du Conseil d'administration, ratifié par l'Assemblée générale.

Art. 22. — Toute Association qui ferait de l'entreprise générale un acte d'exploitation envers d'autres Sociétés coopératives serait immédiatement expulsée de la Chambre consultative.

Rayonnement de la Chambre consultative.

Art. 23. — Quand il se trouvera au moins cinq Associations dans une ville ou dans une région où elles auront la facilité de se rassembler, elles pourront former une section de la Chambre consultative.

Suivant les ressources de la Chambre consultative et les besoins de la section, des fonds seront alloués aux sections pour leurs frais locatifs ou de secrétaire.

Les cotisations des Associations ouvrières continueront à être perçues par la Chambre consultative.

Modification aux Statuts.

Art. 24. — Toute modification à apporter aux Statuts doit d'abord être prise en considération par une Assemblée générale ordinaire aux votes de laquelle peuvent prendre part, par correspondance, les Associations adhérentes. Elle est ensuite soumise à l'examen d'une Commission qui en fait un rapport à la Chambre consultative convoquée à titre extraordinaire.

La deuxième séance du Congrès fut ensuite levée.

Séance du Mardi 10 Juillet.

(APRÈS-MIDI)

Président : M. Th. Villard ;

Vice-président : M. Bach, de Bordeaux ;

Assesseurs : MM. Le Corre, directeur de la Société coopérative des ouvriers *Serruriers* « L'Avenir du Bâtiment », de Paris, et Fagot, directeur de l'Association coopérative des ouvriers *Cordonniers* « La Fraternelle », de Lyon ;

Secrétaire : Manoury.

Étaient présents : MM. Lamarche, Barré, Barbier, Trannoy, Chaussade, Harmanlius, Ragot, Fagot, Jouandanne, Guyard, Mériot, Chirard, Caramour, Laberthe, Grappin, Barnet, Chausson, Prigent, Cornic, Deschamps, Pallier, Roussat, Bresle, Mathieu, Berthon, Marpinaud, Charollais, Bourzat, Lair, Bougeot, Weber, Arjo, Paris, Moullec, Cogniet, Nel, Gontard, Viardot, Petit, Bourisset, Romanet, Portal, Taupin, Imbert, James, Roolf, Maître, Martin, Duché, Bougot, Bach, Gillet, Gaillard, Laberan, Dutour, Migeon, Porteron, Régnier, Serre, Dupuy, Carlier, Langevin, Millet, Pasquier, Le Corre, Rouberty, Chaîne, Moty, Blanchard, Doubliez, Barillon, Lavenir, Simon, Septembre, Raoux, Gaillard, Vila et Manoury.

L'ordre du jour élaboré par la Commission du Congrès s'était trouvé complètement épuisé, si l'on s'en rapporte aux procès-verbaux des deux séances précédentes. Mais, en réalité, la 1re *question* relative aux « moyens à employer pour que le décret du 4 juillet 1888 soit rigou- « reusement appliqué », ne fut discutée et résolue que dans la séance du mardi après-midi. Si nous avons relaté la discussion et les résolutions prises, dans le compte rendu de la première séance, c'est afin de faire concorder les délibérations qui eurent lieu avec l'énumération chronologique des chapitres de l'ordre du jour.

Nous ferons une remarque analogue à propos de l'article 22 des nouveaux statuts de la Chambre consultative tels que nous les avons publiés plus haut.

Cet article 22, qui est ainsi conçu :

« Toute Association qui ferait de l'entreprise générale un acte d'exploitation envers d'autres Sociétés coopératives serait immédiatement expulsée de la Chambre consultative. »

n'avait nullement été projeté par la Commission et n'était pas prévu dans le rapport de M. Petit.

Il fut introduit dans les statuts à la suite d'une discussion soulevée par M. Chausson dans la séance du mardi l'après-midi, 10 juillet.

Cette discussion se produisit à propos de la pétition à adresser aux pouvoirs publics pour l'application du décret du 4 juin.

M. Vila venait de faire observer que les réclamations des Associations à ce sujet seraient sans doute bien accueillies par le Gouvernement, car le Président du Conseil venait d'affirmer une fois de plus sa sympathie pour les Associations ouvrières, en les chargeant de la construction de la salle des fêtes au Ministère de l'Intérieur.

Et alors M. Chausson soutint que l'Association ouvrière qui avait eu l'entreprise générale de cette salle de fêtes s'était conduite vis-à-vis des autres Associations comme aurait pu le faire un patron.

C'est là un fait très regrettable et, pour en éviter le retour, M. Chausson proposa qu'il soit interdit formellement aux Associations ouvrières faisant partie de la Chambre consultative de prendre l'entreprise générale.

MM. Moty, de Bordeaux, Duché, de Limoges et Maitre, de Poitiers, ne furent pas de cet avis. Une mesure aussi radicale que celle que proposa M. Chausson aurait pour résultat d'enlever dans bien des cas des travaux aux Associations.

M. Pasquier pensa que ces observations pouvaient être justes pour la province, mais, à Paris, on ne devrait pas faire d'entreprise générale.

M. Bougot dit que l'entreprise générale devient de plus en plus fréquente. C'est une nécessité économique à laquelle on ne peut se soustraire et il serait dangereux d'en interdire la pratique aux Associations. Ce qu'il faut, c'est d'en réglementer l'usage de telle façon que l'Association qui aura l'entreprise générale ne puisse s'en faire un moyen d'exploitation vis-à-vis des autres Associations et, comme sanction à ses observations, M. Bougot déposa la résolution qui devint l'article 22 des nouveaux statuts de la Chambre consultative et à laquelle M. Chausson se rallia.

Le Congrès vota la proposition Bougot et décida en outre, sur l'avis de M. Viardot, qu'elle prendrait place dans les nouveaux statuts de la Chambre consultative.

PROPOSITIONS DIVERSES

Il ne restait plus qu'à résumer les propositions diverses émanées de l'initiative personnelle des congressistes, car l'examen de toutes les questions qui avaient figuré dans l'ordre du jour élaboré par la Commission était complètement épuisé.

Ces propositions se firent jour en assez grand nombre.

Les voici, dans l'ordre où elles se produisirent :

Assurances.

M. Moty, de Bordeaux, exposa que les compagnies d'assurances contre les accidents prenaient une commission fort élevée et il dit qu'il lui semblait facile de la réduire, par l'entente de toutes les Associations ouvrières créant une Société d'assurances mutuelles.

M. Vila répliqua à M. Moty que la question était à l'étude à la Chambre consultative et qu'on examinait la création d'une Caisse d'assurances non seulement au point de vue des accidents, mais encore contre l'incendie et sur la vie.

M. Bougot, de Rennes, appuyant l'idée de M. Moty, dit que les indications de M. Vila devaient engager le Congrès à donner à la Chambre consultative le mandat ferme de faire aboutir la question et il émit l'avis qu'il y aurait sans doute avantage à demander aux Sociétés coopératives de Consommation d'entrer, pour leur personnel et pour leurs immeubles, mobilier, matériel et marchandises, dans la Compagnie d'assurances, ainsi étendue aux trois branches : *Accidents, Incendie et Vie*, dont la Chambre consultative projette la réalisation.

En conséquence, le Congrès vota la résolution suivante :

Le Congrès donne mandat ferme à la Chambre consultative d'étudier de suite un projet de création d'une caisse d'assurances contre les accidents, contre l'incendie et sur la vie, pour toutes les associations ouvrières de production; et d'accord, si on peut arriver à une entente, avec les sociétés coopératives de consommation en ce qui concerne leur personnel, leurs immeubles, mobilier, matériel et marchandises.

⁂

Relations des Associations ouvrières de productions et des Sociétés coopératives de consommation.

M. Jouandanne, délégué des Cordonniers, de Blois, lit la proposition suivante :

Le Congrès,

Considérant que la Coopération de production doit être la conséquence de la Coopération de consommation, invite les Sociétés de consommation à s'approvisionner de préférence dans les Sociétés coopératives de production.

M. Petit crut devoir faire certaines réserves au sujet des prémisses de la résolution Jouandane, car, d'après M. Petit, la Coopération de production n'est pas nécessairement la conséquence de la Coopération de consommation.

La motion Jouandanne n'en fut pas moins votée à l'unanimité par le Congrès.

A cette occasion, M. Gontard, directeur de la Société coopérative l'Industrie drapière, de Vienne, rappela que son Association était la seule de son genre en France, fabricant des draps très beaux et très bien faits pour vêtements de fantaisie, dont on pouvait voir de remarquables types à l'Exposition universelle, classe 82.

Les coopérateurs et les Sociétés coopératives seraient très aimables d'adresser leurs commandes à l'Industrie drapière.

Abrogation de l'ordonnance de 1837 sur les adjudications.

Sur la proposition signée de MM. J. Gaillard, F. Duché, Maître, A. Barbier, Porteron, Pallier, Migeon, Imbert, Rouberty, Deschamps, Dupuy et Régnier :

Le Congrès exprima le désir que l'ordonnance de 1837, réglant les conditions des marchés de gré à gré des communes, soit abrogée, et chargea la Chambre consultative de poursuivre la réalisation de ce vœu.

***

Participation de la Banque coopérative à la répartition des bénéfices des Caisses d'Epargne.

Sur la proposition de M. Barré, et après une observation de M. Carlier, disant qu'il existe déjà une loi visant un cas analogue à celui qui fait l'objet de cette proposition :

Le Congrès a demandé :

Que le Gouvernement autorise les Caisses d'Epargne de Paris et d'autres villes à disposer d'une partie de leurs profits en faveur de la Banque coopérative des Associations ouvrières de production, de la même façon que la Caisse d'Epargne de Marseille prête à différentes caisses de mutualité ou sociétés d'habitations à bon marché.

***

Renseignements à fournir au journal « L'Association ouvrière ».

Sur la proposition de M. Bougot :

Le Congrès exprima l'avis que toutes les Associations ouvrières de province adhérentes à la Chambre consultative avaient le devoir d'adresser au journal *l'Association ouvrière*, pour le rendre plus utile et plus intéressant, toutes communications sur la situation de la main-d'œuvre dans leur région, les adjudications publiques ou de gré à gré ou la concession de marchés, les jugements rendus en matière d'accidents du travail, en un mot tous documents et indications ayant trait aux conditions du travail.

Doyen des Membres honoraires.

Sur l'invitation de M. Bach, de Bordeaux :

Vu la résolution concernant la nomination des Membres honoraires,

Le Congrès a acclamé M. Th. Villard, son président, comme doyen des membres honoraires de la Chambre consultative.

***

Félicitations au Gouvernement et à M. Doumer, gouverneur général de l'Indo-Chine.

Sur la proposition de M. Chausson, complétée par MM. Carlier, Dufresne et divers autres membres du Congrès :

Le Congrès, considérant que le Gouvernement de la République n'a cessé de témoigner sa sympathie aux Associations ouvrières de production, lui exprima sa reconnaissance et lui vota des félicitations;

En même temps que, se rappelant les grands services rendus à la Coopération de Production et à la Chambre consultative, il décida d'envoyer à M. Doumer et à sa famille, à l'occasion de la réunion du Congrès, l'expression de la cordiale et reconnaissante affection de toutes les Associations ouvrières de Paris et des départements.

***

Congrès annuel des Associations ouvrières adhérentes à la Chambre consultative.

Un grand nombre de directeurs d'Associations de Paris et des départements avaient pu se rendre compte, au cours du Congrès, des heureuses conséquences de la réunion des délégués des diverses Sociétés coopératives de production et dont les discussions intervenues aussi bien que les résolutions votées sont la preuve patente.

Aussi pensèrent-ils qu'il serait bon de rendre annuelles ces grandes Assemblées générales de toutes les Associations ouvrières de Paris et des départements adhérentes à la Chambre consultative, en changeant chaque année le siège de ce Congrès.

M. Dufresne fut chargé d'en faire la motion et c'est ce qu'il fit immédiatement avant le lever de la dernière séance.

Le principe fut accepté d'enthousiasme.

Quant à la désignation de la ville où se tiendrait le prochain Congrès, M. Bach proposa tout d'abord, afin d'éviter tous froissements, de choisir celle qui compte, après Paris, le plus grand nombre d'Associations.

Cette ville, c'est Limoges.

Mais MM. Duché, des *Menuisiers*, de Limoges et Dupuy, des *Saboliers*, de Limoges, vinrent déclarer, au nom de leurs collègues, qu'ils renonçaient en faveur des Associations lyonnaises à l'honneur d'organiser le prochain Congrès.

A ce moment, les délégués de Lyon n'étaient pas présents dans la salle et M. Fagot lui-même, directeur de l'Association des *Cordonniers* « La Fraternelle », de Lyon, qui faisait partie du bureau, incommodé par la chaleur, avait dû se retirer; mais M. Moty, de Bordeaux, affirma de la façon la plus catégorique et en s'en portant garant, que les Associations lyonnaises et notamment M. Fagot, à qui il en avait parlé, accepteraient tous volontiers la mission dont Limoges voulait bien les charger.

En conséquence, le Congrès vota la résolution suivante :

Le Congrès a estimé qu'il y avait intérêt pour s Associations ouvrières de production de France, adhérentes à la Chambre consultative, à se réunir tous les ans, en un Congrès dont le siège serait fixé dans la dernière séance du Congrès finissant.

En conséquence de ce principe,

Le Congrès a décidé que le prochain Congrès des Associations ouvrières de production de France adhérentes à la Chambre consultative, aurait lieu au mois d'OCTOBRE 1901, à LYON;

Et il a chargé la Chambre consultative et les Associations ouvrières de Lyon, adhérentes à la Chambre consultative, de s'entendre pour la tenue de ce Congrès et de faire toutes démarches utiles à ce sujet;

Ainsi que pour l'organisation d'une CONFÉRENCE PUBLIQUE sur la Coopération de production, conférence à laquelle seront conviées spécialement toutes les personnalités que la question peut intéresser et toutes celles dont les Associations ouvrières auraient avantage à obtenir l'adhésion ou le concours.

Puis le Congrès clôtura ses travaux aux cris de : « Vive la République ! »

BANQUET

Offert le 12 Juillet 1900

PAR LA

CHAMBRE CONSULTATIVE

à

M. MILLERAND, Ministre du Commerce

ET A SES PRINCIPAUX

COLLABORATEURS DU MINISTERE

BANQUET

Offert à M. MILLERAND, ministre du Commerce, le 12 Juillet 1900.

Le 12 juillet, la Chambre consultative des Associations ouvrières de production de France a offert, chez Bonvalet, boulevard du Temple et, 85, rue Charlot, un banquet à M. Millerand, ministre du Commerce, et à ses collaborateurs du ministère, pour remercier le gouvernement d'avoir facilité aux Associations ouvrières leur participation à l'Exposition.

La plupart des directeurs des Associations ouvrières de Paris y assistèrent ainsi que les délégués et directeurs des Associations des départements qui avaient pris part au Congrès de la salle du Globe.

Au nombre des invités figuraient : MM. Lavy, ancien député, chef du cabinet du ministre du commerce; Fontaine, directeur du travail; Keufer, vice-président du Conseil supérieur du travail, secrétaire général de la Fédération française des Travailleurs du Livre; Breton, sous-directeur de l'industrie au ministère; Briat, vice-président de la Commission consultative de la Bourse du Travail de Paris; Juan Salas Anton, président de la Chambre consultative des Associations ouvrières de Barcelone; du Maroussem, docteur en droit; Brault, notaire, Millaud, avoué, et Irénée Blanc, avocat, membres du Comité consultatif de la Chambre consultative; MM. Festy, Barrat, Fagnot, Raffin, enquêteurs à l'Office du Travail; Masure, chef de bureau au service de l'Exploitation de l'Exposition universelle; Corchon, fondateur du *Foyer familial*, etc.

La presse était représentée par l'*Agence Havas*, l'*Agence nationale*, la *Lanterne* et la *Presse*.

En tout, 200 convives environ.

Au champagne, M. Dufresne, directeur de la société ouvrière « Les Maçons de Paris », prononça le discours suivant :

Discours de M. DUFRESNE

Monsieur le Ministre,

Messieurs,

Mes chers Collègues,

Les Associations ouvrières de production ne devaient pas manquer de profiter de l'Exposition universelle pour montrer l'importance des résultats que les travailleurs peuvent obtenir par l'application méthodique et continue des principes de la Coopération de production.

La Chambre des députés et le Sénat les avaient d'ailleurs,

pour ainsi dire, mises en demeure de faire officiellement leurs preuves en spécifiant, par une décision formelle, que le Palais de l'Economie sociale et des Congrès serait exclusivemement construit par les Associations ouvrières.

L'expérience a été concluante : encore que, par suite de certaines résistances dont elles eurent quelque peine à triompher, elles n'aient pu ouvrir leurs chantiers aussitôt qu'elles l'auraient voulu, dix-huit associations ouvrières ont su combiner leur action pour élever cet important édifice et pour l'achever bien avant la date fixée, tandis que d'autres qui n'avaient jamais eu à subir aucune entrave, terminaient à grand peine leurs travaux pour l'ouverture de l'Exposition.

Il semble d'ailleurs que l'événement n'ait pas passé inaperçu et qu'il ait été pour quelque chose dans les motifs qui déterminèrent tout récemment M. le Ministre de l'Intérieur à charger les Associations ouvrières de l'édification d'une salle des Fêtes. Cette construction, non pas provisoire, mais définitive, exigeant par conséquent un fini parfait, fut terminée dans la limite des délais prévus, c'est-à-dire en deux mois à peine, « fait assez rare pour mériter une place dans les annales du Bâtiment », ainsi que le fit judicieusement remarquer M. le Président du Conseil, le jour de l'inauguration. C'est aussi aux Associations ouvrières que vous vous êtes adressé, Monsieur le Ministre, quand il a fallu annexer une salle des Fêtes au ministère du commerce.

Beaucoup d'autres travaux, et non des moindres, dont le total forme un très gros chiffre, ont été exécutés dans l'enceinte de l'Exposition, soit pour l'Etat, soit pour des particuliers, par les Associations ouvrières de Paris qui ont aujourd'hui conquis de haute lutte la première place — il n'est pas exagéré de le dire — dans l'industrie du Bâtiment (1). (*Applaudissements.*)

Mais toutes les Sociétés coopératives de production de France n'étaient pas en situation de bénéficier des mêmes circonstances : celles de province, par exemple, et celles qui ont pour objet l'exercice d'industries ne se ratta-

---

(1) Depuis que ce discours a été prononcé, la distribution des récompenses de l'Exposition a eu lieu. Or, les membres du jury et le commissariat général ont cru devoir attribuer aux Associations ouvrières adhérentes à la Chambre consultative et faisant partie des diverses corporations de construction suivantes : Sculpteurs-Mouleurs, Charpentiers, Serruriers, Maçons, Peintres, Parqueteurs, Plombiers, Couvreurs-Zingueurs et Paveurs, 1 diplôme « hors concours », 4 médailles d'or, 6 médailles d'argent, 2 médailles de bronze, dans la classe 29 (modèles, plans et dessins de travaux publics), en témoignage de l'excellence des nombreux et importants travaux que ces Associations ont exécutés dans l'intérieur de l'Exposition, — sans compter les nombreuses médailles de travail décernées individuellement aux membres des Associations du bâtiment ci-dessus énumérées.

Ainsi s'est trouvée officiellement corroborée la véridique affirmation de M. Dufresne.

chant pas directement à la construction, n'y pouvaient prétendre.

C'est alors, Monsieur le Ministre, que vous êtes intervenu et que, par l'attribution de subventions dont vous avez chargé votre intendante habituelle, la Chambre consultative, de régler la répartition, vous avez mis à même toutes les Associations ouvrières de Paris et des départements d'exposer leurs produits à côté de ceux des grandes maisons patronales, — et nous avons la satisfaction de constater que, si la tentative pouvait sembler téméraire aux personnes qui ne connaissent pas l'excellence des éléments qui constituent nos Associations, elle a victorieusement réussi dans la majorité des cas (1).

Vous avez fourni aux Sociétés coopératives de production les moyens de mettre en évidence l'habileté et la science professionnelles qu'elles ont acquises en s'imposant la discipline et les règles nécessaires, car elles savent, suivant le mot de M. Waldeck-Rousseau, à Saint-Mandé, que « l'autorité librement déléguée doit être librement exercée ». (*Applaudissements.*)

Pour leur avoir ainsi permis de montrer leur vitalité et leur force, elles vous remercient — et c'est pour vous témoigner leur gratitude que vous voyez réunis en ce banquet des délégués des Associations ouvrières de toutes les contrées de la France. Il en est venu du Nord, de l'Ouest et du Midi ; il en devait même venir d'Algérie, mais, au dernier moment, notre ami Lefort, administrateur des *Constructeurs réunis*, d'Aumale, a été contraint de différer son voyage en France, et c'est regrettable, car sa présence parmi nous aurait témoigné d'une façon plus vivante de l'extension du mouvement coopératif de production, non seulement dans la métropole, mais encore dans les colonies.

Et qui sait si, dans un avenir plus rapproché peut-être qu'on ne pense, l'Association de production n'aura pas groupé tous les travailleurs en sociétés assez puissantes pour que les grands travaux publics, les entreprises d'intérêt général, indispensables à la prospérité de nos possessions d'outre-mer, leur soient confiés ? (*Applaudissements.*)

Car nous avons la confiance de pouvoir, par la Coopération de production, substituer, dans toutes les branches de l'activité industrielle, l'ouvrier associé travaillant librement à l'ouvrier salarié soumis à la volonté du capitaliste que ne guide souvent que son intérêt égoïste.

---

(1) Là encore, les assertions de M. Dufresne se sont trouvées vérifiées par les faits, les jurys de l'Exposition ayant attribué aux 50 Associations ouvrières adhérentes à la Chambre consultative qui ont exposé : 12 diplômes « hors concours », 5 grands prix, 13 médailles d'or, 36 médailles d'argent, 34 médailles de bronze et 28 mentions honorables. (*Voir, du reste, à la fin de la brochure, la liste de ces récompenses.*)

Et c'est le moment, Monsieur le Ministre, de rappeler à nos camarades ce que vous avez déjà fait depuis votre entrée au Ministère pour corriger les déplorables conséquences de cette puissance tyrannique qui s'exerça trop longtemps sans frein.

Par une exception heureuse, contrairement à bien des précédents, ministre, vous vous êtes, en effet, souvenu des réformes que vous préconisiez étant simple député et vous en avez poursuivi la réalisation autant que vous l'a permis l'état actuel de la législation.

Vous avez notamment réglé, par trois décrets qui feront époque et auxquels votre nom restera attaché, les conditions du travail dans les marchés passés au nom de l'Etat, des départements, des communes et des établissements publics. (*Applaudissements.*)

Vous avez donné à la loi sur les accidents le commentaire nécessaire pour qu'elle soit interprétée dans le sens toujours le plus largement équitable en faveur des travailleurs.

Vous avez réorganisé le Conseil supérieur du travail et vous en avez ouvert l'accès aux représentants les plus directement autorisés du Prolétariat, si bien que le Conseil répond maintenant à son but et constitue le laboratoire de toutes les améliorations à introduire dans la législation du travail. C'est ainsi que, dès sa première session, le Conseil supérieur réorganisé a élaboré un projet complet qui remanie et étend de la plus heureuse façon le régime de la justice prud'homale dont nous espérons voir bientôt le Parlement saisi.

En attendant mieux, vous avez fait voter une loi qui ramènera à dix heures la journée de travail dans les industries où il est de tradition d'exiger des ouvriers une durée de présence véritablement abusive — et, d'autre part, vous faites faire un essai de la journée de huit heures aux ateliers du boulevard Brune qui dépendent de votre département.

Vous avez stimulé le zèle des inspecteurs du travail et les avez engagés à faire leur devoir sans crainte. Vous leur avez donné en quelque sorte comme collaborateurs les Syndicats qui font œuvre saine en leur dénonçant les infractions à la loi sur le travail des femmes et des enfants, dont auparavant il était tenu si peu de compte dans la plupart des ateliers.

Vous avez certainement provoqué l'énergique et péremptoire circulaire de M. le Président du Conseil rappelant aux Préfets de la République dans quelles conditions ils doivent faire l'application du décret du 4 Juin 1888 et de la loi du 20 Juillet 1893. (*Applaudissements répétés.*)

Enfin, vous avez créé au Ministère du Commerce la Direction du Travail et placé à sa tête M. Arthur Fontaine (*Applaudissements*), l'ingénieur éminent (*Applaudissements*), le démocrate convaincu (*Applaudissements prolongés*), qui a la même foi que nous dans l'efficacité émancipatrice de la Coopération de production.

Telle est la suite des principaux actes par lesquels vous avez marqué depuis un an votre passage au Pouvoir.

Je ne parle pas de ceux qui se sont exercés dans un domaine plus restreint, quoique toujours en vue du mieux être de la classe ouvrière, comme le concours financier que vous avez prêté à nos Associations en plusieurs circonstances; mais l'énumération qui précède suffit à faire comprendre comment, entre vos mains, le ministère du commerce est devenu le plus important des secrétariats d'Etat. C'est qu'au lieu de vous borner au rôle d'administrateur des instruments de production et d'échange, de réglementateur de la richesse produite, dont se contentèrent la plupart de vos prédécesseurs, vous vous êtes préoccupé de celui-là même qui produit la richesse par son travail et vous avez entendu entourer le travail et les travailleurs de certaines garanties — et c'est là tout simplement le commencement d'une révolution sociale contre laquelle il serait impossible désormais de vouloir réagir (*Applaudissements*) : criminel ou fou qui oserait le tenter! (*Bravos répétés.*)

Ainsi, Monsieur le Ministre, l'œuvre que vous avez accomplie en quelques mois restera féconde et ce n'est pas de notre côté que vous viendra le reproche d'avoir accepté la responsabilité du pouvoir. (*Double salve d'applaudissements.*)

Il est évident que vous l'avez fait avec l'intention bien arrêtée de servir le peuple travailleur, et vous y avez si bien réussi que c'est contre votre nom surtout que s'exercent toutes les fureurs des partis rétrogrades.

Mais vous n'êtes pas de ceux que l'outrage déconcerte ni que l'injustice abat, et vous irez quand même droit votre chemin, sans souci des clameurs qui vous attendent à chaque étape nouvelle. (*Bravos répétés.*)

Vous l'avez bien fait voir tout récemment encore par le discours courageux que vous avez prononcé à l'inauguration du pavillon des établissements du Creusot à l'Exposition, et par l'exposé que vous fîtes en cette circonstance de la façon dont l'arbitrage devrait être exercé en cas de conflit entre patrons et ouvriers dans la grande industrie. (*Applaudissements.*)

Aussi la démocratie compte-t-elle sur vous pour poursuivre, soit dans ce ministère, soit dans un autre — car vous êtes désormais le représentant nécessaire du Travail au sein du gouvernement — (*Applaudissements! Cris de :*

Vive Millerand !) le vote des lois qui mettront l'artisan en possession de sa part légitime dans les bénéfices de son travail;

Qui permettront aux Syndicats, appelés à jouir de la personnalité civile, une meilleure utilisation de leurs ressources par la création de Sociétés de production ou par toutes autres organisations qui leur conviendront, plutôt que de les sacrifier comme ils ont fait jusqu'ici, dans des grèves trop souvent stériles;

Qui assureront les travailleurs contre le chômage et qui leur garantiront une retraite pour leurs vieux jours, grâce au concours obligatoire du patronat et de l'Etat;

Et enfin toutes autres mesures législatives ayant pour but de donner à la classe ouvrière : la liberté, l'aisance, la sécurité ! (*Applaudissements.*)

Pour nous, coopérateurs, qui avons déjà résolu en partie e problème social et qui nous sommes élevés du rang de salariés à celui d'associés, nous continuerons à travailler au développement naturel et à la mise en pratique intégrale de l'idée coopérative par où sera réalisée la Société harmonieuse. (*Applaudissements.*)

Nous avons en mains plus que des éléments de succès, puisque le succès lui-même a couronné nos efforts. Nous avouons toutefois que nous sommes parfois un peu gênés par l'insuffisance de nos capitaux; mais ces capitaux nous arriverons à les posséder, nous n'en doutons pas.

Dans tous les cas, le gouvernement et ses agents, ainsi que les administrations municipales, pourraient tenir la main à ce qu'on ne nous fasse pas attendre, des mois et des années, le règlement des travaux exécutés pour l'Etat, les départements et les communes. (*Marques générales d'assentiment et du ministre lui-même.*)

En retardant ainsi les paiements de sommes qui sont dues, on porte à nos Associations un préjudice énorme, et cette expectative empêche même parfois certaines d'entre elles de traiter des entreprises qu'elles seraient à même de parfaitement exécuter si elles étaient sûres qu'on leur fasse l'application stricte du paragraphe 4 du décret du 4 juin 1888.

C'est un point sur lequel je me permets d'appeler votre attention, surtout dans l'intérêt de nos Associations de province. (*Bravos ! Vive la Chambre consultative !*)

Il me reste, pour terminer ce discours, trop long certainement au gré de mes collègues impatients de vous entendre, à dire un mot des institutions de prévoyance et de solidarité des Associations ouvrières.

Nous avons fondé l'Orphelinat de la Coopération, dans le but d'élever et d'instruire les enfants des membres décédés de nos Associations.

Nous aurons sans doute la bonne fortune de trouver, parmi nos jeunes pupilles, des sujets d'élite qu'il nous sera possible de pousser jusque dans les hautes Ecoles et qui en sortiront pour devenir les architectes, les ingénieurs, les chimistes des Associations ouvrières, car notre désir est de voir marcher nos Associations du même pas rapide que le Progrès, et de les doter de toutes les applications scientifiques qui leur permettront de vaincre la concurrence de l'industrie patronale.

Nous avons une Banque coopérative à l'usage spécial des Associations ouvrières, qui a fait, l'année dernière, 2 millions et demi d'affaires.

Nous travaillons actuellement à la formation de Caisses d'assurances contre les accidents et le chômage et, grâce aux nombreuses Sociétés coopératives de production en voie de formation qui demandent à se rallier à notre Chambre consultative, nous atteindrons bien vite au but.

Enfin, un projet de Caisse de retraites est aussi à l'étude.

Comme vous le voyez, Monsieur le Ministre, les Associations coopératives de production ont entrepris hardiment de faire, à l'ouvrier, sa large place au soleil.

Elles ne vont pas, clamant leur haine impuissante contre la Société capitaliste ; elles font mieux : elles cherchent à se substituer à elle et à faire du Capital la propriété de tous.

Les premiers résultats obtenus, déjà fort appréciables, ne sont pas pour décourager, bien au contraire.

Ils justifient ce que disait M. du Maroussem, un de nos éminents conférenciers, il y a quelques années : « Nous « sommes tout le Socialisme, mais le Socialisme pratique, « le Socialisme expérimental. Tout ce qui peut se tenter « de généreux au nom de la solidarité humaine, nous « l'acceptons d'avance. D'autres peuvent nous devancer « dans la voie de l'utopie ; nul ne peut nous distancer — « nous l'en défions — dans le champ du concret et du réel. »

Aussi notre exemple a-t-il porté ses fruits et nous aimons à nous flatter qu'il ne fut pas sans influence sur les conversions récentes aux principes de la Coopération de production d'un certain nombre de sociologues et d'hommes politiques qui avaient, jusqu'ici, placé en dehors d'elle leurs espérances. (*Applaudissements.*)

Quel que soit d'ailleurs le motif déterminant qui ait amené cette évolution, nous nous en réjouissons et nous espérons qu'à sa faveur se dissipera définitivement l'espèce de malentendu qui paraissait avoir surgi entre les Syndicats et les Coopératives. (*Approbation unanime.*)

Puissent mes paroles y contribuer et faire comprendre aux socialistes inquiets que la Coopération n'est nullement une manœuvre inventée pour arrêter le prolétariat dans sa marche, mais qu'elle est au contraire la voie commode et sûre pour arriver à la réalisation de ses aspirations.

Monsieur le Ministre,

Je ne sais si avant votre passage au pouvoir vous aviez eu l'occasion ou le loisir d'étudier nos Associations; maintenant vous nous avez vus travailler et vivre; vous savez ce que nous avons déjà fait et ce que nous voulons faire; vous nous avez témoigné que vous vouliez nous y aider et nous vous en remercions.

En un mot, vous nous connaissez et nous espérons dès lors avoir mérité votre estime et votre amitié; vous avez toujours eu la nôtre, parce qu'il n'y a chez nous que de bons démocrates et de sincères républicains; et c'est en souvenir de notre sympathie déjà ancienne pour vous, qu'au nom des Associations adhérentes à la Chambre consultative, je forme le vœu de vous voir longtemps encore en situation de mettre votre activité et votre dévouement au service des travailleurs ! (*Applaudissements.*)

Mes chers Collègues de Paris et des Départements,

J'irais certainement à l'encontre de vos désirs si, surtout dans les circonstances actuelles, j'omettais d'exprimer à M. le Président de la République vos sentiments de respectueuse affection.

Je porte donc un toast à M. le Président de la République, et nous serons heureux si M. le Ministre du Commerce veut bien lui redire avec quelle chaleureuse émotion vous avez salué son nom. (*Applaudissements enthousiastes. Cris de : Vive la République! Vive Loubet! Vive Waldeck-Rousseau!*)

Je lève mon verre en l'honneur de M. Millerand et de ses collaborateurs du Ministère près de qui les Associations ouvrières ont toujours trouvé un accueil si cordial et si bienveillant.

Et, pour résumer les aspirations qui sont dans vos cœurs, je pousse avec vous le cri de : Vive la République émancipatrice des Travailleurs! (*Applaudissements prolongés. Cris de : Vive la République ! Vive Millerand !*)

***

Pendant plusieurs minutes, les acclamations en l'honneur de la République et du Ministre du Commerce empêchèrent M. Millerand de prendre la parole. Enfin le calme se rétablit peu à peu et M. le

Ministre du Commerce prononça le discours suivant, dont nous n'avons pas besoin de signaler l'importance :

Discours de M. MILLERAND, Ministre du Commerce.

Mes chers concitoyens,

Je veux tout d'abord vous dire avec quel plaisir je rapporterai à M. le Président de la République et à M. le Président du Conseil les paroles que tout à l'heure votre Président a fait entendre, et l'accueil chaleureux qu'elles ont reçu de cette Assemblée.

Vous avez parlé de moi, mon cher Président, en termes beaucoup trop aimables. Voulez-vous me permettre, en vous remerciant, de relever un mot qui, j'en suis sûr, a dépassé votre pensée? Il n'y a pas, dans une démocratie, d'hommes nécessaires, et c'est surtout dans un pays comme le nôtre, façonné depuis tant de siècles au pouvoir personnel, c'est surtout aujourd'hui qu'il convient de rappeler très haut que la nation doit se garder des individus (*Bravos et acclamations prolongés*) et que c'est d'elle seule qu'elle doit attendre son salut. (*Bravos.*)

Sans doute, l'homme est un facteur nécessaire et important de toute œuvre : mais l'œuvre vaut surtout par l'idée qui l'inspire (*Vifs applaudissements*) et laissez-moi vous dire que si, en quelques mois, j'ai pu obtenir un certain nombre de résultats, que vous avez bien voulu rappeler, c'est tout simplement pour avoir mis au service d'une idée, une volonté et une méthode. (*Bravos répétés.*)

L'idée, c'est qu'à chaque époque de l'histoire, il y a une catégorie d'hommes qui, par leur situation même, par leurs conditions d'existence se trouvent particulièrement indiqués pour travailler efficacement au progrès de la civilisation (*Très bien! Bravos*) et pour faire franchir à l'humanité un nouveau stade.

Au siècle dernier, c'est le Tiers-Etat qui a joué ce rôle ; à notre époque, il semble que cette mission glorieuse soit plus particulièrement réservée à ceux qu'on a coutume d'appeler les salariés, à ceux qui n'ont pour seul ou pour principal avoir que la force de leur cerveau ou de leurs bras, que leur capital humain. (*Vifs applaudissements.*)

Tâcher de les rendre capables et dignes d'accomplir cette mission glorieuse, de remplir dans l'intérêt général, plus encore que dans le leur propre, le rôle qui leur est imparti, c'est l'idée que, depuis de longues années déjà, je n'ai cessé d'avoir devant les yeux, et qui n'a cessé de me guider, en particulier depuis le jour où l'éminent homme d'Etat, que vous acclamiez il y a quelques mois à Saint-Mandé, m'a fait le grand honneur de m'appeler à collaborer à l'œuvre de défense républicaine. (*Bravos prolongés, Vive la République ! Vive Waldeck-Rousseau !*)

Au service de cette idée j'ai mis, depuis douze mois, une volonté qui ne se laissera arrêter par rien. Mais il ne suffit pas de savoir où l'on va et de vouloir y aller, il faut savoir encore par quel chemin y arriver, quels sont les moyens, les procédés les meilleurs, les plus sûrs, pour se rapprocher du but que je viens d'indiquer, sinon pour l'atteindre.

Tout à l'heure, Monsieur le Président, vous avez prononcé une parole pleine de sens et de cœur, en répudiant la haine : la haine n'est qu'une preuve d'inintelligence, comme la violence n'est qu'un aveu de faiblesse. (*Bravos répétés.*) Ce n'est ni par la haine ni par la violence que les travailleurs conquerront leur émancipation intégrale (*Très bien ! Très bien ! Bravos*) c'est par la compréhension de plus en plus étendue, de plus en plus claire de leurs devoirs et de leur responsabilité. (*Nouveaux applaudissements.*)

Mais il ne peut pas y avoir de responsabilité sans pouvoir, ni de devoir sans droit. (*Très bien ! Très bien !*) Voilà pourquoi j'estime que le premier devoir du gouvernement, c'est de tout faire, par tous les moyens, sous toutes les formes, pour arriver à grouper les travailleurs, à les unir, à leur donner, par l'association, le sentiment de leur puissance et par là même de leur responsabilité. (*Longs applaudissements.*)

Messieurs, cette idée, que j'indique, est banale ; et j'ajoute que celui qui vous parle n'a eu qu'à suivre, pour l'appliquer, une voie qui, depuis la troisième République, était tracée devant lui.

La loi de 1884 sur les syndicats professionnels est tout entière inspirée de cette idée : le décret de 1888, dont on parlait tout à l'heure, fait en faveur des Associations, dérive des mêmes conceptions ; — et ce n'est pas, Messieurs, sans intention que je rapproche Syndicats et Associations de production. Vous aviez bien raison de dire tout à l'heure qu'il est impossible d'opposer les Syndicats aux Associations de production ; les unes ne sont que la floraison des autres. (*Bravos répétés.*) Il suffit de regarder chez nos voisins, dans ce petit pays de Belgique, qui nous offre tant de sujets de réflexions, pour voir, à côté d'un puissant effort d'association ouvrière, un puissant effort de production prolétarienne, et côte à côte, associations politiques, sociétés coopératives de production et de consommation prospérant les unes à côté des autres, les unes par les autres. (*Vifs applaudissements.*)

Messieurs, le projet de loi que notre gouvernement a

déposé, et qui a pour but précisément, en même temps qu'il éclaire sur certains points la loi de 1884, de la développer, de la compléter, est tout entier, lui aussi, inspiré de cette idée. Il veut permettre aux Associations ouvrières de donner tout ce qu'elles peuvent donner, de produire tous les fruits qu'on est en droit d'en attendre. Il reconnaît au syndicat le droit de propriété le plus large. Et comment, en vérité, les ouvriers reculeraient-ils devant le don qui leur est offert, sans avouer par là-même qu'ils ne s'en croient pas encore dignes. C'est impossible; ils l'accepteront, au contraire, avec la conscience du devoir qu'il leur crée, avec le sentiment aussi qu'ils arrivent à un moment où ils peuvent recevoir une telle capacité, et en user pour le mieux des intérêts légitimes qui sont les leurs, ils accepteront ce projet de loi, et ils nous aideront à le faire triompher devant le Parlement. (*Bravos.*)

Nous avons déposé ce projet : il y en a un autre dont j'ai annoncé, il y a quelques jours, le dépôt pour la rentrée; c'est celui auquel votre Président voulait bien faire allusion, en parlant du discours que j'avais été appelé à prononcer à l'inauguration du pavillon du Creusot. Là, il m'a été particulièrement agréable de m'emparer d'un exemple que, sur la suggestion du président du Conseil, un grand patron avait donné, et de m'armer de cet exemple, offert par un grand patron, pour le proposer aux autres patrons et pour leur demander, dans leur intérêt aussi bien que dans celui de la classe ouvrière, de suivre cet exemple, de comprendre qu'ils ne peuvent plus s'opposer à une organisation, qui sera d'autant plus utile et féconde qu'elle rencontrera moins de résistances devant elle. (*Applaudissements vifs et répétés.*)

Ce sont là des projets qui, tous, dérivent de l'idée qui a dominé toute mon œuvre au ministère du commerce. Cette œuvre nous paraît assez belle, assez large pour séduire toute les intelligences et tous les cœurs; elle nous paraît assez haute pour pouvoir retenir tous les Français dans un effort commun. (*Très bien! très bien!*)

Nous ne sommes pas de ceux, Messieurs, qui font intervenir la patrie dans la lutte des partis. (*Bravos et acclamations.*) Nous la respectons trop : nous avons d'elle une idée trop élevée pour la mêler aux discordes des partis; il n'en est pas un qui puisse, sans impiété, prétendre au monopole du patriotisme (*Vifs applaudissements et bravos prolongés*), mais je crois pouvoir, sans choquer les opinions de personne, affirmer que nous avons le sentiment très vif et très exact de la tradition nationale, en avançant qu'il n'y a pas d'œuvre qui soit plus conforme au génie, à la fois idéaliste et pratique de notre race, qui réponde mieux à ses aspirations généreuses, et qui soit plus susceptible de réconcilier tous les enfants de ce pays, que l'œuvre de l'émancipation progressive et indéfinie des travailleurs. (*Bravos prolongés et répétés.*)

Ce sera, j'ose le dire, l'honneur du ministère Waldeck-Rousseau, que de n'avoir pas perdu de vue, au milieu des difficultés de tout ordre qui n'ont cessé de l'assaillir, cette œuvre sociale qui mérite plus que toute autre d'être appelée une œuvre de défense républicaine. (*Salve d'applaudissements. Cris : Vive la République !*)

Messieurs, je lève mon verre aux collaborateurs de cette œuvre, à toutes les Associations ouvrières et, en particulier, aux Associations coopératives de production. (*Bravos prolongés.*)

CONGRÈS INTERNATIONAL

DES

Associations Ouvrières de Production

11, 12 & 13 Juillet 1900

PALAIS DE L'ÉCONOMIE SOCIALE ET DES CONGRÈS

A L'EXPOSITION

CONGRÈS INTERNATIONAL

DES

Associations Ouvrières de Production

COMITÉ DE PATRONAGE

France.

MM.

BAUDIN (Pierre), Député de l'Ain, Ministre des Travaux publics.
BERTEAUX (Maurice), Député de Seine-et-Oise.
BEUDIN, Ex-associé de la Maison Leclaire.
BLANC (Irénée), Avocat, Conseil juridique de la Chambre consultative.
BOMPARD (Raoul), Député de la Seine.
BOURGEOIS (Léon), Député de la Marne.
BOVIER-LAPIERRE, Député de l'Isère.
COHADON, ancien cogérant de l'Association des Maçons.
DESCHANEL (Paul), Président de la Chambre des Députés.
DOUMER (Paul), Gouverneur général de l'Indo-Chine.
FITSCH, Président du Comité central de l'Union coopérative des Sociétés françaises de consommation.
FONTAINE (Arthur), Directeur du Travail au Ministère du Commerce et de l'Industrie.
GERVAIS, Député de la Seine.
GIDE (Charles), Professeur des Sciences sociales, au Collège de France.
KLEINE, Directeur de la Comptabilité et du personnel au Ministère des Travaux publics.
BOYVE (de), Trésorier du Comité central de l'Union coopérative des Sociétés françaises de consommation.
LARNAGE (de), Vice-Président de la Société coopérative du Centre.
LEYDET, Sénateur des Bouches-du-Rhône.
LOURTIES, Sénateur des Landes.
MABILLEAU (L.), Directeur du Musée social.
MAROUSSEM (P. du), Privat-Docent de la Faculté de Paris.
MARUÉJOULS, Député de l'Aveyron.
MESUREUR, Député de la Seine.
MILHAUD, Avoué, membre du Comité consultatif de la Chambre consultative.

MORON, Ingénieur en chef des Ponts et Chaussées, ancien directeur de l'Office du Travail.
NAVARRE, Conseiller municipal de Paris.
NOEL (E.), Député de l'Oise.
PAULET, Directeur de l'Assurance et de la Prévoyance sociales au Ministère du Commerce et de l'Industrie.
PAULIAT, Sénateur du Cher.
POCHET, Agréé, membre du Comité consultatif de la Chambre consultative.
RIBOT, Député du Pas-de-Calais.
ROCQUIGNY DU FAYEL (DE) Vice-Président du Centre fédératif du Crédit populaire.
SEILHAC (DE), Délégué permanent du Musée social.
SIEGFRIED, Sénateur de la Seine-Inférieure.
VÉBER, Conseiller municipal de Paris.
VILLARD (TH.), ancien président honoraire de la Chambre consultative.
WALDECK-ROUSSEAU, Sénateur de la Loire, Président du Conseil des Ministres, Ministre de l'Intérieur.

Allemagne.

HANTSCHKE (H.), Secrétaire de l'Union générale des Associations coopératives industrielles et économiques, à Charlottenburg, près Berlin.

Angleterre.

GREENING, Administrateur de l'Agricultural association.
WILLIAMS (Aneurin), Membre de la Société Labour association, à Weelside.
WOLFF (H. W.), Président de l'Alliance coopérative internationale, à Londres.

Hongrie.

VAJDA (ARNIM), Avocat, à Buda-Pesth.

Belgique.

BERTRAND, Avocat à Bruxelles.

Espagne.

PIERNAS Y HURTADO, professeur à l'Université de Madrid.
JUAN SALAS ANTON, Président de la Chambre des Sociétés coopératives à Barcelone.

Italie.

BUFFOLI (LUIGI), Président de l'Union coopérative, à Milan.
MAFFI (ANT.), Secrétaire général de la Lega cooperative italienne, à Milan.

Hollande.

CIEREMANS, secrétaire de la Fédération hollandaise, à La Haye.
JUNG, Membre de la Chambre consultative de la Fédération coopérative Néerlandaise, à Lieuwarden.
TREUB (J.), Professeur des Sciences sociales et philosophiques, à Amsterdam.
VAN MARKEN, Membre du Conseil de la Fédération coopérative Néerlandaise, à Delft.

Russie.

LEWITSKI, Fondateur des Artels russes, à Elisabetgrad.

Suisse.

PLOMB, Publiciste à Genève.

COMITÉ D'ORGANISATION

87, boulevard Saint-Martin, à PARIS

Président : LADOUSSE (E.), Directeur de l'Association corporative des Ouvriers Tapissiersde Paris;
Vice-président : WEBER (H.), Directeur de la Société des Horlogers, à Paris;
Secrétaire : VILA (A.), Secrétaire de la Chambre consultative des Associations ouvrières de production;
Trésorier : BARRÉ (R.), Directeur de la Banque coopérative des Associations ouvrières de production;
Membres : CARLIER (E.), Directeur de l'Union des Sculpteurs-Mouleurs français;
— MACHURON (C.), Directeur de l'Association des Menuisiers de Paris;
— ROMANET (A.), Directeur de l'Association la « Lithographie parisienne »;
— PETIT (L.), Directeur de l'Association des Ouvriers Lanterniers.

PROGRAMME DES QUESTIONS SOUMISES AU CONGRÈS

PREMIÈRE PARTIE

La Coopération au point de vue philosophique.

1° Des attaches philosophiques; des précurseurs et promoteurs de la Coopération;
2° De la solidarité par la Coopération;
3° De l'éducation coopérative : Devoirs de la Coopération envers l'individu (enfant, adulte, vieillard).

Rapporteur chargé de résumer les rapports de la première partie : **R. BARRÉ.**

DEUXIÈME PARTIE

La Coopération au point de vue industriel et économique.

1° De la formation des Associations ouvrières de production et de leur capital;
2° De l'administration, de la direction et des rapports des associés entre eux;
3° Des moyens à employer pour l'obtention du travail et du crédit;
4° Etat actuel des Associations; causes de succès ou d'insuccès;
5° De la fixation des salaires;
6° De la répartition des bénéfices.

Rapporteur chargé de résumer les rapports de la deuxième partie : **E. LADOUSSE.**

TROISIÈME PARTIE

La Coopération dans ses relations extérieures.

1° Du groupement des Associations ouvrières de production et de leur capital;
2° Des relations des Associations ouvrières de production avec d'autres groupes collectifs, tels que : Sociétés de Consommation, Chambres syndicales, Sociétés de Secours Mutuels, Sociétés de Crédit, etc.;
3° Des rapports des Associations ouvrières de production avec les pouvoirs publics et les administrations;
4° Des rapports internationaux des Associations;
5° Du progrès économique, industriel et social réalisable dans la société par la Coopération.

Rapporteur chargé de résumer les rapports de la troisième partie : **L. PETIT.**

RÈGLEMENT GÉNÉRAL

Formation du Congrès.

Article premier. — Conformément à l'arrêté ministériel en date du 11 juin 1898, il est institué à Paris, au cours de l'Exposition universelle de 1900, un Congrès international des Associations ouvrières de production.

Durée du Congrès.

Art. 2. — Ce Congrès s'ouvrira le 11 juillet, dans une des salles de deux cent cinquante places du Palais de l'Economie sociale; sa durée sera de trois jours, les 11, 12 et 13 juillet 1900.

Composition du Congrès.

Art. 3. — Le Congrès sera composé de membres agissant comme délégués d'Associations ouvrières de production et de membres à titre personnel.

Les Associations ouvrières de production et les membres à titre personnel devront envoyer leur adhésion au secrétaire de la Chambre consultative, 27, boulevard Saint-Martin, avant le 1er mai 1900, et acquitter une cotisation de 5 francs par membre pour couvrir les frais occasionnés par le Congrès.

Membres délégués d'Associations.

Art. 4. — Les délégués des Associations ouvrières devront être munis d'un mandat régulier et produire des Statuts (manuscrits ou imprimés) de leur Association.

Chaque Association aura droit à un délégué par cinquante coopérateurs ou fraction de cinquante sans pouvoir dépasser le nombre de deux délégués.

Cartes des Congressistes.

Art. 5. — Les membres du Congrès recevront une carte qui leur sera délivrée par les soins de la Commission d'organisation. Cette carte, qui ne donne aucun droit à l'entrée gratuite dans l'Exposition, sera strictement personnelle. Toute carte prêtée sera immédiatement retirée.

Droits des Congressistes.

Art. 6. — Les membres du Congrès auront seuls le droit d'assister aux séances, de présenter des travaux et de prendre part aux discussions.

Les délégués des Administrations publiques françaises et étrangères jouiront des mêmes droits, sans cependant participer aux votes.

Bureau du Congrès.

Art. 7. — Le Bureau de la Commission d'organisation, lors de la première séance, fera procéder à la nomination du Bureau du Congrès, qui sera composé d'un président, de quatre vice-présidents, quatre secrétaires et un trésorier.

Le Congrès pourra désigner également des présidents d'honneur français ou étrangers.

Art. 8. — Le Bureau du Congrès fixe l'ordre du jour de chaque séance.

Travaux présentés.

Art. 9. — Les Travaux présentés avant le 1er mai 1900 sur les questions mises à l'ordre du jour dans le programme de la session feront l'objet de rapports rédigés par les soins de la Commission d'organisation et discutés en Assemblée générale.

Travaux en dehors du programme.

Les travaux qui ne figureront pas dans ce programme ou qui seraient remis tardivement seront renvoyés à une Commission spéciale comme il est dit à l'article 10.

Commission spéciale.

Art. 10. — Dès la première séance, il sera nommé une Commission de neuf membres, commission spécialement chargée d'examiner les travaux remis tardivement ou portant sur les questions en dehors du programme; elle aura aussi pour mission de conclure sur des propositions que le Congrès jugerait utiles de retenir et, au sujet desquelles, défaut de temps, il aurait seulement donné des indications générales.

Cette Commission présentera son rapport à la fin de la dernière séance.

Ordre de la discussion.

Art. 11. — Les orateurs ne pourront occuper la tribune pendant plus de quinze minutes, ni parler plus de deux fois dans la même séance, sur le même sujet, à moins que l'Assemblée consultée n'en décide autrement,

Compte rendu des travaux.

Art. 12. — Les membres du Congrès qui auront pris la parole dans une séance devront remettre au secrétaire, dans les vingt-quatre heures, un résumé de leurs communications pour la rédaction des procès-verbaux. Dans le cas où ce résumé n'aurait pas été remis, le texte rédigé par le secrétaire en tiendra lieu, ou le titre seul sera mentionné.

Art. 13. — La Commission d'organisation, après accord avec la Commission supérieure des Congrès et conférences, poura demander des réductions ou décider que le titre seul sera inséré, si l'auteur n'a pas remis de résumé modifié en temps utile.

Art. 14. — Les procès-verbaux seront imprimés et distribués aux membres du Congrès le plus tôt possible après la session.

Art. 15. — Un compte rendu détaillé des travaux du Congrès sera publié par les soins de la Commission d'organisation; celle-ci se réserve de fixer l'étendue des mémoires ou communications livrés à l'impression.

Art. 16. — Le bureau du Congrès statue en dernier ressort sur tout incident.

ADHÉSIONS AU CONGRÈS INTERNATIONAL

DES

ASSOCIATIONS OUVRIÈRES DE PRODUCTION

Le Congrès fut constitué d'abord des délégués des Associations ouvrières françaises adhérentes à la Chambre consultative dont nous donnons la liste à la page 4, par des représentants des gouvernements étrangers et des membres à titre individuel dont les noms suivent :

MM.

E. DAYET, fondé de pouvoirs de la Société coopérative de l'Ameublement, des ouvriers ébénistes, menuisiers, charpentiers et tapissiers, à Saint-Claude (Jura) ;

Maurice DUFOURMANTELLE, docteur en droit, 95, avenue Kléber, à Paris ;

Mme Ve VINCENT. 7, rue de Paris, à Asnières, déléguée de la Société féministe « L'Egalité » ;

Dr STIGITARE, président de la « Cooperativa Tommaso Cornelio », à Rovito, provincia di Cosenza (Italie) ;

Alfredo COSATI, président de « Officina cooperativa Manfredini pel soccorso agli impotenti al lavaro », via Vittoria, 53, Milano (Italie) ;

DE BOYSSON, contrôleur de 1re classe de l'administration de l'armée, délégué du Ministère de la Guerre ;

Giovanni REJENTINI, directeur délégué de la « Fonderia typografica cooperativa », via Archimede, 27, Milano (Italie) ;

E. A. CARRIÉ, 22, rue du Ruisseau, Le Mans (Sarthe), administrateur de la Société coopérative « La Mancelle » ;

Akos de Navratil, rédacteur au Ministère du Commerce, à Budapest, délégué du gouvernement de la Hongrie ;

Zolsan Péterffy, inspecteur d'industrie, à Presbourg, délégué du gouvernement de la Hongrie ;

H. de Neufville, ingénieur des mines, 6, rue Halévy, à Paris ;

Félix Jeanjaval, ingénieur, 5, boulevard de la Tour-Maubourg, à Paris ;

Julien Daltroff, industriel, 17, rue de Cléry, à à Paris ;

Halot, président, et délégué de la Chambre française de commerce et d'industrie de Bruxelles ;

Du Toict, manufacturier, membre et délégué de la Chambre française de commerce et d'industrie de Bruxelles ;

Nicolas Gerster, inspecteur d'industrie à Budapest, Ministère du Commerce, II, Lanczid-utcza, 3, délégué du Ministère royal hongrois du Commerce ;

Jesus F. Contreras, sculpteur-statuaire, délégué spécial des Beaux-Arts, membre de la Commission mexicaine à l'Exposition universelle de 1900, délégué du gouvernement mexicain ;

Juan Carlos Belgrano, délégué du gouvernement de la République argentine ;

Ivan Ottlik, conseiller de section au Ministère de l'Agriculture de Budapest, délégué du Ministère royal hongrois de l'Agriculture ;

André Gyorgy, attaché agricole au Ministère de l'Agriculture Nador utcza, à Budapest, délégué du Ministère royal hongrois de l'Agriculture ;

Kshirô Saito, commissaire-adjoint du Japon à l'Exposition universelle, délégué du gouvernement impérial du Japon ;

Prof. John Cummings, Harvard University, délégué du gouvernement des Etats-Unis d'Amérique ;

N. P. Gilman, Editor « New-World » délégué du gouvernement des Etats-Unis d'Amérique ;

W. F. WILLOUGHBY, Expert Labor Bureau, délégué du gouvernement des Etats-Unis d'Amérique ;

HAMMARSKJOLD K. H. L., chef de section au Ministère de la Justice de Suède, délégué du gouvernement de Suède et Norvège ;

COHADON, 23, rue Mélingue, à Paris ;

Juan SALAS ANTON, délégué de la « Camara Regional de Sociedades Cooperativas de Cataluña y Baleares y *Revista Cooperativa Cataluña* » Ausias-March, 2, Barcelona ;

(Cette « Camara regional » se compose de 60 Associations).

Juan SALAS ANTON, délégué de la Sociedad Cooperativa de produccion « Paz y Trabajo » de Mahon (Baléares) ;

Juan SALAS ANTON, président et délégué de « La Rendentora », sociedad cooperativa de produccion de ladrillos y articulos semilares, calle de Duran, 32, Barcelona ;

MAFFI ANTONIO, représentant de la « Cooperativa Costruttice Mandamentale Lavoranti Muratori » Citta di Castello (Italie) ;

Marius PLATIER, vice-président et délégué de la Fédération des Sociétés coopératives de consommation des employés de chemins de fer du P.-L.-M., 12, rue du Quatre-Septembre, Grenoble ;

J. BARDOUX, avocat, secrétaire général de la Fondation universitaire de Belleville (Paris) ;

Dr VERRIER, vice-président et délégué de « l'Union phalanstérienne », 15, passage Saulnier, Paris ;

VASSA YOVANOVITCH, secrétaire au Ministère du Commerce, de l'Industrie et de l'Agriculture du royaume de Serbie, délégué du gouvernement royal serbe ;

Arthur RAFFALOVICH, conseiller d'Etat actuel, 19, avenue Hoche, délégué de l'empire de Russie ;

Paul APOSTOL, 38, avenue Niel, délégué de l'empire de Russie ;

Dr BOHH, délégué de l'empire de Russie ;

Torrent, gérant de la Société anonyme des « Bouchons-Torrent », au Boulou (Pyrénées Orientales);

Aug. Isaac, président de la Chambre de Commerce de Lyon;

J.-J. Swann, Ingersoll-Sergeant Drill C°, Havemeyer Building, 26, Cortland st., New-York;

H.-W. Wolff, président de l'Alliance coopérative internationale, à Londres;

Victor Klotz, industriel, 18, place Vendôme, Paris.

H. Hantschke, secrétaire de l'Union générale des Associations coopératives, industrielles et économiques, Kaiser Friedrick strasse, 76, Charlottenburg-Berlin;

Treub, profeseeur de sciences philosophiques et sociales, à Amsterdam;

P. Lemonnier, ingénieur civil des mines, président de l'Association amicale des anciens élèves de l'Ecole supérieure des mines, 80, rue Taitbout, à Paris.

Léon Lesage, docteur en droit. avocat à la Cour d'appel, 21, rue Jacob, à Paris;

Albert de Lafarge, directeur de l'usine de Lafarge, par Viviers (Ardèche);

Foldvary, commissaire général de Hongrie à l'Exposition universelle, 23, avenue Rapp, Paris;

Marquis de Villalohar, délégué royal d'Espagne à l'Exposition universelle, 10 *bis*, rue Paul-Baudry, Paris;

C. S. Crowimshield, délégué du Commissariat général des Etats-Unis, 20, avenue Rapp, Paris;

Emile Deshayes, secrétaire de « l'Union industrielle », passage des Princes (7 *bis*, boulevard des Italiens et 97, rue de Richelieu), Paris;

Gariel, ingénieur en chef des Ponts et Chaussées, professeur à la Faculté de médecine de Paris, délégué principal pour les Congrès de l'Exposition de 1900;

Léon de Seilhac, délégué permanent au service industriel et ouvrier du Musée social;

J. C. Van Marken, industriel, président du 3e Congrès international de l'Alliance coopérative, à Delft (Hollande) ;

Alexandre de Borzenko, ancien professeur de droit civil, membre de la Société de législation comparée, de Paris, 10, rue Pouchkine, à Odessa (Russie) ;

W. P. Wilson, directeur du Musée commercial de Philadelphie ;

H. Vivian, secrétaire de « Labour Co-partnership », 15, Southampton Row, London, W. C. ;

J. Fribourg, administrateur de l'*Indépendance belge*, 6, rue Favart, à Paris ;

G. Fell, directeur commercial de la « Société d'achat en gros de l'Union de consommation allemande », Sauthorquai, 10, à Hambourg ;

Philippe Camand, trésorier de la Fédération des Sociétés coopératives de consommation des employés des chemins de fer P.-L.-M., 12, rue du Quatre-Septembre, à Grenoble ;

Jules de Meeus, directeur du *Moniteur industriel*, 16, rue de Berlin, à Paris ;

Le chevalier Pesce, ingénieur-conseil de l'ambassade royale d'Italie, 73, rue de Grenelle, à Paris ;

Siegfried, député, ancien ministre du Commerce ;

Gustave Hubbard, ancien député.

Du Maroussem, avocat, docteur en droit ;

Fontaine, ingénieur, directeur du Travail au Ministère du Commerce ;

Paulet, chef de la division de prévoyance et d'assurance sociales au Ministère du Commerce ;

Barrat, enquêteur à l'Office du Travail au Ministère du Commerce, à Paris ;

Henry Barrau, délégué du « Musée social » ;

Heymann, publiciste ;

Liébrard, chef du portefeuille de la Banque coopérative des Associations ouvrières de production de France, 27, boulevard Saint-Martin, à Paris ;

Parfait, ancien directeur de la *Boulangerie ouvrière* de la Villette ;

A. Vila, secrétaire de la Chambre consultative des Associations ouvrières de production, 27, boulevard Saint-Martin ;

A. Manoury, bibliothécaire universitaire, secrétaire-archiviste de la Chambre consultative ;

Et des Associations suivantes qui ne figurent pas dans la liste des 99 Sociétés énumérées à la page 4 :

Association coopérative des *Biseauteurs et Polisseurs de glaces*, « Le Progrès », de Paris ;

Association générale des *Cartonnages en tous genres*, de Paris ;

Société des ouvriers *Casseurs de pierres du département de la Seine ;*

Société des ouvriers *Casseurs de pierres*, de Paris ;

Société des ouvriers *Charpentiers de la Villette ;*

Société coopérative « *Les Charpentiers réunis* », de Paris ;

Association d'ouvriers *Charpentiers* « La Batignollaise » ;

Société des ouvriers en *Colliers anglais,* de Paris ;

Association des ouvriers *Diamantaires*, Usine-Falck, à Paris ;

Association ouvrière l'*Eclairage moderne*, de Paris ;

Association générale des ouvriers *Ferblantiers réunis,* de Paris ;

Association ouvrière de *Fournitures militaires et Chaussures civiles,* de Paris ;

Association des ouvriers *Forestiers de la forêt de Montmorency, ;*

Société coopérative des ouvriers *Granitiers et Poseurs de granit,* de Paris ;

Association ouvrière « *L'Imprimerie économique* », de Paris ;

Association ouvrière *Les Maçons de la Seine ;*

Association ouvrière de *Maçons* « La Maçonnerie », de Paris ;

Union des ouvriers *Menuisiers*, de Paris ·

Association d'ouvriers *Peintres* « La Fraternelle », de Paris ;

Association des ouvriers *Selliers* « L'Avenir », de Paris ;

Société coopérative des ouvriers et ouvrières en *Sacs en papier*, de Paris ;

Association ouvrière des *Sacs en papier et Papiers en gros* « Le Papier », de Paris ;

Association ouvrière des *Rampistes sur bois*, de Paris ;

Société coopérative d'ouvriers *Plombiers-Couvreurs-Zingueurs* « L'Avenir » de Paris ;

Association corporative des ouvriers en *Sparterie*, de Paris ;

Union coopérative d'ouvriers de la *Toilette anglaise*, de Paris ;

Association ouvrière des *Ornemanistes sur métaux*, de Paris ;

Société de *Biseauteurs et Polisseurs de glaces* « La Renaissance », de Paris.

Séance du mercredi matin 11 juillet.

Présents : MM. Akos de Navratil, Gerster, Cohadon, Villard, J. Salas Anton, H-W. Wolf, Liébrard, Platier, Vassa Yovanovitch, Dr Verrier, Bardoux, Hammarskjold, Gilman, Greenling, Barrat, Fontaine, Le Corre, Petit, Harmanlius, Bourzat, Rousseau, Weber, Pierre, Laroche, Maître, Raoux, Gaillard, Barnet, Grappin, Blanchard, Bresle, Prevost, Bach, Septembre, Imbert, Mangeot, Ladousse, Romanet, Lamarche, Barré, Barbier, Traunay, Lagoutte, Chaussade, Ragot, Fayol, Guyard, Jouandanne, Meriot, Chirard, Caramour, Deschamps, Prigent, Pallier, Roussat, Mathieu, Berthon, Marpinaud, Bougeot, Arjo, Paris, Moullec, Coignet, Nel, Gontard, Bourissel, Taupin, Imbert, Machuron, Martin, Duché, Bougol, Charollais, Gillet, Gaillard, Dupuy, Serre, Lavignas, Migeon, Régnier, Deltour, Laberan, Millet, Pasquier, Chaîne, Barillon, Moty, Lavenir, Simon, Pinel, Cornic, Porteron, Laberthe, Vila et Manoury.

Excusés : MM. Hautschke et J.-K. Jung.

La séance fut ouverte par M. E. Ladousse, trésorier de la Chambre consultative des Associations ouvrière de production de France, directeur des l'Association corporative des ouvriers *Tapissiers* de Paris, président du Comité d'organisation du Congrès international des Associations ouvrières de production.

Le bureau fut constitué comme suit : président d'honneur : M. Th. Villard, ancien conseiller municipal de Paris ; vice-président d'honneur : M. Juan Salas Anton, président de la Chambre des Sociétés coopératives, à Barcelone.

Président : M. E. Ladousse.

Vices-présidents : M. H.-W. Wolf, président de l'Alliance coopérative internationale, à Londres.

M. Akos de Navratil, rédacteur au Ministère du Commerce, à Budapest, représentant du gouvernement de la Hongrie.

M. Fagot, conseiller municipal de Lyon, directeur de l'Association coopérative des ouvriers *Cordonniers* « La Fraternelle » de Lyon.

M. Romanet, directeur de l'Association d'ouvriers la *Lithographie parisienne.*

Secrétaires : M. Roussat, secrétaire de la Société coopérative d'*Equipements et Chaussures militaires*, de Clermont-Ferrand.

M. Mathieu, directeur de la Société coopérative les *Fondeurs réunis*, de Chalon-sur-Saône.

M. Gaillard, délégué de la Société coopérative l'*Union des ouvriers Tonneliers de Bordeaux.*

M. Petit, directeur de l'Association coopérative des *Lanterniers*, de Paris.

Secrétaire-rédacteur : M. Manoury, secrétaire-archiviste de la Chambre consultative.

M. Hantschke, secrétaire de l'Union générale des Associations coopératives, industrielles et économiques de Charlottenburg, près Berlin, s'excusa par dépêche, de ne pouvoir prendre part au Congrès pour le succès duquel il envoya ses meilleurs souhaits.

M. J.-K. Jung, membre de la Chambre consultative de la Fédération coopérative néerlandaise, à Leeuwarden (Hollande), professeur à Amsterdam, écrivit également qu'il lui était impossible de venir, mais que ses pensées seraient au milieu des congressistes à qui il envoyait ses salutations cordiales (1).

---

(1) Voir la lettre de M. Jung, page 152.

Allocution de M. Th. VILLARD

M. Th. Villard, prononça l'allocution suivante :

Messieurs,

La question qui nous réunit aujourd'hui : *la Coopération ouvrière*, est une des plus importantes parmi celles qui intéressent le progrès de l'économie sociale de la France et de tous ses amis de l'Etranger.

Les organisateurs de ce Congrès l'ont bien compris ainsi, en groupant dans cette salle les promoteurs les plus éminents et les plus fervents de la Coopération.

C'est parmi ces derniers que je puis me compter, puisque c'est à l'ancienneté de mes convictions que je dois d'avoir été choisi par la Chambre consultative des Associations coopératives de France pour présider le Congrès national qui, depuis deux jours, s'est occupé de cette question.

C'est à ce choix que je dois l'honneur qui m'est fait d'être appelé aujourd'hui à présider cette réunion internationale, honneur dont je vous remercie, Messieurs, sachant que je le dois aux souvenirs qu'ont conservé mes amis les coopérateurs de Paris des efforts que j'ai faits depuis vingt ans pour amener l'idée ou le problème de la Coopération ouvrière à ce qu'ils sont devenus, à ce qu'elle est.

Ce qu'elle est, vous le savez mieux que moi, Messieurs les Coopérateurs d'au delà de nos frontières, qui nous avez les uns précédés, les autres suivis dans l'étude et la réalisation de ce progrès qui amène aujourd'hui les travailleurs à participer à la direction et à la rémunération du travail qu'ils font.

C'est de ce progrès que rêvaient ceux qu'on appelait autrefois des révolutionnaires, que l'on peut qualifier aujourd'hui de prophètes et de précurseurs.

C'est que depuis, Messieurs, notre Société a accompli aussi d'autres progrès.

Je n'en citerai qu'un à l'appui de ceux dont vous vous occupez aujourd'hui : ce progrès, c'est l'instruction, qui a permis et permet à tous les travailleurs modernes de toutes conditions de comprendre et de pratiquer les conditions d'ordre, de méthode et d'économie sans lesquels aucun travail ne se fait bien et fructueusement.

Grâce à ces progrès, il en est des travailleurs manuels comme de tous autres.

A tous les degrés de l'échelle du travail, on trouve des hommes qui sont faits pour servir de guides à leurs camarades en s'inspirant de la Fraternité, qui est née sur le sol français, et qui, avec la Solidarité, nous préparent pour l'avenir un appareil complet d'un état social moins imparfait.

Mais, parmi les questions que soulève ce progrès dans la pratique et dans les préjugés de la tradition, il en est bon nombre sur lesquelles la lumière ne se fait que lentement.

C'est cette lumière que la Coopération attend de vos délibérations.

Aussi terminerai-je ici ces quelques mots de remerciements et d'ouverture de notre Congrès en souhaitant, au nom des coopérateurs français, la bienvenue aux frères de l'Etranger dans cette grande et belle ville de Paris qui, dans ses atours d'aujourd'hui, apparaît comme la capitale du luxe et du plaisir, mais que vous me permettrez bien d'appeler au point de vue social : *la capitale du progrès!* (*Applaudissements*).

La Commission de neuf membres,

Conformément à l'article 10 du règlement, le Congrès nomma la commission de neuf membres chargée d'examiner les travaux en dehors du programme et de conclure sur les propositions faites au cours du Congrès.

Furent désignés MM. :

Romanet de Paris;

Weber, directeur de la Société coopérative des *Horlogers de Paris;*

Bach, de Bordeaux;

Bougot, de l'Association coopérative des *Menuisiers et Ébénistes* de Rennes;

Vila, secrétaire de la *Chambre consultative* des Associations de production;

Barré, directeur de la *Banque coopérative;*

Maître, directeur de l'Association coopérative des ouvriers *Menuisiers et Charpentiers* de Poitiers;

Vassa Yovanowich, secrétaire au ministère du Commerce, de l'Industrie et de l'Agriculture du royaume de Serbie, délégué du gouvernement royal serbe au Congrès;

Carlier, directeur des *Sculpteurs-Mouleurs* de Paris.

Puis on aborda l'ordre du jour.

M. Barré fut invité à donner lecture de son rapport sur la première partie des questions soumises au Congrès : *La Coopération au point de vue philosophique.*

Voici le texte de ce rapport :

PREMIÈRE QUESTION

Du passé, des attaches philosophiques et des précurseurs de la Coopération.

« Fais-toi une définition ou une description de la chose qui t'est présentée, de façon à voir distinctement quelle sorte de chose elle est dans sa sa substance sa nudité, sa totalité.

« Nomme toi-même cette chose de son nom propre, dis-toi les noms des choses qui le composent, et ceux des choses dans lesquelles elle se résoudra.

« Car rien ne donne une plus grande élévation d'esprit que d'être capable d'examiner méthodiquement et sincèrement chaque objet qui se présente dans la vie, que de considérer toujours les choses de façon à voir en même temps quel genre d'univers est celui-ci, à quel genre d'usage est destinée chaque chose en lui, quelle valeur a chaque chose par rapport au tout et par rapport à l'homme, qui est le citoyen de la plus noble cité, pour laquelle toutes les autres cités sont comme des familles ;

« Et que de savoir ce qu'est chaque chose, de quoi elle est composée, et combien de temps il est dans sa nature de durer.

« MARC AURÈLE. »

(*Progrès et Pauvreté*, Henri Georges.)

Relier au passé les efforts actuels faits par les associations ouvrières dites Coopératives de production, tel est l'objet de notre première question.

Mais, dira-t-on, que vient faire la philosophie dans les associations ouvrières? Ne sont-elles pas essentiellement pratiques, puisqu'elles ont pour but d'assurer par le travail ce qui est nécessaire à chacun pour les besoins de la vie, tandis que la philosophie est tout absorbée dans des problèmes spéculatifs?

Assurer les besoins de chacun en travaillant est, en effet, simple à dire ; seulement, sitôt qu'on se livre à la recherche des moyens de réalisation, on s'aperçoit que l'on touche à la base même de la société; le côté moral comme le côté économique sont en jeu ; l'on ne peut étudier les devoirs et les droits d'un individu ou d'une collectivité dans la société, sans étudier en même temps les devoirs et les droits réciproques de la société.

La philosophie est la science de la sagesse ; elle est constamment à la recherche du bien ; elle fixe les règles pour bien se conduire et vivre en liberté ; théorique, il est vrai, dans ses prémisses, elle finit toujours par aboutir à des formules pratiques.

Mais, objectera-t-on encore, à quoi bon s'embarrasser du passé ? Pourquoi fouiller tout ce qui a été pensé et fait précédemment, quand il paraît si logique de montrer ce que l'on croit mieux que ce qui est ?

Si les vérités sociales apparaissaient naturellement à la portée de tout le monde, il est évident que l'on n'aurait pas besoin de se creuser beaucoup l'esprit pour entrevoir les solutions, mais l'on est obligé de l'avouer très humblement, les siècles se succèdent continuellement, et l'on n'a pas encore pu s'entendre sur les questions primordiales de la conservation de l'individu et de la société.

Les quelques points que l'on a éclaircis, quoique souvent contradictoires entre eux, ont été précieusement recueillis et ont été réunis sous le nom de sciences sociales.

Avant de prétendre à une chose juste, préférable à ce qui a été fait, il est donc nécessaire de rapprocher toute conception à cette pierre de touche que l'on appelle le passé et de rechercher avec patience dans la confusion des doctrines et l'abondance des écrits les points qui se rapportent le mieux avec ceux que l'on étudie.

Ces considérations générales émises, nous abordons notre sujet.

***

De tous les temps et dans tous les pays, les hommes ont cherché, par instinct, pour ainsi dire, à se grouper en vue d'assurer leur sécurité, d'étendre leurs possessions, pour propager leurs idées, faire fructifier leurs intérêts ou améliorer d'une façon générale les moyens d'existence, ce que l'on appelle communément l'amélioration du sort de la classe laborieuse.

Les groupements de sécurité ou de possession ont été amenés par les configurations géographiques, par l'affinité des peuples ou par la conquête, ils ont fourni les sociétés politiques de nation ou d'État.

Les groupements ayant en vue la propagande morale nous ont fourni ces sociétés conductrices de consciences, appelées religions, dont 1,200 types différents professent sur la surface du globe qu'en dehors de leur Église il n'y a pas de salut.

Les groupements ayant en vue la fructification des intérêts nous ont fourni les sociétés terriennes, agricoles ou industrielles, devant faire servir l'exploitation à leur satisfaction particulière ; on les dénomme ordinairement : Grandes compagnies, Sociétés de capitaux.

Bien que le fond de notre étude soit la démonstration de l'organisation du travail, nous ne nous occuperons pas plus de cette dernière forme d'association que des deux premières, qui sont par leurs tendances assez éloignées de la production et de la répartition de la richesse ; nous ne nous occuperons pas, disons-nous, des grandes compagnies ou des Sociétés de capitaux, parce qu'elles ne se sont pas constituées en vue de l'harmonie du corps social, ce sont plutôt des végétations parasitaires qui se sont développées au détriment de la masse des producteurs.

Nous ne restons plus qu'en présence des groupements ayant en vue, d'une façon générale ou par petites collectivités, l'amélioration des moyens d'existence, c'est-à-dire l'organisation du travail pour le grand bien de l'individu et de la société ; les Associations ouvrières sont bien à leur place dans cette classification.

Lorsque l'on passe en revue tout ce qui a trait à l'organisation du travail dans les sociétés, l'on remarque qu'il y a deux grands courants : l'un, qui s'est attaché à la pratique par petites associations ; l'autre, qui a eu la conception de plans d'ensemble pour la société tout entière ; le premier a comme ramification les collèges romains et les corporations du moyen âge ; le second comprend tous les systèmes de communisme élaborés, inventés par les philosophes et les serviteurs dévoués au progrès de l'humanité.

Les Associations ouvrières les plus lointaines que nous connaissions sont celles qui fonctionnèrent à Rome.

Camille Pelletan a publié en 1873, à la Bibliothèque ouvrière, un petit volume intitulé : *Les Associations ouvrières dans le passé*, qui nous fournit des renseignements très intéressants ; nous lui empruntons les passages suivants :

Les Associations ouvrières sous l'empire romain. — Les « collèges » romains n'étaient pas des sociétés formées entre des travailleurs isolés et indépendants pour un but spécial, c'étaient des associations groupant tous les ouvriers de même métier et de même pays en une sorte de petite république à part, et remplissant à elles seules l'objet que remplissent aujourd'hui des institutions différentes, depuis les sociétés de secours mutuels jusqu'aux juridictions corporatives; tout cela se trouvait confusément indiqué dans le « collège », qui réunissait pour l'ouvrier, comme l'État pour le citoyen, les attributions les plus diverses.

I. — De qui était composé un collège? En principe, de tous les ouvriers d'un même métier, dans une même ville. Quelquefois le même collège s'étendait plus loin; parfois il réunissait des métiers voisins, par exemple tous les ouvriers de bâtiment, ou des villes voisines, par exemple les bateliers de tout un fleuve.

Ouvriers et patrons étaient mêlés dans le collège, sans distinction. Une même misère et la même oppression les réunissaient. Comme les premières associations du moyen âge, les collèges sont faits, non par les ouvriers vis-à-vis de leurs patrons, mais par les uns et les autres vis-à-vis du reste de la société.

II. — Qu'était le collège? C'était pour les hommes qui exercent le même métier, à peu près ce qu'est la « commune » pour ceux qui habitent le même village. C'était un État dans l'État, ou mieux une ville dans la ville, ayant ses magistrats, ses règlements, ses propriétés, ses impôts.

Le collège pouvait posséder et acquérir. Il avait faculté de recevoir les legs. De grands personnages lui laissaient souvent leurs biens. Il avait des immeubles, le local de ses réunions, des bureaux ou des bâtiments affectés à divers usages, comme un cimetière particulier, ou, détail moins funèbre, une citerne dont les membres du collège profitaient.

III. — Comment se gouvernait le collège? Comme une petite république industrielle. Tout s'y faisait par le vote. A sa tête, le collège avait des magistrats, élus, les uns pour cinq ans, les autres à vie; pour fournir à ses dépenses, il levait des cotisations; pour régler le travail et trancher les difficultés qui pouvaient survenir, il prenait des résolutions et rendait des sortes de lois ou plutôt de règlements.

Les avantages que les ouvriers en retiraient se devinent.

Ils s'administraient, se réglementaient eux-mêmes et jouissaient d'une véritable juridiction corporative.

Ils profitaient des propriétés du collège pour leurs besoins de chaque jour.

Ils profitaient de son influence et de sa puissance pour leurs intérêts généraux.

Ils trouvaient dans sa fortune des secours pour les cas de misère et de maladie.

Ne croirait-on pas en voyant cette organisation y reconnaître certaine ressemblance avec notre Chambre consultative? Songez qu'il y a deux mille ans de cela, mais passons, nous aurons l'occasion de revenir sur certaines particularités.

Les collèges tombèrent avec l'Empire romain, l'invasion des barbares nous fait sauter plusieurs siècles avant de retrouver les associations ouvrières, c'est au moyen âge que s'ouvre la seconde période des groupements ouvriers luttant pour leur émancipation.

***

Les associations qui parurent sous la féodalité s'appelaient « Ghildes » qui voulait dire frères, les adhérents se liaient sous la foi du serment, ce furent les premières tentatives d'affranchissement contre la tyrannie des seigneurs.

Elles essaimmèrent rapidement, et elles aidèrent puissamment à cette brillante période d'activité humaine qu'on appelle « la Renaissance ».

Ces associations prirent le nom de corporations ; nous connaissons tous leurs qualités et leurs défauts ; de même que le collège romain elles sont locales et par métier, elles comprenaient les patrons et les ouvriers et avaient leur juridiction, et de plus elles étaient obligatoires, elles comprenaient trois grades successifs : l'apprenti, le valet et le maître ; leurs « règlements » appelés « coutumes » étaient au début très démocratiques. Leurs défauts vinrent de l'immixtion du pouvoir royal, qui battit monnaie avec les « offices », c'est-à-dire qu'il s'arrogea le droit de vendre certaines magistratures corporatives qui ressortaient de l'élection ; on leur reproche aussi la limitation étroite des jurandes et des maîtrises.

Camille Pelletan nous montre ce dualisme dans les termes suivants :

> Puis, chaque corporation se défend contre sa voisine, avec la jalousie de toutes les organisations locales. Luttes, dans la même ville, entre les métiers analogues (par exemple entre les drapiers, les tisserands et les foulons). Luttes, dans le même métier, entre les ouvriers de la ville et ceux des faubourgs. Il serait injuste de reprocher aux ouvriers du moyen âge leur regrettable exclusivisme, qui tenait aux mœurs et aux idées du temps Dans des siècles où tout était privilège, les ouvriers ne pouvaient pas songer à abolir les privilèges : ils essayaient de conquérir les leurs.

La Révolution de 1789 supprima de sa main égalitaire les jurandes et les maîtrises, comme elle avait jeté bas les autres privilèges. Un monde nouveau allait s'ouvrir, l'industrie et la philosophie étaient arrivées à un point où il fallait une transformation sociale.

Des traditions écrites des collèges romains et des corporations du moyen âge, il nous reste peu de chose ; ces organisations de travail existaient, c'est un fait positif, mais leurs tendances, leurs idées se résumaient dans ces « coutumes » qui étaient une consécration de l'usage ; l'organisation disparue, tout disparaît avec elle.

***

Le second grand courant qui porta les hommes à chercher à mieux utiliser leur activité productrice, dans l'intérêt de la société, fut celui, avons-nous dit, de la philosophie.

Nous avons là une mine plus riche que la précédente qui nous fournira des matériaux en abondance et qui oppose à la limitation cette vue généreuse qui est la généralisation.

Il est admis de faire remonter à Platon le premier système d'organisation collective du travail, mais Platon, dans son système, et les autres penseurs qui soulevèrent ces immenses problèmes de rendre l'état social meilleur, ne limitèrent pas leurs recherches à ce seul sujet, ils englobèrent, au contraire, tout ce que l'on est convenu d'appeler les bases de la société : la famille, la propriété, la religion, l'État ; c'est pourquoi l'organisation du travail est intimement liée à l'histoire du socialisme, qui est, comme nous l'avons énoncé, l'aboutissant de la philosophie.

Platon, philosophe grec, dans son livre *la République*, paru près de quatre siècles avant notre ère, traça un régime communautaire appliqué à la cité, l'égalité est visée pour les travailleurs; les terres sont inaliénables, mais partagées périodiquement et cultivées au profit de l'État; les repas sont communs, l'éducation commune, etc., les mœurs se ressentent de la constitution imposée par Solon aux Lacédémoniens.

Le christianisme, qui se présente à son origine plutôt comme une transformation sociale que comme une croyance, prend également le communisme pour moyen.

Saint Ambroise défend ce système avec une énergie que ne désavoueraient pas les disciples de Babeuf :

> Dieu a créé toutes choses afin que la jouissance en fût commune à tous, et que la terre devînt possession commune de tous. La nature a donc engendré le *droit de communauté, et c'est l'usurpation qui a produit le droit de propriété.* La terre ayant été donnée en commun à tous les hommes, personne ne peut se dire propriétaire de ce qui dépasse ses besoins personnels dans les choses qu'il a détournées au fonds commun et que la violence seule lui conserve.

Mais les paroles essentiellement humanitaires du doux Nazaréen, ses appels à l'égalité et à la fraternité qui illuminèrent les premiers chrétiens et qui subjuguent encore les saint-simoniens de l'école de Buchez, furent travestis par le catholicisme; Benoît Malon, dans son *Socialisme intégral*, nous fait un tableau saisissant des doctrines que fit prévaloir saint Paul :

> Le mépris de la vie humaine, la méconnaissance et même le rejet des devoirs sociaux, la recherche du salut individuel non pas en faisant le bien autour de soi, mais en fuyant le monde et en se macérant follement, tout cela ne pouvait produire que cette réaction effroyable, réaction pessimiste, ultra-spiritualiste, fanatique et antihumaine qui faillit empêcher l'éclosion de la civilisation occidentale.

Après cette « terreur de mille ans », comme a dit

Michelet, qui obscurcit le moyen âge, nous arrivons à la période de la Renaissance, où l'invention de l'imprimerie fait luire tout à coup le flambeau de la civilisation d'un éclat sans pareil :

En 1516, Thomas More, grand chancelier d'Angleterre, fait paraître un livre intitulé : *La meilleure République retrouvée dans l'île nouvelle d'Utopie;* les premières lignes de ce modèle d'organisation sont : que, pour répartir les choses avec égalité et justice et ne pas troubler la félicité des choses, il faut, au préalable, abolir la propriété, car, tant qu'elle subsistera, la classe la plus nombreuse et la plus estimable n'aura en partage que disette, tourment et désespoir.

Le travail est attrayant : comme tout le monde travaille et que la production est mieux ordonnée, six heures de travail par jour suffisent pour assurer l'abondance à la communauté; on va au travail comme à une fête et on en revient aux sons des instruments; les produits sont distribués suivant les besoins de chacun, dans la mesure des ressources communes; l'instruction et l'éducation sont communes, le gouvernement collectif.

Plus d'un siècle après, en 1637, le moine révolutionnaire Campanella publiait la *Cité du Soleil* ou *Idée d'une République philosophique*.

Ce n'était pas seulement un rêve. Campanella avait, par une conspiration restée célèbre, tenté d'appliquer sa constitution à Naples, en 1600, en soulevant ce royaume contre la domination espagnole. Il paya par la torture et vingt-sept années d'emprisonnement son héroïque tentative de réforme.

Villegardelle, qui traduit du latin en français la *Cité du Soleil*, nous montre dans une notice très concise la portée de l'œuvre de Campanella vis-à-vis des œuvres maîtresses similaires du XIXe siècle, celles de Saint-Simon et de Fourier :

Comme Campanella, Enfantin (disciple de Saint-Simon, qui fit évoluer la doctrine en une espèce de religion) a déduit de sa métaphysique panthéistique l'idée fondamentale de son organisation sociale. C'est d'abord le pouvoir théocratique dans sa plus monstrueuse extension, pouvoir dont le despotisme embrasse à la fois le spirituel et le temporel. Dans les deux systèmes, le chef suprême est le *métaphysicien* par excellence; il représente l'idée absolue du Dieu des Panthéistes, et ne relève que de lui seul; en un mot, il est la *loi vivante*. Enfantin et Campanella disent que Dieu dans sa trinité est *amour*, *force* et *intelligence*. Enfantin forme trois catégories de l'espèce humaine, l'*artiste*, le *savant*, l'*industriel*. Campanella, de son côté, établit pour vicaires de son chef suprême des triumvirs représentant *puissance*, *amour* et *sagesse*. Dans le système de Saint-Simon, ainsi que dans la *Cité du Soleil*, la propriété individuelle est détruite, et avec elle l'hérédité; l'organisation de la société a pour but l'amélioration *physique*, *morale* et *intellectuelle* de l'espèce humaine. L'usage des instruments de travail appartient de droit à qui sait s'en servir, et tout travailleur remplit une *fonction sociale*. Saint-Simoniens et Solariens ont également inscrit sur leur bannière ce principe devenu célèbre : *A chacun suivant sa vocation, à chaque capacité suivant ses œuvres*. Mais, dans le Saint-Simonisme, c'est l'autorité qui a mission de discerner la vocation de chacun, tandis que dans la *Cité du Soleil*, du moins sous ce rapport, la liberté humaine n'est pas sacrifiée, chaque individu ne consultant que ses goûts dans le choix de ses travaux et de ses études.

C'est à l'endroit que nous venons de toucher qu'existe la différence fondamentale entre les disciples de Saint-Simon et ceux de Fourier ; c'est aussi à ce point de divergence que Campanella devient le précurseur de ce dernier. *L'attraction passionnelle* n'est pas, il est vrai, élevée à la hauteur d'une théorie systématique par le moine de Stilo, mais il en a conçu la pratique, il la montre en action et, dans la distribution des travaux, il la consulte avec un soin presque égal à celui de Fourier. En effet, il indique les conditions au moyen desquelles le travail deviendra non seulement plus productif, mais encore agréable, et ces conditions ne diffèrent en rien de celles établies par Fourier : 1° Chacun a le droit d'opter pour les fonctions qui lui conviennent le mieux ; 2° Tout travail est exécuté par groupes, méthode qui doit engendrer l'émulation à bien faire ; 3° Les séances sont courtes, afin d'éviter le dépérissement intellectuel et physique de l'homme ; 4° Les occupations sont variées; dans le double but et d'empêcher l'ennui de naître, et de mettre en exercice toutes les facultés productrices de chaque individu, car, dans la *Cité du Soleil*, celui-là est le plus considéré qui sait le plus grand nombre d'arts et de métiers et les exerce avec le plus d'habileté. Au reste, dans les deux utopies, le nécessaire ne manque à personne, ou, selon l'expression de Fourier, la société assure à chacun un *minimum décent d'entretien*.

Comme lien matériel de leur association, tous deux également ont insisté sur l'unité de l'édifice sociétaire, et, quoiqu'on retrouve dans Campanella ce que Fourier appelait les séristères, c'est-à-dire les salles particulières destinées à l'exercice de chaque travail, et jusqu'au séristère des enfants à la mamelle, nous devons dire que, sous le rapport de la convenance et de la beauté architecturale, le philosophe du XIXe siècle l'emporte de beaucoup sur celui du XVIe. En résumé, Campanella réunit en lui les idées fondamentales qui ont présidé à la conception des systèmes de Saint-Simon et de Fourier. Il a pris le problème social sous ses deux faces : l'organisation du pouvoir et l'organisation du travail. Il a combiné l'élément de la communauté à l'élément de l'association. Il a tenu compte des diversités que présente la nature humaine. Pour lui, l'égalité n'est pas un lit de Procuste, et il n'a pas méconnu le véritable droit naturel de l'homme, le droit du libre développement de ses facultés. A l'exemple de la nature, il a donc essayé de grouper dans un harmonieux ensemble les inégalités sans cesse variables que présente chaque individualité dans sa force et dans son intelligence.

Le traducteur italien de la *Cité du Soleil*, que nous soupçonnons être un des disciples de Buonarotti, l'un des plus fervents apôtres du communisme, pense que la synthèse de Campanella réalise le type de société le plus parfait que l'homme puisse concevoir. Il ne doute pas que tel ne soit pas le terme final des progrès de la raison humaine; et il accepte, sans faire la moindre réserve, les idées les plus excentriques du premier martyr de l'*Utopie*. Pour nous, nous n'avons pas la même confiance; nous croyons que la science sociale est loin d'être constituée. Toutefois, nous ne pouvons pas trop insister sur la nécessité d'étudier avec soin et sans prévention les divers travaux qui ont eu pour objet la réorganisation intégrale de la société; car aujourd'hui on reconnaît que tous les vices de l'ordre social sont si solidement enchaînés entre eux que, pour procéder avec fruit aux réformes, il faut sinon les accomplir toutes simultanément, ce qui est impossible, mais au moins les introduire avec méthode en vue d'une méthode harmonique, et en les faisant toutes converger vers ce but unique, l'*association générale des travailleurs*, hors de laquelle on ne peut concevoir de salut pour l'humanité.

Nous nous sommes un peu étendu sur cette citation de Villegardelle, le traducteur en français de la *Cité du Soleil*, parce que le parallèle et la comparaison qu'il fait avec le Saint-Simonisme et le Fouriérisme, nous donnent une idée exacte des trois systèmes en présence ; Villegardelle est bien à la hauteur des vues de Campanella, et nous avons cité sa péroraison vibrante en faveur de l'Association générale des travailleurs pour bien montrer combien sont profondes les racines du socialisme et de l'association.

A la même distance de temps de Campanella que celui-ci l'était de Thomas Morus, l'instituteur français Morelly vint, dans le *Code de la nature*, poser aux esprits du dix-huitième siècle cet imposant problème : *Trouver une situation dans laquelle il soit presque impossible que l'homme soit dépravé ou méchant.*

J.-J. Rousseau, Babeuf, Robert Owen, Saint-Simon et Fourier ont repris l'œuvre puissante de Morelly sous différentes formes, s'ils ne s'en sont inspirés.

Nous prenons dans le *Socialisme intégral*, de Malon, les principes essentiels du *Code de la nature* :

Morelly, toujours devançant Fourier, donne à la solidarité un fondement naturel. La nature, dit-il, a voulu qu'il en fût ainsi :

1° Elle a fait sentir aux hommes, par la pureté des sentiments et des besoins, l'égalité de condition et de droit, et la nécessité d'un travail commun;

2° Sur la variété momentanée de ces besoins qui fait qu'ils ne nous affectent pas tous également ni dans le même instant, elle nous avertit de se relâcher quelquefois pour céder à d'autres et nous induit à le faire sans peine;

3° Quelquefois elle prévient entre l'opposition, la concurrence des désirs, des goûts, des inclinations par un nombre suffisant d'objets capables de les contenter séparément, ou bien elle varie ces désirs, ces penchants, sans les empêcher de tomber en même temps sur un objet qui serait unique : *trahit sua quemque voluptas;*

4° Par la diversité de forces, d'industrie, de talents mesurés sur les différents âges de notre vie ou la conformation de nos organes, elle indique nos différents emplois;

5° Elle a voulu que la peine, la fatigue de pourvoir à nos besoins toujours un peu plus étendus que nos forces, quand nous sommes seuls, nous fît comprendre la nécessité de recourir à des secours et nous inspirât de l'affection pour tout ce qui nous aide; de là notre aversion pour l'abandon et la solitude, notre amour pour les agréments et les avantages d'une puissante réunion, d'une *société;*

6° Enfin, elle a tout fait pour exciter et entretenir parmi les hommes une réciprocité de secours et de gratitude.

Ces idées de communisme, basées sur la nature, ébranlèrent fortement la fin du dix-huitième siècle. Babeuf s'éprit ardemment de ce système : le manifeste des *Égaux* affirme excessivement ces revendications égalitaires;

Comme Campanella, deux siècles auparavant, Babeuf, par une conspiration comprenant 17,000 affiliés, tenta d'établir l'application de sa doctrine, mais, de même que pour le moine italien, la conspiration échoua par un traître, Babeuf mourut sur l'échafaud en 1796.

Le tragique révolutionnaire laissa des adeptes : Buonarotti, Blanqui, Barbès, qui ont formé le parti socialiste révolutionnaire.

***

Nous arrivons à la période contemporaine; Saint-Simon, noble chrétien et soldat parvenu très jeune aux plus hauts grades après avoir été en Amérique combattre pour l'indépendance des Etats-Unis, fut frappé de la place que l'industrie prenait dans la société; après avoir étudié avec passion les sciences physiques et chimiques, il se jeta résolument dans la mêlée; voici la doctrine qu'il propageait :

Le plus grand nombre des hommes fut successivement esclave serf, salarié. Après les révolutions violentes qui ont détruit les castes militaires, qui ont réalisé l'égalité politique, il reste à l'humanité une dernière révolution à accomplir, révolution qui pourra être pacifique et qui constituera la société pour le progrès et sur le travail. Cette révolution ne peut avoir qu'un but, l'amélioration de l'état moral, intellectuel, physique de la classe la plus nombreuse et la plus pauvre; et elle aura pour résultat la destruction de toutes les inégalités qui existent entre les hommes, autres que celles qui proviennent de la différence des aptitudes et des services.

L'abolition de l'héritage, la réhabilition de la femme étaient aussi des principes fondamentaux préconisés.

Les disciples de Saint-Simon, Olinde Rodrigues, Enfantin, notamment, firent dévier la doctrine en une espèce de religion; leurs organes, le ***Producteur***, l'***Exposition***, l'***Organisateur***, le ***Globe***, développèrent, de 1825 à 1832, les théories de l'école saint-simonnienne, où les questions de commerce, d'industrie, de banque, sont fréquemment agitées, et finalement, après avoir demandé l'abolition du salariat, la fin de l'exploitation de l'homme par l'homme, le saint-simonisme aboutit à une pratique de communisme.

Le docteur en droit Ott, disciple de Buchez, qui représente actuellement les idées saint-simonniennes *orthodoxes*, nous donne dans son ***Traité d'économie sociale*** un précis bien net de ce mouvement :

La société, comme dans le communisme, devient la direction de tous les travaux et la distribution des instruments de travail; mais, au lieu d'être organisée démocratiquement et par l'élection d'en bas, elle forme une hiérarchie ayant à sa tête un ou deux chefs, investis de la plénitude du pouvoir spirituel et temporel. Dans tous les degrés de la hiérarchie, l'obéissance aux ordres émanés des supérieurs est le premier devoir des inférieurs; l'élection par le peuple est supprimée; ce sont les supérieurs qui élisent à toutes les fonctions.

Comme dans les systèmes communistes, la consommation et la vie sont communes; mais chacun n'a pas le même droit aux jouissances que procure le travail social. Les jouissances les plus recherchées appartiennent aux chefs, aux fonctionnaires supérieurs; la répartition des produits sociaux est réglée d'après le principe : *A chacun suivant sa capacité, à chaque capacité suivant ses œuvres.*

L'expérience qui fut faite un moment à Ménilmontant, (le passage dit des Saint-Simoniens marque à peu près l'endroit historique) fut arrêtée par une condamnation en Cour d'assisses pour association illicite et propagation de doctrines immorales, ce considérant visant les théories d'Enfantin relatives à l'émancipation de la femme.

Enfantin fut, en réalité, le saint Paul de l'école saint-simonnienne, c'est lui qui voulait une espèce de culte et de sacerdoce, mais Saint-Simon pas plus que le Christ ne furent pour quelque chose dans les doctrines contradic-dictoires, excessives que l'on répandit en leur nom.

Aussi plusieurs disciples résistèrent-ils, et ces bifurcations de doctrines amenèrent des scissions; Buchez, entre autres, homme politique qui était venu à l'école saint-simonienne après la mort de Saint-Simon, se sépara quelques années après d'Enfantin pour reprendre les véritables traditions du maître. Le docteur Ott nous donne des éclaircissements complets à ce sujet.

On se fait difficilement une idée aujourd'hui de l'émotion que la prédication saint-simonienne produisit en France, surtout parmi la jeunesse, dans les années qui suivirent la Révolution de 1830.

De ce moment la question sociale sortit de l'ombre, elle cessa d'être renfermée dans les conciliabules de sectaires et de conspirateurs, elle fut posée ouvertement devant le grand public comme le problème de l'avenir.

Les doctrines prêchées par les Saint-Simoniens ne survécurent pas à la dispersion de leurs auteurs, mais le mouvement qu'ils avaient lancé subsista et de tous côtés on vit surgir des propositions destinées à résoudre le problème social.

La plus ancienne de ces propositions est celle de Buchez, qui avait fait partie d'abord de l'école saint-simonienne, mais qui s'en sépara dès qu'elle accusa ses tendances panthéistes et autocratiques. Le système de Buchez, qui est le nôtre, tend à opérer la transformation sociale par la libre action des ouvriers eux-mêmes par l'association. Il supposait une forme spéciale de société ouvrière, la société à capital indivisible, qui devait avoir pour effet de mettre l'instrument de travail (le capital) aux mains du travailleur en tant que travailleur, et que nous ferons connaître avec tous les détails nécessaires. Buchez avait conçu et enseigné cette solution de la question sociale dès 1830. C'était la seule qui se prêtât à un commencement immédiat de réalisation. Dès ce moment, en effet, des tentatives furent faites pour fonder des associations. De ces tentatives, une seule réussit et eut pour résultat la création de la Société des Bijoutiers en doré, qui pendant plus de trente ans jouit d'une grande prospérité. Mais ce ne fut qu'en 1848, comme nous le verrons, que l'association devint populaire, et qu'elle entra réellement dans la voie pratique.

La France était encore en pleine effervescence des doctrines saint-simonniennes quand Fourier commença à faire parler de lui.

Fourier était un courtier de commerce ayant vu de près les abominations auxquelles donnaient lieu les spéculations commerciales, il se voua à l'étude des réformes sociales. Voici la thèse que se posa Fourier :

Réaliser telle forme de société qui sache rendre **attrayant** le travail producteur de la Richesse, et qui, pour premier gage de sagesse et de justice, commence par garantir à **TOUS**, les premières nécessités de la vie, par procurer à **TOUS**, le bien-être, un bien-être gradué.

Fourier se place à l'antipode de saint Paul, à la glorification de l'abstinence il oppose la satisfaction humaine :

L'homme est ce qu'il est. Il est toujours guidé par l'amour des richesses et des plaisirs; ses passions sont aussi éternelles que légitimes, il ne s'agit que de savoir les employer à son propre bien-être et au bien-être général.

L'ordre sociétaire qui va succéder à l'incohérence civilisée n'admet ni modération ni égalité, ni aucune des vues philosophiques; il veut des passions ardentes et raffinées; dès que l'association intégrale est formée, les passions s'accordent d'autant plus facilement qu'elles sont plus vives et plus nombreuses.

Fourier publia en 1808 la *Théorie des quatre mouvements*, en 1822 son *Traité de l'association domestique, industrielle, agricole* et la *Théorie de l'unité universelle*.

Dans la notice distribuée à l'occasion de l'inauguration du monument élevé à la mémoire de Charles Fourier, il est dit ceci :

Newton a découvert les lois d'attraction dans l'univers, les mondes créés et les mondes à créer; Fourier a mis en lumière la loi de l'attraction sociale, d'où les fameuses formules sociétaires : L'attraction est universelle, les attractions sont proportionnelles en destinées, la série distribue les harmonies.

L'humanité a traversé différentes périodes; il en reste encore un peu partout des traces. Ce sont la *sauvagerie*, la *barbarie*, la *civilisation*. Elle entre dans l'*association* (*garantisme*); elle aspire à l'*harmonie*.

Comme moyen pratique, le *phalanstère*, habitation spéciale comprenant quatre cents familles, plus ou moins, opposée à l'habitation unitaire d'hommes isolés, le *monastère*.

Qu'est-ce que le phalanstère ? Supposons un instant que le groupe des quatre cents familles (*phalange*) veuille créer l'habitation spéciale dans laquelle l'indépendance individuelle puisse rester entière, en milieu d'association intégrale et tous les bienfaits qu'elle doit créer. Elle se constituera tout d'abord en société d'actionnaires ayant droit à la propriété et à la répartition des profits selon l'apport en *capital*, en *travail* et en talent. Il pourra être fait appel à un capital complémentaire de celui que possède déjà la *phalange ;* et le capital, quel que soit son origine, aura sa part proportionnelle. Il ne fera certes pas défaut parmi ceux qui auront compris la valeur et la fécondité du *travail attrayant*.

Admettons un instant que le capital nécessaire est réuni. Pour loger la phalange il y aura d'abord tout à créer une habitation *unitaire*, au lieu de 400 maisons, ou tout au moins 400 appartements, en ordre incohérent, avec 400 cuisines occupant 400 femmes, et avec 400 *ceci* et 400 *cela*, comme cela a lieu aujourd'hui dans nos villages et nos villes. On construira donc, petit à petit ou de toutes pièces, au milieu d'une belle et fertile contrée, un édifice ayant plus ou moins — comme la grande usine connue sous le nom de *Familistère*, à Guise — la forme extérieure d'un palais de Versailles. Là toutes les demeures *familiales* ou *individuelles* font partie du même bâtiment unitaire et chacun doit y conserver sa pleine indépendance.

Des groupes même de pavillons isolés doivent répondre à tous les goûts, à toutes les nécessités.

Des rues galeries intérieures, analogues, et par exemple, aux galeries du *Musée du Louvre* (moins ses tableaux), chauffées l'hiver, rafraîchies l'été, permettent de communiquer, à couvert, les uns avec les autres, et tous avec les salles de réunion, les ateliers, les restaurants, et services communs de toutes sortes. Chaque famille, ne l'oublions pas, restera libre de vivre isolément.

Or, l'association, on le sait, engendre l'économie et le confortable, à miracle! Tout le monde aujourd'hui admet cela; et il suffirait d'ailleurs pour le comprendre de reporter sa pensée sur les grands édifices — palais ou magasins — du Bon Marché, du Louvre et de Dufayel, par exemple, qui ne sont aujourd'hui que des institutions patronales, mais qui remplacent avec d'immenses avantages des milliers de boutiques morcelées et misérables.

Mais l'économie et le confortable, dans la vie matérielle — que tout le monde admet aisément — n'est qu'un des très minces avantages que l'on trouve au Phalanstère, l'habitation unitaire et l'atelier du Travail attrayant.

On ne doit cependant pas supposer, hélas! que la *première* Phalange n'aura, d'emblée, que des triomphes faciles; car il faudrait, pour cela, que tous ses membres eussent reçu préalablement une éducation *intégrale*, et que tous soient devenus, dans la mesure de leurs forces, de leurs vocations, de leurs goûts, des êtres adroits, capables, débrouillards, au lieu d'être restés les êtres incomplets, maladroits et anémiés que nous sommes aujourd'hui, pris dans notre ensemble. Il y aura des difficultés premières à combattre, des échecs à réparer. Mais une génération nouvelle aura bientôt tout surmonté. Dès lors, le triomphe sera complet : le phalanstère sera fondé.

Différents essais de phalanstère échouèrent, mais le familistère de Guise (Aisne) est une démonstration victorieuse de ce que peut l'esprit sociétaire.

Godin, petit ouvrier, disciple qui s'était élevé par lui-même à une situation industrielle des plus vastes et des plus florissantes, céda son établissement de Guise à une association de ses ouvriers.

Cette usine fait des millions d'affaires annuelles et occupe des milliers d'ouvriers.

La direction, le travail, l'habitation, la mutualité, la retraite sont réglés d'après les principes sociétaires.

C'est le plus bel exemple en grand que nous ayons de l'association intégrale.

Considérant, le plus militant des disciples de Fourier, a développé et expliqué avec chaleur les théories de Fourier; il publia nombre d'ouvrages dont la *Destinée sociale*, la

Démocratie pacifique et le *Socialisme devant le vieux monde*.

La ligne de démarcation bien nette qu'il y a entre le fouriérisme et tous les autres systèmes communistes, c'est la conservation de la propriété.

Nous trouvons dans les *Temps nouveaux*, sous la plume de Tcherkosoff, à propos du plagiat scientifique des socialistes allemands Karl Marx et Engel, ces déclarations bien nettes de Considérant :

Il faut composer la propriété collective, non par la promiscuité et la communauté égalitaire, mais par l'association hiérarchique volontaire et savamment combinée de toutes les propriétés individuelles. Et plus loin : Il ne s'agit pas de détruire la propriété... Il s'agit de trouver et de donner à la propriété des formes plus parfaites, plus sûres, plus libres, plus mobiles et en même temps plus sociales, en harmonisant dans toutes les sphères l'intérêt individuel avec l'intérêt général.

Robert Owen, à la même époque, prêche en Angleterre le communisme scientifique et rationnel ; industriel éminent, fils de ses œuvres, novateur audacieux dans son établissement de New-Lamarck, Robert Owen se rend parfaitement compte des mauvais résultats du développement de l'industrie mécanique pour la classe ouvrière :

L'accroissement inouï des forces mécaniques suffisait pour satisfaire amplement à tous les besoins de la population du globe, et pourtant le grand nombre exténué de travail gisait dans la misère ; le mal vient de la concurrence des producteurs ; entre employeurs et travailleurs, le remède serait dans la coopération systématisée ou organisation du travail, de façon à coordonner et à régulariser tous les efforts.

Malon nous marque ainsi le côté philosophique de la doctrine de Robert Owen :

Selon lui, le mal est aussi dans ces religions impuissantes, qui veulent justifier l'iniquité par de menteuses promesses extra-terrestres; il faut délivrer l'homme de ces fantômes. La fatalité domine l'homme ; ses convictions, ses actions, ne sont que des résultats de son organisation originelle et des influences extérieures. L'irresponsabilité est une loi naturelle.

Robert Owen croyait au socialisme d'État, sa tradition fut reprise en 1848 par Louis Blanc, mais le point pratique qui est résulté de son système au point de vue économique, c'est l'association intime de l'association de production et de consommation, qui prit dès lors le nom d'association coopérative.

Enfin, pour terminer cette esquisse à grands traits et forcément incomplète des antécédents de l'association, nous dirons qu'ils furent légion les hommes illustres qui s'enrôlèrent sous les bannières saint-simonnienne, fouriériste et owennienne.

Les Olindes Rodrigues, Enfantin, Buchez, Bazard, Buret, Pecqueur, Vidal, Proudhon, Louis Blanc, Cabet, Ott, Michel Chevalier, Pereire, Lamennais, Beluze, Auguste Comte, Schulze, Just Muiron, Considérant, Destrem, Béranger, Toussenel, Barat, Renaud, Pellarin, Harth, Griess-Strault, Vansittart-Neale, Booth, Trompson, Anseele, Louis Bertrand, Charles Gide, etc., etc., apportèrent leur aide passionnée et générale pour la diffusion du principe d'association.

A leur tour ils inventèrent de nouveaux systèmes, mais tous cherchent au fond, par une copie de la nature, à réaliser notre belle devise : liberté, égalité, fraternité, à laquelle il faut ajouter ce complément inéluctable, ce liant ce ciment « la solidarité ».

***

En produisant cette longue documentation, nous avons voulu non seulement répondre à la première partie du programme tracé par le Congrès, mais encore faire *grosso modo* l'arbre généalogique de l'Association, jalonner la route à ceux qui voudront être conscients de leur rôle, et qui voudront par l'étude comprendre toute la portée de notre système d'organisation sociale.

Car il ne faut jamais oublier ces paroles positives de Robert Owen :

Pas de puissance sans union, pas de société sans instruction.

Les mouvements ne s'improvisent pas spontanément ; il faut pénétrer profondément les masses pour les amener à se mettre en marche.

La possession des principes sociétaires, la connaissance du processus ancestral qui les a amenés sont donc indispensables si nous voulons avoir des adeptes convaincus et un parti qui ne soit pas factice, mais qui, au contraire, soit solide, soit vivace et aille comme un seul homme à la conquête de son émancipation.

***

Pour conclure, nous dirons : Du passé se dégagent ces faits, c'est que la pratique de l'association se rapprochant beaucoup de celle que nous avons de nos jours, a existé chez les Romains et au moyen âge, mais les principes philosophiques de ces organisations n'étaient pas fixés, c'était par la coutume surtout qu'elles existaient, une fois mortes, leur trace a presque disparu, la souche est éteinte; mais nous n'en devons pas moins voir dans leurs vestiges des modèles d'association intégrale, le collège romain de même que la corporation du moyen âge se suffisent à eux-mêmes et ont leur justice, leurs propriétés, leur assistance mutuelle.

***

Autrement fécond est ce grand courant qui part de ce sentiment, que tout le monde a déjà eu au moins une fois dans sa vie, de créer un régime idéal, basé sur l'ordre naturel des choses et s'étendant à tous, car tout est là; pour qu'il y ait progrès, il faut qu'il y ait généralisation, il faut mettre en vigueur cet axiome de Morelly et de Jean-Jacques Rousseau: Il faut empêcher l'homme de mal faire et tendre par l'organisation à le faire rester dans l'ordre harmonique de la nature.

Partant de cette base, les novateurs humanitaires ont donc tous fait des projets communistes.

Leurs tendances et les nôtres sont identiques, que ce soit sous le nom de communisme, que ce soit sous le nom d'association intégrale, nous voulons comme eux que le travail suffise à tous les besoins, qu'il assure à chacun, comme dit Fourier, *un minimum décent d'entretien.*

La différence qu'il y a avec eux, c'est dans l'application du moyen. Ils ont vu leur système d'ensemble, et sont allés du composé au simple, de la société à l'individu, de la circonférence au centre.

Nous, nous partons du centre pour aller à la circonférence, nous allons de l'individu au petit groupement, de ces cellules on forme des collectivités plus grandes, pour arriver par échelons successifs à la société.

Le communisme de Platon, celui des premiers chrétiens, de Thomas Morus, de Campanella et de Morelly, de Saint-Simon, de Robert Oven, après avoir déduit de l'ordre de la nature les droits du travail et le travail attrayant, emploient, comme grand moyen, à des degrés différents, l'abolition de la propriété.

Babeuf et les égaux poussent cette abolition à son point extrême et font de l'égalité complète pour tous le point culminant de la réforme à atteindre pour éviter l'inégalité sociale.

Fourier, par son système d'association avec actionnaires achetant, procédant pacifiquement à la conquête de la propriété, se rapproche le plus de notre manière de faire, c'est là le moyen de transition entre l'état actuel de la propriété monopolisée au détriment des travailleurs, et l'état que nous rêvons de la propriété collective acquise légalement, progressivement, sans commotion, pour la faire servir aux besoins des travailleurs.

Mais si de la doctrine saint-simonnienne nous n'adoptons pas le communisme, nous sommes cependant favorable à cette modification organique qui est la suppression de l'héritage, nous appuyons de toute notre ardeur d'ouvrier cette proposition énergique du maître que *l'amélioration de l'état moral, intellectuel, physique de la classe la plus nombreuse et la plus pauvre soit le but de la Révolution pacifique amenée par l'organisation du travail.*

Immédiatement après Saint-Simon, le disciple qui entrevit le plus distinctement l'organisation de l'association ouvrière de production, ce fut Buchez. C'est lui, en dehors de ses attaches de socialiste chrétien, qui est le père direct de nos associations, c'est lui qui traça le cadre administratif de nos institutions, qui a arrêté les premiers statuts de 1848, et, s'il va au capital indivisible, c'est pour mieux assurer la généralisation et la perpétuité de l'association.

Le docteur en droit Ott, que nous avons déjà cité, nous donne dans son *Traité d'économie sociale* ou *l'Économie politique coordonnée au point de vue du progrès*, les règles les plus précises sur les clauses essentielles que doivent suivre les véritables associations.

Suivant nous, dit-il, les associations doivent se former tout à fait librement et au nombre d'associés qui leur conviendra, comme se forment aujourd'hui les établissements individuels.

Aucun mode d'organisation ne doit leur être imposé. Il est bon qu'elles s'organisent elles-mêmes selon leurs vues propres. Mais, si elles veulent que l'association soit autre chose que le renouvellement du patronage sous une forme nouvelle, il y a des conditions qu'elles doivent s'imposer elles-mêmes. En voici les principales :

Tous les associés, ceux qui ont contribué à la fondation, comme ceux qui n'ont été admis que postérieurement, doivent être associés au même titre et jouir des mêmes droits.

Les associations ne doivent pas employer des salariés non associés, sauf dans des circonstances exceptionnelles ou des cas spéciaux.

Elles doivent admettre dans leur sein tous les travailleurs qui réuniront les conditions de moralité et de capacité chaque fois que l'extension de leurs affaires le permettra.

Elles ne doivent exiger du nouvel associé d'autre apport que celui qu'il pourra prélever sur ses salaires et ses bénéfices pendant les premières années passées dans l'association.

Toutes les fonctions exercées dans les sociétés doivent être conférées par l'élection, révocables et contrôlées.

L'administration doit être surveillée par l'assemblée générale des associés.

Chaque société ouvrière doit, en se formant, se considérer comme devant vivre toujours. Les statuts ne devront fixer aucune durée déterminée et contenir, au contraire, toute les clauses capables d'assurer la perpétuité de la société.

Enfin il ne faut pas que son capital soit composé des parts appartenant individuellement aux associés, mais qu'il soit formé au moyen de prélèvements annuels sur le produit et n'appartienne qu'à la société elle-même.

Toutes ces conditions sont essentielles. En dehors d'elles, les associations ouvrières n'aboutiraient plus à l'affranchissement de la classe ouvrière.

***

Au début de notre étude, nous disions que la philosophie aboutissait à des formules pratiques ; ces indications des plus fidèles disciples de Saint-Simon en sont, nous croyons, des preuves incontestables.

Et ces formules sont encore notre programme d'avenir, les associations doivent se constituer, comme les *Prévoyants de l'avenir*, non en vue de permettre immédiatement à quelques-uns de faire leur pelote, mais en vue de l'extension continuelle pour englober de plus en plus avec des droits égaux les travailleurs.

Enfin, en revoyant l'œuvre du *Patriarche de la Raison*, comme Toiseus a surnommé Robert Owen, nous voyons la coopération élargissant son but économique d'allier intimement le coopérateur et le producteur et, au point de vue de la conscience, d'appuyer les revendications des travailleurs sur un but moral, large, tolérant, déduit rationnellement de l'esprit moderne de la libre pensée, et substituant au culte de la providence celui du bonheur terrestre, ayant, comme dit Malon, ses justices familiales, politiques et économiques, sa morale nouvelle qui rendra les hommes heureux, justes et bons en ayant pour base la bienveillance mutuelle.

Car il ne faut pas, que les socialistes chrétiens saint-simoniens se méprennent, la fraternité n'a pas été inventée par le Christ ; elle avait été prêchée d'une façon bien positive avant lui, témoin ces citations que nous trouvons dans le *Devoir*, organe du Familistère de Guise :

> La grande loi du devoir doit être cherchée dans l'humanité, cette belle vertu du cœur qui est le principe de l'amour pour tous les hommes.
>
> Confucius, *Invariabilité dans le milieu*, ch. XX.

> Il n'y a que deux grandes voies dans le monde, celle de l'humanité et celle de l'inhumanité, et voilà tout.
>
> Meng-Tsen, liv. II, ch. Ier.

Nous nous en voudrions de gâter par un mot de plus cette finale.

Pour répondre au programme du Congrès, nous lui soumettons le projet de résolutions suivant:

Projet de résolutions.

1° Le Congrès international est d'avis que l'histoire de la Coopération se lie intimement à celle du Socialisme, et que ses attaches philosophiques se rapportent à toutes les théories, plans ou systèmes ayant en vue l'organisation du travail dans le bonheur de l'humanité.

Les précurseurs marquants et immédiats de l'idée coopérative sont : Saint-Simon, Fourier, Robert Owen et Buchez.

2° Le Congrès international envoie ses hommages respectueux et de reconnaissance au docteur Ott, disciple survivant, fidèle et dévoué de Buchez.

Le rapport de M. Barré fut maintes fois interrompu par les applaudissements et son projet de résolution fut voté à l'unanimité.

Allocution de M. le Docteur VERRIER

Après ce vote, M. le Docteur Verrier, délégué de l'*Union phalanstérienne*, prononça l'allocution suivante :

Messieurs,

Je remercie sincèrement M. Barré de la justice qu'il a rendue à Fourier et à son école dans l'admirable et savant rapport philosophique que vous venez d'entendre.

Oui, Messieurs, Fourier était un précurseur et j'oserai dire un prophète. M. Ch. Gide, dans une conférence faite à Toulouse, a énuméré ses prédictions et nous les trouvons réalisées aujourd'hui dans ces admirables œuvres de Fédération, de Coopération et d'Association.

Si les premiers phalanstères n'ont pas réussi, par des circonstances qu'il serait trop long de vous expliquer, l'Union phalanstérienne, qui continua l'œuvre du Maître, outre l'intérêt qu'elle porte à vos travaux, s'efforce de constituer, en ce moment, une Association commerciale d'alimentation et, suivant l'exemple donné par Godin, de

Guise, des familistères agricoles coloniaux d'après le principe de l'Association intégrale préconisé par notre condisciple Etienne Barat, en prenant le sol, la terre, comme base de notre Association, suivant les préceptes mêmes de Ch. Fourier.

Messieurs, je rapporterai à l'Union phalanstérienne, qui m'a délégué près de vous, ce que j'ai vu et entendu ici et soyez sûrs que tous nous serons de cœur avec vous, car nous aussi et depuis longtemps nous sommes des socialistes révolutionnaires. (*Applaudissements.*)

***

M. Barré donna ensuite lecture de son rapport sur la *Solidarité par la Coopération.*

Voici ce rapport :

DEUXIÈME QUESTION

De la Solidarité par la Coopération.

La pratique de l'association intégrale forme la vertu que l'on appelle « Solidarité ».

Il ne faut donc pas prononcer ce mot à la légère ; il contient en lui-même, il est adéquat de la réalisation de tout ce que les communistes et les associationnistes ont entrevu pour le bonheur du genre humain.

Solidarité était d'abord dans notre langue seulement un terme de jurisprudence obligeant d'une manière où chacun répond par le tout ; il a été étendu au sens social par la franc-maçonnerie (rendons à César, ce qui appartient à César) qui l'avait dans sa devise avant 1789, au même titre que les mots : Liberté, Egalité, Fraternité, que s'appropria la Révolution française.

Socialement, la Solidarité veut dire que nous sommes liés les uns aux autres ; lorsqu'il y a un mal ou un bien physique ou moral quelque part, tout le corps social s'en ressent ou doit s'en ressentir.

En 1845, Hippolyte Renaud, disciple de Fourier, fit paraître un ouvrage pour expliquer la doctrine du maître ; il l'intitula *Solidarité*, et définit ainsi ce mot :

La Solidarité est une chose juste et sainte. Le mal est venu, le mal s'éloignera par le concours de tous, concours proportionnel à la puissance de chacun. Il n'y a pas de crime individuel, de douleur privée dont la société ne soit complice : les actes de l'individu dépendent en grande partie des circonstances de la vie qu'on l'a contraint d'accepter.

En 1896, Léon Bourgeois a repris également le mot *Solidarité* comme titre d'un ouvrage, pour l'expliquer tout entier.

On la trouve (doctrine de la Solidarité) professée par des socialistes chrétiens et pour eux c'est l'application des préceptes évangéliques; par certains économistes, et pour eux c'est la réalisation de l'harmonie économique. Pour quelques philosophes c'est la loi « bio-sociologique » du monde; pour d'autres, c'est la loi d' « entente », ou d' « union pour la vie »; pour les pessimistes, c'est d'un seul mot l' « altruisme ».

Mais pour tous, au fond, et sous des noms divers, la doctrine est la même, elle se ramène clairement à cette pensée fondamentale : il y a entre chacun des individus et tous les autres un lien nécessaire de *Solidarité;* c'est l'étude exacte des causes, des conditions et des limites de cette Solidarité qui seule pourra donner la mesure des droits et des devoirs de chacun envers tous et de tous envers chacun, et qui assurera les conclusions scientifiques et morales du problème social.

D'où peut venir, vers une même pensée, le consentement d'esprits si divers? On dirait, contre les barrières des systèmes trop étroits, la conspiration d'une poussée universelle.

C'est que cette notion de la solidarité sociale est la résultante de deux forces, longtemps étrangères l'une à l'autre, aujourd'hui rapprochées et combinées chez toutes les nations parvenues à un degré d'évolution supérieur : la *Méthode scientifique* et l'*Idée morale.*

La Coopération de production n'est que l'application de ces deux principes : organisation méthodique du travail sous l'impulsion solidariste objective de le faire servir au bonheur de tous, et c'est cette impulsion, cette idée morale collective que nous devons nous montrer jaloux de conserver et de développer si nous voulons que notre mouvement prenne l'ampleur qui lui convient et acquère la puissance qu'il mérite; Godin, le fondateur du familistère de Guise nous l'explique très bien dans sa *Mutualité sociale et association du travail et du capital :*

Limitée à la vie individuelle, la loi morale supérieure est elle-même impuissante à réaliser le bien dans les sociétés : elle contribue à atténuer le mal, mais elle ne peut le faire disparaître. Pour être vraiment salutaire, il faut qu'elle devienne la base des institutions sociales.

Voilà donc notre base bien déduite. La Coopération naît d'une idée morale et, pour se maintenir, pour prendre son libre essor elle doit collectivement réglementer ses institutions pour assurer le respect et la conservation de cette loi.

Mais comment, en fait, assurer dans l'association cet

état latent d'application au travail, à l'industrie ayant pour objectif constant l'intérêt général?

Notre réponse est nette :

PAR L'ASSOCIATION D'ASSOCIATIONS

Et c'est ici qu'intervient encore comme facteur la Solidarité. Pour nous garder de nos faiblesses, pour empêcher l'égoïsme qui s'introduirait fatalement dans les groupements isolés, il faut cette activité, ce principe vital de l'obligation de la relation extérieure; et ainsi les forts ramèneront les faibles à un sentiment plus juste de la vie sociale.

L'association d'associations sous toutes ses formes, c'est la période du *garantisme* prédite par Fourier; c'est le régime de l'assurance appliquée à tous nos besoins, à tout ce qui menace la santé, le développement ou la tranquillité de l'homme.

L'Association d'associations c'est le partage des risques sur le plus grand nombre, c'est la réussite dans les intérêts, c'est l'union, c'est la force, c'est la vie décuplée, centuplée, c'est la réalisation du principe que Léon Bourgeois nous démontre si excellemment dans son volume « *La Solidarité* » :

Ainsi se dégage la vérité définitive :

Des activités individuelles, isolées, croissent lentement;

Opposées, elles s'entredétruisent ; juxtaposées, elles s'additionnent;

Seules des activités associées croissent rapidement, durent et se multiplient.

Projet de résolution.

Le Congrès international est d'avis :

Que la sauvegarde de l'idée morale, que la pratique de Solidarité dans la Coopération, ne peuvent être mieux assurées que par l'association d'associations, pour tous les objets et sur toutes ses formes, et surtout en ce qui concerne le régime de l'assurance, qui ne peut exister qu'imparfaitement et incomplètement dans une seule association.

Le projet de résolution fut voté par le Congrès à l'unanimité, sans observations.

M. Barré passa ensuite à la lecture de son rapport — dont plus loin le texte — sur l'*Education coopérative :*

TROISIÈME QUESTION

De l'Education coopérative : Devoirs de la Coopération envers l'individu (enfant, adulte, vieillard).

Le comte de Chambrum, se livrant vers la fin de sa vie à l'étude des questions sociologiques, s'écrie :

> Ma préoccupation n'est plus seulement la matière, le produit, la richesse, elle est, surtout, le producteur, l'ouvrier, l'homme.

Les sciences dans toutes les branches, les progrès du mécanisme, les inventions continuelles dans l'application de la vapeur, de l'électricité, de l'air comme force motrice nous donnent toute quiétude sur la transformation efficace de la matière, sur l'intensité de la production ; les notions exactes, précises, les livres, les modèles que nous possédons, nous assurent de la transmission facile et sans interruption de tout ce qui constitue le progrès matériel, la richesse.

Il n'en est pas de même des notions morales des droits de l'homme à l'existence.

Nous venons de voir dans les deux questions précédentes par quels efforts séculaires l'on est arrivé à ramener les esprits à cette idée primordiale : l'organisation du travail en vue du bien commun.

Mais, malgré tout ce qui a été dépensé d'intelligence, de génie, d'énergie, de souffrances, de sacrifices pour faire pénétrer dans les mœurs ces idées, *à priori*, si simples, si naturelles, de l'intérêt général comme moyen du bonheur particulier, on n'a encore que des résultats bien vagues, superficiels; l'état actuel de la société est encore tourné vers l'intérêt particulier :

> Chacun pour soi et Dieu pour tous

est la ligne de conduite de l'immense majorité.

Il n'y a pas besoin de volumes pour expliquer cette triste maxime ; elle est le résultat de la lutte pour la vie.

Si la Coopération veut résolument la réalisation de son idéal de solidarité, elle doit donc chercher par la Coopération à gagner les jeunes générations à sa cause émancipatrice.

Et, pour que l'exemple soit constamment un enseignement, elle doit, en première ligne, affirmer dans ses chartes constitutives qu'elle considère comme imprescriptible le droit à l'existence et, dans la répartition du montant du produit, ou dans celle du bénéfice, si l'état du marché ne le permet pas, elle doit fixer d'une façon bien positive les parts qui représentent les devoirs de tous pour garantir les droits individuels.

Il ne faut pas que les coopérateurs se figurent avoir le monopole de ces sentiments d'équité. Ils sont quelquefois bien devancés.

Les patrons qui vont à la participation aux bénéfices, ceux qui veulent sérieusement abaisser les barrières qui séparent les classes et améliorer le sort de l'ouvrier voient, en général, plus clair que nous : ils sont une infime minorité, c'est entendu ; mais il n'en sont que plus méritants, car, par état de milieu et entre chefs d'industrie, ils ont plus de difficultés que nous pour exposer leurs idées.

En lisant le compte rendu des congrès de 1889, je retrouve ces considérants exposés par M. Frédéric Dubois, sous-directeur de l'imprimerie Chaix ; nous pouvons tous les méditer avec profit :

Le chef d'industrie qui se propose d'augmenter le bien-être de son personnel doit, semble-t-il, rechercher avant tout les moyens d'assurer la vie de l'ouvrier, sa santé, l'éducation et la sécurité présente de sa famille par l'adoption d'un ensemble de mesures que l'on pourrait appeler conservatoires, telles que les sociétés de secours pour le temps de maladie, les assurances en cas d'accidents et de décès, les écoles professionnelles, les crèches, etc.

Ces institutions de prévoyance, qui sont la mise en pratique par le patron, au profit de l'ouvrier, de la maxime de Franklin : Ménage ta santé, c'est ton premier outil, sont d'une nécessité immédiate et constante; *elles ne comportent ni ajournement, ni incertitude et ne sauraient être subordonnées aux bénéfices éventuels de l'entreprise; aussi sommes-nous d'avis qu'il est bon de prélever sur frais généraux la dotation qui doit pourvoir à leur fonctionnement.* La participation aux bénéfices, avec ses chances diverses, complétera l'œuvre, en formant l'épargne patiente qui doit assurer l'avenir.

Est-ce positif? Quelle est l'association qui a eu la précaution de comprendre dans ses frais généraux de quoi couvrir la dépense humaine, qu'elle soit immédiate, antérieure ou postérieure?

Et même si l'on relègue, par prudence commerciale à la répartition des bénéfices, l'attribution des dépenses d'intérêt général, l'on croit avoir fait un chef-d'œuvre en proclamant que l'on a fait l'attribution selon la formule : Capital, travail, talent.

La protection de l'enfant, la conservation de l'adulte,

l'assistance du vieillard, qui font partie des droits à l'existence, on n'en parle pas.

Fourier, dont on prend la formule, voulait qu'avant tout prélèvement sur le montant du produit, il y ait un *minimum décent d'entretien*.

Le capital par l'intérêt, le travail par le salaire, le talent par ses émoluments plus élevés, ont déjà pris leur part dans le montant du produit.

Si, dans l'économie finale de l'exploitation, dans le bénéfice, vous leur réservez encore une surpart, il ne reste plus rien alors pour faire face aux âges qui sont à la charge de l'âge viril, c'est comme si l'on mangeait son blé en herbe : il ne reste plus rien ni pour le pain, ni pour les semailles.

Les associations doivent donc, pour entrer dans la voie de solidarité, de l'association intégrale, réformer leurs méthodes de répartition du produit.

Elles doivent, lorsque leur industrie est prospère, comprendre dans leurs frais généraux tous les frais qui concernent le régime de l'assurance ou, lorsque la concurrence et la situation de la société ne le permettent pas, réserver, avant toute distribution dans leurs bénéfices, un quantum suffisant pour assurer le droit à l'existence de l'individu, du faible qui a besoin de la protection du fort, de l'enfant, du malade, du blessé, du vieillard.

Projet de résolution.

Le Congrès international,

Considérant que l'éducation coopérative doit s'imposer par l'exemple ;

Considérant que ce n'est que par l'ensemble que l'on peut arriver au minimum de frais dans les dépenses d'intérêt général, ayant en vue la sécurité de l'individu, la préparation de l'avenir et l'assistance à la vieillesse ;

Exprime le vœu

Qu'il soit formé par les associations une association générale d'assurance s'appliquant à tous les risques et à toutes les conditions de l'individu.

Le projet de résolution fut voté à l'unanimité, puis la séance fut levée et renvoyée à l'après-midi.

Séance du mercredi après-midi 11 juillet.

Etaient présents : Mme Vincent; MM. Akos de Navratil, Daltroff, Cummings, Gilman, Cohadon, Villard, Siegfried, Paulet, J. Salas Anton, de Larnage, Terré, Brisse, Barrau, Corchon, Platier, Docteur Verrier, Hammarskjold, Le Corre, Petit, Harmanlius, Boulin, Bourzat, Carles, Rousseau, Weber, Pierre, Laroche, Maitre, Raoux, Gaillard, Grappin, Barnet, Villard, Blanchard, Bresle, Bach, Septembre, Imbert, Pasquier, Favaron, Ladousse, Chausson, Lamarche, Romanet, Barré, Parfait, Trannoy, Lagoutte, Chaussade, Ragot, Fagot, Guyard, Mériot, Chirard, Caramour, Nely, Prigent, Deschamps, Pailler, Roussat, Mathieu, Berthon, Marpinaud, Bord, Lair, Nel, Bougeot, Arjo, Paris, Coignet, Gontard, Fonclause, Bourisset, Taupin, James, Imbert, Machuron, Roolf, Martin, Duché, Bougot, Gauthard, Charollais, Gillet, Gaillard, Carlier, Dupuy, Serre, Regnier, Migeon, Thuillier, Deltour, Laberan, Millet, Pasquier, Chaîne, Barillon, Moty, Goden, Gaillard, Cornic, Porteron, Laberthe, Le Gat, Vila et Manoury.

Excusé : M. Moullec.

La séance fut ouverte sous la présidence de M. Villard.

Elle débuta par la lecture du rapport de M. Andrieu, chef d'atelier à « La Lithographie parisienne », sur *la Coopération au point de vue philosophique.*

Voici ce rapport :

Rapport de M. ANDRIEU.

La Coopération se rattache à la sociologie qu'Auguste Comte et les positivistes mettent au nombre des sciences.

Les précurseurs de l'idée coopérative furent, au siècle dernier, traités d'utopistes, comme tant de grands penseurs le sont de nos jours; ils proclamaient la fraternité et la solidarité humaine alors que le milieu dans lequel ils répandaient leurs croyances ne les comprenait pas.

La Révolution de 1789, qui germait en eux, n'avait pas encore effleuré les esprits, et cependant l'idée fomentait en eux et chez les hommes éclairés le mouvement grandiose qui bouleversa les institutions caduques du passé en suscitant le développement des principes généreux qui doivent conduire l'humanité à son entière émancipation.

Le milieu social était si défectueux, la misère chez le producteur régnait en souveraine au point de l'abêtir en supprimant toute pensée et par conséquent toute initiative lorsque l'un d'eux, simple employé, pénétré de la foi qu'un régime nouveau pouvait et devait améliorer la société, publia ses pensées démontrant que l'harmonie pouvait régner parmi les hommes par l'application de la liberté raisonnée unie à la fraternité. Il émit cette vérité, que les sciences, les arts, le commerce, l'industrie rénovant leurs systèmes et leurs modes de procéder, devaient infailliblement conduire au progrès humain, il eut l'audace, malgré les controverses intéressées, de dire et de démontrer que l'on pouvait rendre le travail attrayant, malgré les imperfections sociales, et que l'harmonie universelle pouvait régner parmi les hommes, malgré les critiques qui ont cru effondrer ces nobles idées, Fourier n'en est pas moins le précurseur et l'apôtre de l'idée coopérative.

Les esprits forts riaient de ces idées qui, ayant pour base l'union et la fraternité, déroutaient entièrement leurs conceptions bornées aux seuls profits de l'exploitation humaine, lorsque apparut à New-Lamark, en Angleterre, la première application des principes d'association; Robert Owen, travailleur intelligent fut le promoteur effectif de cette application, en intéressant tous ses ouvriers à son œuvre, il prouva par la pratique que l'association des travailleurs pouvait se faire et qu'elle rendait des services éminents à tous ceux qui y coopéraient.

Cet essai unique à l'époque eut un succès retentissant, il attira l'attention universelle des hommes qui, quoique instruits, doutaient encore des résultats que pouvait donner l'association des producteurs.

Son essai en Amérique fut moins heureux, les éléments dont il était entouré ne répondant pas au milieu social qu'il préconisait, ne furent pour ce grand précurseur des associations ouvrières qu'une source de déboires qui vinrent attrister la fin de sa vie, malgré la grande résignation de son caractère et la tolérance dont il était doué, lui inspirant l'exclusion des peines dans les écoles et dans la société.

La semence jetée par ces deux grands hommes, étouffée par les détracteurs intéressés au maintien routinier du passé, ne put éclore réellement que lors du mouvement révolutionnaire de 1848, qui suscita chez les travailleurs conscients, l'idée de mettre en pratique la production en commun, l'on vit se constituer des coopératives de production dans différentes industries, mais dont la plus grande partie ne purent survivre, vaincues par l'inexpérience et le manque absolu d'éducation coopérative, bon nombre croyant qu'il suffisait d'être coopérateur pour être émancipé, alors que la Coopération exige de ses membres persévérance, zèle, activité, désintéressement pour produire un résultat de solidarité et d'action pratique ouvrant à l'avenir les voies de l'émancipation générale.

La solidarité par la Coopération ne peut réellement exister que dans l'association à base socialiste, comprenant tous les sacrifices et toutes les charges inhérentes à la société. La Coopération n'ayant d'autre but que le profit, doit forcément dégénérer, car elle n'est plus qu'une entreprise capitaliste étouffant dans l'esprit d'un intérêt mesquin toutes les tendances d'amélioration dans l'état des membres qui en font partie.

La Coopération à base socialiste est fondée sur la solidarité humaine; l'autre n'est qu'une association d'intérêts vouée à une chute presque certaine, car les intérêts même associés, ne savent pas toujours distinguer l'intérêt du lendemain de l'intérêt immédiat, qui est exclusif à l'individu et toujours contraire à son intérêt bien entendu, qui est de rester associé et de s'imposer les devoirs qu'exige toute association de travailleurs voulant substituer à la société actuelle un régime plus équitable dans la répartition des droits des travailleurs et leur offrant une grande somme de garanties pour leur vieillesse.

Par éducation coopérative, l'on doit entendre les devoirs qui incombent aux coopératives elles-mêmes et aux individus.

Le premier des devoirs que comporte toute association est l'enseignement professionnel aux jeunes gens qui leur sont confiés, lequel doit toujours être donné en corollaire avec les connaissances sociales que l'élève doit connaître et suivre du jour où il prend contact avec les difficultés de la vie, il appartient aux coopérateurs au milieu desquels il est élevé de lui faire connaître que la force de l'individu réside surtout dans l'union, que seul, livré à lui-même, il pourra vivre par le produit de son travail, mais que cet isolement dans la vie est un des plus grands obstacles à son développement moral et matériel, puisque, dans la société, le premier des devoirs doit être la solidarité.

L'Association doit également étendre son rôle tutélaire sur l'adulte en établissant la mutualité de garantie pour la maladie, les accidents, le chômage. En ce cas la collectivité doit prélever annuellement sur les bénéfices acquis par la production une partie qui puisse parer aux malaises qui se produisent dans les familles par l'un ou l'autre de ces trois maux qui peuvent atteindre l'un de ses membres.

La Coopération socialiste doit également songer aux vieillards; elle ne pourrait, sans déroger à ses principes, oublier que le jour où l'individu devient incapable de produire, il a droit, en raison des services rendus, à un minimum qui lui permette de vivre sans souci du lendemain et surtout sans recourir aux secours humiliants de l'assistance publique ou cléricale.

Par respect pour son passé, la collectivité dans laquelle

il a vécu, doit lui assurer le repos. L'application de cette garantie est facile en supprimant une grosse part des profits pour les allouer à ceux qui ne peuvent aider à les produire.

C'est en donnant à chacun des coopérateurs les garanties indispensables dans la vie que les coopératives appliqueront au point de vue philosophique les idées des précurseurs de la Coopération et qu'elles acquerront par leurs actes de solidarité de nombreux prosélytes qui, en suivant et en améliorant d'après le milieu et les époques, les principes donnés, conduiront, par la Coopération multipliée et répandue sur la surface du globe, l'humanité vers le progrès, et le travailleur à son entière indépendance.

(*Applaudissements répétés.*)

***

Le président donna ensuite la parole à Mme veuve Vincent, qui lut l'intéressante étude suivante faite par M. A. Ranvier sur Jeanne Deroin :

RAPPORT présenté par M. A. RANVIER sur Jeanne Deroin au Congrès des Associations ouvrières de 1900.

Mesdames, Messieurs,

Vers les premiers jours d'avril 1894, par une de ces après-midi brumeuses, comme on en voit si souvent à Londres, les nombreux visiteurs du cimetière de Hammersmith regardaient avec surprise défiler devant eux un cortège grandiose par son extrême simplicité.

Derrière un pauvre corbillard, marchaient les notabilités du monde socialiste anglais et des délégations des sociétés ouvrières. Un grand nombre de Français, résidant à Londres, d'autres venus de France, s'étaient joints au cortège. Et tous ces gens montraient sur leurs visages l'émotion qui étreignait leurs cœurs. Car celle qu'ils conduisaient à sa dernière demeure était une amie, une femme qui avait été une des personnalités les plus remarquables de notre siècle si agité, autant par la dignité de son caractère et l'élévation de ses idées que par son courage à les défendre, à les développer et surtout à supporter les épreuves et les revers qui vinrent la frapper. Elle avait voué toute son existence à une cause unique sous deux formes différentes : l'émancipation des femmes, l'affranchissement des travailleurs.

Sur la tombe prête à se fermer sur les restes de cette vaillante et hardie lutteuse, un des leaders du parti socialiste anglais, et en même temps un des meilleurs poètes et artistes dont l'Angleterre ait pu s'honorer en notre siècle, le regretté William Morris, dans un discours vibrant d'émotion, venait prononcer l'éloge de la défunte.

Qu'était cette femme? Qu'avait-elle fait? C'est la tâche que je me suis imposée : de retracer la vie de luttes de Jeanne Deroin.

Jeanne-Françoise Deroin naquit à Paris, le 31 décembre 1805. De son enfance, les documents que nous avons eu entre les mains ne nous apprennent que peu de chose. Enfant, il lui fut permis d'être témoin des invasions de 1814 et 1815, et de la chute de cet homme qui, parti de rien, avait su, par le plus odieux des parjures, s'élever aux plus hauts degrés de l'échelle sociale. Elle vit la fin de cette extraordinaire épopée que fut le Premier Empire. Elle vit les Bourbons rentrés en France, et leur trône rétabli par la force des baïonnettes étrangères; elle assista à toutes les péripéties de la Terreur blanche et à la réaction contre tout ce qui rappelait le souvenir de la Révolution. Elle vit les traîtres comblés d'honneurs, et les patriotes, ceux qui avaient versé leur sang sur tous les champs de bataille de l'Europe, jetés en pâture à la haine de ceux que la révolution avait épargnés.

Aussi, fût-ce avec joie qu'elle vit arriver la révolution de 1830. Comme tant d'autres, elle espéra que les journées de juillet allaient faire progresser les libertés publiques et, comme eux, elle fut douloureusement désillusionnée.

Au mois d'août 1832, elle épousa, à la mairie du 1er arrondissement, M. Desroches, économe d'une maison de retraite pour les vieillards. Chose rare pour l'époque, le mariage fut purement civil. Il n'y eut aucun contrat de signé, mais son mari prit l'engagement de la laisser libre de ses actes, lorsqu'elle le jugerait nécessaire, car, déjà à cette époque, elle songeait à se mêler activement aux luttes politiques et à la propagande en faveur de ses idées d'émancipation.

En attendant le moment de se dévoiler, elle jugea utile, je dirai même nécessaire, de se livrer à une étude suivie des théories des diverses écoles socialistes qui existaient alors ou qui se fondaient. Après avoir partagé les idées de l'école saint-simonienne, elle se jeta dans le fouriérisme, dont elle resta fervente adepte jusqu'à la fin de sa vie; elle ne s'en tint pas là ; la philosophie de Comte, celle de Pierre Leroux, l'intéressèrent; mais l'école communiste de Cabet eut plus d'attraction pour elle. Elle en accepta, ou même s'en appropria la devise : « A chacun selon ses besoins, de chacun selon ses forces. »

En 1832, au début de l'année, Jeanne Deroin s'était déjà sentie attirée vers l'école saint-simonienne, dont la doctrine toute de fraternité et d'amour, était faite pour éveiller ses sympathies. Sa vive imagination fut frappée par la lecture de l'apologie de Saint-Simon sur les travailleurs. Devint-elle saint-simonienne ? Je n'oserais l'affirmer, quoique tout concorde à justifier cette croyance. D'abord, ce fut aux réunions de cette école qu'elle fit connaissance de son mari, M. Desroches ; ensuite presque toutes les relations d'amitié qu'elle entretint, le furent avec d'anciens saint-simoniens, Olindes Rodrigues, Bazard, Barral, Transon, etc.

D'autre part, les théories de Saint-Simon étaient trop conformes à ses pensées, pour que l'adhésion de Jeanne Deroin ait lieu de surprendre. Sans doute, la devise de l'École : « A chacun selon sa capacité, à chaque capacité selon ses œuvres » était ou pouvait paraître restreinte. Mais, en regard de cette devise, combien large était le programme qui se pouvait résumer dans les quatre points suivants :

1° Abolition de tous les privilèges de naissance ;

2° Transformation de la propriété ;

3° Education sociale et professionnelle ;

4° Egalité de l'homme et de la femme.

Un semblable programme était bien fait pour attirer un esprit réformateur comme celui de Jeanne Deroin. Mais quand vint la discussion sur l'établissement des règles pratiques de l'école, deux camps se formèrent : les uns, Jeanne fut du nombre, se rallièrent autour d'Olindes Rodrigues et de Bazard ; les autres suivirent Enfantin. J'aurais omis de parler de cette scission, si je n'y avais relevé un fait à signaler :

Il est curieux de constater que Jeanne, qui devait plus tard se poser en champion de l'affranchissement des femmes, s'éloigna justement de la branche saint-simonienne qui avait pris pour chef Enfantin, et qui posait nettement deux principes que Jeanne avait depuis longtemps faits siens :

1° Suppression de l'hérédité comme moyen de transformation de la propriété ;

2° Affranchissement de la femme, comme moyen d'arriver à l'égalité des sexes.

C'est que, si elle jugeait ces principes bons, la manière de les appliquer lui semblait mauvaise. Elle la désapprouvait.

C'est de cette époque que datent ses relations avec Cabet, Blanqui, Pierre Leroux, etc...

⁂

Concurremment à l'école saint-simonienne, qui venait de se diviser, une autre école socialiste s'était fondée, qui avait attiré dans son sein de nombreux adeptes, dont plusieurs saint-simoniens. C'était l'école de Fourier, dont le système n'avait rien d'égalitaire.

A l'égalité, Fourier substitua la répartition proportionnelle au capital, au travail, au talent; le groupement par séries attractives à l'essor intégral des forces naturelles qu'il nomme passions, lesquelles, selon lui, peuvent toujours être employées dans l'intérêt commun. Mais ce qu'il montre surtout dans le développement de ses idées, c'est l'avantage considérable que produirait la pratique de la solidarité humaine en vue de l'exploitation rationnelle et de l'embellissement du globe. De cette pensée, à passer à l'idée d'une association où serait pratiquée, en quelque sorte, cette solidarité, il n'y avait qu'un pas : il fut franchi et le familistère de Guise nous est resté comme type de la réalisation pratique de la pensée du Maître.

Le statuaire Ottin, un des disciples de la première heure, nous a laissé une intéressante appréciation des théories fouriéristes. Nous en extrayons le passage suivant :

Selon Ottin, le système reposant uniquement sur l'éducation, peut se résumer ainsi :

1° Respect absolu de la liberté ;

2° Droit absolu au minimum satisfaisant ;

3° Recherche et éducation intégrale de toutes les facultés conduisant par les séries à l'attraction passionnée et à l'attraction industrielle ;

4° L'intérêt de chacun convergerait à l'intérêt de tous ;

5° Relations universelles en industries, sciences et arts ;

6° Accord universel par les satisfactions matérielles ;

7° Solidarité universelle.

Fourier, dit Benoît Malon, abandonnant les vagues régions où se maintiennent les économistes politiques, n'a pas craint d'aborder les questions plus utiles du travail, et de la vie domestique et de chercher, dans les besoins naturels de l'homme, les lois de justice et de liberté dont il a voulu faire la base de sa théorie.

La consommation, la production et la répartition sont les faits nécessaires à l'existence de l'homme et de la Société.

Fourier a donc cherché par quels moyens l'on pourrait organiser le travail et la production, pour arriver à satisfaire aux besoins de la consommation, introduire la justice dans la répartition du travail et de ses produits parmi les hommes. Ses recherches l'ont conduit à prendre pour bases des principes économiques qu'il préconisait, l'association du travail, du capital et du talent pour constituer un tout qui sera l'unité sociale. C'est en quelque sorte le schema du système que Fourier lui-même appelait l'Unitéisme.

Comment passer de la théorie à la pratique?

Fourier prend la peine de l'indiquer lui-même : en commençant sur une seule commune; si l'essai réussit, étendre l'application à d'autres communes; peu à peu, la réforme gagnera de proche en proche le globe entier, qui ne présentera plus que des communes organisées.

La nouvelle organisation prêchée par Fourier n'est autre, en somme, qu'une association d'abord de tous les membres de la commune, ensuite de l'humanité, en vue de l'exploitation du sol et du capital par le travail et le talent réunis. Dans cette association, tous sont admis, les femmes, les enfants, au même titre que les hommes. Les bénéfices doivent être répartis en trois parts :

La première, celle du capital, sert à payer les intérêts des actions; la deuxième, celle du travail, est remise aux travailleurs; la troisième part, dite du talent, constitue en quelque sorte une récompense donnée à ceux qui ont montré de l'intelligence, de l'activité et de la vigueur.

Je n'insisterai pas plus longtemps sur les théories de Fourier, bien que cette digression soit longue; elle était nécessaire pour montrer le lien qui rattache le projet de Jeanne Deroin au système que je viens d'exposer.

Comme je l'ai dit déjà, après Saint-Simon, Jeanne Deroin admira Fourier et fut entraînée à son école par ses amis Barral, Transon et autres. Avec sa vive intelligence, elle saisit la portée de la théorie du maître et en fit le fond de ses idées politiques et économiques. Elle comprit aussi que la réorganisation de Fourier ne permettait pas la communauté. Aussi lorsque Cabet développa dans le public les bases du communisme icarien, elle en fit son profit et lui emprunta certaines idées qu'elle joignit à la théorie de Fourier.

Les fautes accumulées par le gouvernement de Louis-

Philippe conduisirent la France aux journées de 1848. Jeanne vit venir cette révolution avec plaisir, mais aussi avec beaucoup d'appréhension. Elle se jeta dans le mouvement révolutionnaire, et, selon la promesse qu'il lui avait faite en se mariant, son mari lui laissa toute liberté d'action. Afin de ne pas entraîner sa famille dans les périls qu'elle pressentait, auxquels elle s'exposait, Jeanne recommanda les siens à ses amis, reprit son nom de jeune fille et se lança dans la tourmente.

Dès lors, à quelques actes quelle se soit livrée, qu'elle écrive ou qu'elle parle, sur la politique, la morale ou la religion sociale, son œuvre se résume d'un seul mot : EMANCIPATION.

***

Mêlée au mouvement révolutionnaire, Jeanne Deroin dirige ses premiers pas vers l'émancipation des femmes. Elle se révèle, dès le début, pleine d'énergie, fréquentant les clubs, les réunions où elle soutient des luttes ardentes pour la cause féministe.

Elle fonde des clubs de femmes, des journaux, où elle réunit autour d'elle des personnes déjà fort connues : Eugénie Niboyet, Adèle Esquirol, Désirée Gay, Gabrielle Soumet, Pauline Rolland, Anne Knight la célèbre quackeresse, Hortense Wild qui lui fut si dévouée. Dans sa lutte, elle trouvera de sérieux appuis : Cabet, Pierre Leroux, Schœlcher, Crémieux, Jean Macé, Victor Considérant, Fauvety et tant d'autres de toutes écoles qui lui prêteront un concours aussi désintéressé que constant. Ses meilleurs soutiens se trouveront parmi les fouriéristes et les icariens.

Puis une évolution s'opère en elle. Le féminisme seul ne suffit plus à son activité et elle cherche à s'occuper de tout ce qui est humain. » Car, dit-elle, tous sont frères, parce « qu'ils ont une même origine : ils sont tous solidaires ; « tous pour chacun, chacun pour tous.................

« Une grande réforme est nécessaire, inévitable ; cette « réforme, pour être complète, durable, ne peut émaner « de l'homme seul.

« L'homme ne sait établir l'ordre que par le despotisme, « la femme ne sait organiser que par la puissance de son « amour de mère ; tous deux réunis sauront concilier « l'ordre et la liberté. »

Après les élections législatives, où elle avait posé hardiment sa candidature, sans succès du reste, elle s'occupe, des condamnés de droit commun : les récidivistes. Elle examine leur situation, cherche le pourquoi de leurs fautes et de leurs crimes ; ses recherches vont jusqu'au fond de l'organisation sociale et, lorsqu'elle croit avoir trouvé le pourquoi qu'elle cherchait, elle se souvient qu'elle a des enfants ; elle fait appel à son cœur de mère et, s'élevant au-dessus de l'humanité, elle écrit, au nom de l'enfance exposée à toutes les tentations, cette page admirable qui s'appelle : « laPétition en faveur des Convicts. »

Je donne ici cette page, parce que de tels écrits font honneur à ceux qui les pensent et que l'on ne saurait leur donner trop de publicité :

« La pétitionnaire qui vient faire appel à votre justice en faveur des récidivistes et des convicts, étant une femme, est placée comme ses sœurs au rang des convicts par l'article du Code. Ce n'est pas la rectification de cette injustice qu'elle vient vous demander maintenant, mais la permission d'appeler votre attention :

« 1° Sur les preuves que les lois sont beaucoup moins injustes à l'égard des récidivistes et des convicts qu'à l'égard des femmes ; 2° sur les moyens de prévention et de réformes qui seraient de beaucoup plus préférables au point de vue moral, économique et social que les moyens de punition et de réforme employés jusqu'à présent, et qui, plutôt que de le diminuer, augmentent le nombre des convicts et des récidivistes.

« Il est bien certain que, pour le plus grand nombre de ceux qui sont tombés dans la voie du crime, c'est l'insolidarité sociale qui en est la cause : le manque d'éducation, d'enseignement professionnel dès leur entrée dans la vie, ou le mauvais exemple de l'égoïsme, du sensualisme et de la rapacité des capitalistes et des classes privilégiées dont un assez grand nombre tombe souvent dans les rangs des convicts pour les mêmes causes. Il est bien évident que le grand nombre des convicts et des parias de notre ordre social résulte des lois injustes et des vices de notre vieille organisation sociale. Ainsi de la séduction et de la dégradation d'un grand nombre de filles des déshérités, résulte un grand nombre de petits délaissés qui, souvent, augmentent le nombre des convicts et pour lesquels la recherche de la paternité est interdite ; les auteurs de cette immorale interdiction sachant bien que le plus grand nombre des coupables se trouveraient dans les classes privilégiées.

« Et c'est des sommets de la société, du milieu de ceux qui sont peu soucieux des crimes impunis qu'ils commettent, que s'élève la clameur de haro contre leurs victimes, contre ceux pour lesquels ils disent, comme le Caïn symbolique de la vieille bible, juive ou païenne : « Qui m'a donné mon frère à garder ? » Il est évident qu'ils n'adhèrent pas à la légende républicaine et qu'ils n'ont pas compris le principe de fraternité et de solidarité fraternelle qui en est la conséquence absolue. Et les prêtres qui prétendent avoir mission de l'enseigner, loin d'en donner l'exemple, sont aussi ardents pour les gros traitements, le pouvoir, les dignités et les plaisirs sensuels comme les plus égoïstes et les plus rapaces des classes dominantes dont ils sont l'appui.

« S'il n'est pas possible de remonter à la source du crime ou d'éveiller la conscience de ceux qui en sont la cause, il est au moins possible pour des législateurs républicains de leur faire comprendre qu'il est plus avantageux pour eux-mêmes qui peuvent en être victimes, d'employer les meilleurs moyens possibles pour prévenir le crime et la récidive sans condamner par la déportation à une mort certaine ou à une aggravation de persistance dans le mal, ces tristes victimes de notre vieil ordre social.

« C'est un devoir moral et social de ne point abandonner les convicts à leur sortie de prison aux tentations de la misère, du désespoir et de l'irritation où les jette le cruel mépris qui leur est témoigné. C'est un devoir moral d'en avoir compassion, et un devoir social de les employer à des travaux le plus en accord possible avec leurs aptitudes, le meilleur moyen de réforme étant de leur faire aimer le travail.

« Quant à ceux dont il serait bien prouvé qu'ils sont nés ou arrivés dans cet horrible degré d'insanité morale qui se manifeste par le cruel plaisir de tuer ou de torturer les plus faibles, bêtes ou créatures humaines (funeste tendance souvent manifestée par beaucoup de ceux qui sont trop bien posés sur les degrés de l'échelle sociale pour qu'on leur en fasse un crime), il serait juste de confier ces infortunés aux soins des médecins aliénistes réellement inspirés par l'amour de l'humanité et le dévouement pour le progrès intellectuel et moral.

« C'est le crime qu'il faut prendre en horreur et non le criminel. Nul ne peut affirmer qu'il ne serait pas du nombre, s'il était né avec les mêmes tendances, et s'il s'était trouvé placé ou entraîné dans les mêmes circonstances; nul ne choisit sa famille, ni le cercle social où il se trouve placé, en entrant dans la vie, et si toutes les femmes qui peuvent être mères comprenaient qu'elles sont en danger de produire un promoteur de crime ou un convict, elles signeraient sans hésiter cette pétition, pour obtenir justice et compassion pour ces infortunés, victimes des insolidarités sociales.

« Il ne manque pas en France de terres incultes où pourraient être établies des colonies agricoles pour les convicts à leur sortie de prison, et dans d'autres départements pour les récidivistes, où ils seraient classés selon leurs aptitudes, pour s'entr'aider mutuellement, soit dans les travaux ou pour la construction de leurs chaumières, la production des instruments de travail, la confection des vêtements et de tout ce qui est nécessaire aux besoins de la vie, pour eux, leurs femmes et leurs enfants, étant pourvus du matériel dont la dépense serait prise sur les fonds publics, comme une avance en partie remboursable par acomptes sur les bénéfices qui, plus tard, résulteraient d'une sage direction, non dans un but d'exploitation par les directeurs qui, recevant un traitement du gouvernement, n'auraient aucun droit sur les bénéfices, excepté une gratification consentie chaque année par les travailleurs, en reconnaissance de leur zèle et de leur intégrité ; les bénéfices étant justement répartis seraient un moyen puissant de réforme et de réhabilitation — ce qui serait encore mieux accompli par une confédération de toutes les colonies agricoles, basée sur ce principe que nulle profession ne peut se perfectionner sans le secours de toutes les autres et qu'elles se doivent l'appui mutuel de la solidarité fraternelle. Le comité central de la confédération étant composé des travailleurs les plus aptes, choisis et élus par les membres des colonies agricoles, serait chargé de la juste répartition du travail, des produits du travail et des bénéfices qui pourraient résulter de la vente au dehors de l'excédent des produits nécessaires aux besoins des membres de ces colonies, et du prix des travaux qui leur seraient confiés par le gouvernement de la République, sans passer par l'intermédiaire d'un adjudicataire qui pourrait les exploiter. Cela leur donnerait la possibilité d'acquérir solidairement la possession de leurs colonies et d'accomplir pour eux-mêmes et par eux-mêmes l'œuvre de réforme morale et de réhabilitation par le travail.

« C'est avec la conviction que le travail « libre de toute exploitation » est le moyen le plus certain de progrès moral et social que je viens faire appel à votre justice en faveur des convicts et des récidivistes.

« Jeanne Deroin. »

Ce projet de colonies agricoles et de confédération de ces colonies renferme assurément d'excellentes choses, mais ce que l'on pourrait reprocher à Jeanne Deroin, c'est de s'être trop laissée entraîner par ses pensées généreuses. Elle se trompait quant à la mise en pratique. Car il fallait compter alors, comme aujourd'hui encore, avec la situation économique et sociale. L'application d'une semblable entreprise ne pouvait être faite que par une société réformée, réorganisée sur des bases autres que celles sur lesquelles elle s'appuyait, et par un gouvernement absolument résolu à opérer avec fermeté, en dépit de toutes les entraves, les réformes nécessaires à tous les degrés de l'échelle sociale. Cette application eût été un pas immense vers la réalisation de cet idéal de bonheur et de justice vers lequel tend l'humanité.

***

Me voici arrivé à l'œuvre la plus importante de Jeanne Deroin. Je veux parler de son projet de l'organisation de l'Union des Associations fraternelles et je vous demanderai la permission de m'étendre sur ce travail, parce que nous allons y trouver les traces laissées par le fouriérisme dans les idées de Jeanne. Ce projet, elle l'avait publié dans son journal l'*Opinion des Femmes*. Il eut le don de déplaire au gouvernement qui demanda un cautionnement de 5,000 francs. Comme elle ne les possédait pas, Jeanne cessa la publication de son journal et tourna son activité vers la mise en pratique de son projet d'union.

Pour bien le faire comprendre, je crois utile de revenir quelque peu en arrière.

Avant 1848, la plupart des chefs d'écoles socialistes, Saint-Simon, Fourier, Cabet, Proudhon, etc.... avaient préconisé, chacun à sa façon, l'association comme l'un des meilleurs moyens de régénération sociale.

Sous l'influence de ces différentes théories, nombre d'ouvriers de toutes corporations, constituèrent des associations en vue d'échapper à l'exploitation patronale. C'était un essai pacifique d'émancipation.

En réalité, ces associations n'étaient autres que des embryons de nos coopératives actuelles. Le voyage que Robert Owen fit en France, en 1848, eut une très grande influence sur l'extension du mouvement.

Tant bien que mal, elles vécurent quelque temps, elles parurent même prospérer au début. Mais les difficultés de cette œvre naissante, à une époque où la République venait à peine d'être proclamée; où les libertés publiques semblaient méconnues de ceux mêmes qui prétendaient les défendre ; où les préjugés et les erreurs du passé étaient encore plus puissants que l'exemple des novateurs ; aussi, il faut malheureusement le constater, le manque d'accord et d'union dans une entreprise qui, plus tard, devait être le point de départ d'une révolution économique et industrielle ; toutes ces causes réunies furent un obstacle assez puissant pour enrayer la marche ascendante des associations. Ajoutons encore que beaucoup de travailleurs, tout en s'intéressant à cette tentative, n'osèrent se joindre au mouvement, de crainte d'avoir à en souffrir plus tard, sans en obtenir un résultat certain, un profit appréciable.

Et ce ne fut pas là le seul obstacle. Il était de la plus grande difficulté de constituer et de soutenir une association, lorsque les fonds nécessaires à l'acquisition de matériaux et d'instruments de travail faisaient défaut. Comment remédier à cet inconvénient, éviter cette pierre d'achoppement?

On arrivait fatalement à avoir recours soit au crédit, soit aux emprunts d'argent, toujours onéreux et usuraires, et, par suite, causes de misères et de ruines par l'obligation où se trouvaient les travailleurs d'exécuter hâtivement leurs travaux, de produire, faute de matériel, des articles inférieurs quant à la qualité. Cet état de choses devait forcément amener le discrédit sur les produits des associations.

Ajoutons encore ce fait, que l'égalité, ou plutôt une proportionnalité mal comprise de la rétribution, eu égard à l'habileté du travailleur, devait créer une nouvelle cause de souffrances pour l'ouvrier chargé d'une nombreuse famille, ou placé dans l'obligation de subvenir aux besoins de parents âgés et hors d'état de travailler. Et, chose plus grave, faute commise par suite d'une fausse compréhension de l'intérêt du fond commun, et que la nécessité de se procurer de l'argent pouvait seule expliquer et excuser, on en était arrivé à recevoir, comme membres des associations, des individus qui, le plus souvent, n'avaient aucune idée des principes de solidarité et de fraternité, seules bases réelles de toute association ; ou même ne les comprenaient pas lorsque, par hasard, ils les avaient. On les admettait cependant, sous prétexte qu'ils aidaient au déves loppement et à la prospérité des associations en versan- un apport beaucoup plus important que celui des autret membres associés.

Ce fut l'œuvre de Jeanne Deroin de chercher les moyens propres à éviter ces difficultés, et même à les faire servir aux intérêts des Associations. Elle fit appel à toutes les Sociétés constituées et leur proposa un projet d'organisaiton pour

L'Association fraternelle et solidaire de toutes les Associations

Voici l'exposé qui précédait le projet :

Principes.

« *Droit à la consommation*, au moyen de la répartition des produits du travail de tous : selon les besoins de chacun et les nécéssités de sa profession.

« *Droit au travail*, au moyen de la répartition des instruments de travail et matières premières nécessaires à la production : chacun selon sa profession, en proportion des besoins de consommation.

« *Droit de souveraineté*, au moyen du concours égal de tous, sans distinction de sexe, à l'élection des travailleurs fonctionnaires, à l'élaboration des Règlements et au vote de répartition des instruments et des produits du travail.

« L'Association fraternelle et solidaire de toutes les Associations a pour base la solidarité la plus complète. Elle veut pour tous ses membres, toutes les conséquences de nos grands principes de liberté, d'égalité et de fraternité. Elle demande à tous, au nom de la fraternité, le dévouement de chacun pour tous et de tous pour chacun.

« Elle assure à tous l'égalité, en assurant à tous es travailleurs, membres de l'Association, sans distinction de sexe, le droit, les moyens de vivre du produit de leur travail, eux, leurs enfants et leurs ascendants. Elle assure à tous le droit de vivre de la vie complète, morale, intellectuelle et physique, en leur donnant le droit à la consommation en proportion de leurs besoins et des necéssités de leur profession.

« Et comme du droit à la consommation résulte le devoir de produire, elle assure à tous le droit au travail, en donnant à chacun les instruments de travail et les matières premières nécessaires à la production, et les fonctions ou les professions selon les aptitudes ; elle assure à tous, sans distinction de sexe ni de profession, un droit égal à l'élection des travailleurs fonctionnaires, membres de la Commission centrale.

« Elle assure à tous la liberté, c'est-à-dire le droit et le pouvoir de développer et d'exercer librement et harmonieusement toutes ses facultés par le droit à l'éducation égale et obligatoire pour tous, et l'enseignement professionnel, selon les aptitudes, par le concours égal de tous, sans distinction de sexe ni de profession, à l'administration des produits du travail et à l'élaboration de Règlements qui régissent les Associations réunies.

« L'organisation de l'Association repose sur deux bases principales :

« *a*) La répartition équitable des produits du travail de tous en proportion des besoins de chacun et des nécessités de sa profession ;

« *b*) L'équilibre entre la production et la consommation de manière que la production soit réglée suivant les besoins de la consommation. »

***

Tel était le préambule. C'était, si je puis m'exprimer ainsi, une tentative de fusion en un seul système, de toutes les théories développées par les écoles socialistes. L'école de Saint-Simon y coudoie celle de Fourier, le communisme icarien y donne la main au mutualisme. C'était le moyen pacifique, donné sous une forme que l'auteur cherchait à rendre pratique, d'appliquer directement cette réforme depuis si longtemps réclamée.

La *Suppression du patronat et du salariat*, c'était aussi, en quelque sorte, la constitution d'un nouveau phalanstère, organisé sur des bases et selon des données procédant d'une conception plus étendue que le fouriérisme. C'était la théorie, aujourd'hui admise par l'école collectiviste, de la remise des moyens de production aux mains de ceux qui produisent ; c'était encore la faculté donnée aux travailleurs de jouir dans l'intérêt de leur existence et de leur bien-être, comme dans l'intérêt du bien-être et de l'existence des leurs, de tout ce qu'ils produisent. Enfin, c'était l'application directe de la grande formule de solidarité : « Tous pour chacun, chacun pour tous. » Il y a encore ceci de particulier, dans cet exposé de principe, que, sans en dire un mot, Jeanne Deroin nous laisse comprendre qu'elle basait sur le droit au travail l'indiscutable droit à la vie. D'un autre côté, si les droits qu'elle attribue à chacun sont nombreux, les devoirs ne le sont pas moins. Au droit de consommation, elle oppose le devoir de produire ; au droit de souveraineté, le devoir de solidarité ; enfin, du travail elle fait à la fois un droit et un devoir.

L'application du projet était-elle facile ? L'avenir seul pouvait répondre.

Le projet et son exposé de principes étaient la conséquence fatale, le résultat logique des études et des pensées de Jeanne. Ayant assisté aux efforts des socialistes sous le gouvernement de Louis-Philippe, vu les fatales et sanglantes journées de juin 1848 et constaté par tant d'exemples divers l'inutilité, voire le danger pour le prolétariat, des mouvements violents dans la rue, ce qui lui fera dire plus tard : « Ce qu'on acquiert par la violence on le perd par la violence et la réaction », Jeanne Deroin, sous l'influence de ces récents et multiples souvenirs, enfanta ce projet d'organisation qui l'obligea à cesser la publication de son journal.

Ce projet est plein de bonnes choses, d'idées aussi excellentes que bien exprimées; il témoigne, par quelques détails qu'il contient, à propos des circonstances probables, pouvant résulter de la santé ou du caractère des individus, de la sollicitude toute maternelle de celle qui l'avait préparé.

Tout y est prévu; elle unit les revendications des femmes à celles du prolétariat; à chaque instant on rencontre cette expression : « Sans distinction de sexe. » Elle prévoit les difficultés qui pourront surgir et cherche le moyen de les éviter; il n'est pas un détail, si petit soit-il, qui lui échappe; les enfants, les vieillards, les infirmes, les malades, les convalescents, tous ceux enfin qui, pour une cause ou pour une autre, sont hors d'état de travailler, ou dont la situation demande des égards, ceux-là attirent particulièrement son attention. Et sa charité ne s'arrête pas là; elle revient dans son projet d'organisation sur les criminels, qu'elle se refuse à condamner parce que, dit-elle : « c'est le crime qu'il faut prendre en horreur et non le criminel, car, nul ne sait si, sous l'influence des mêmes circonstances et du même milieu, il ne serait pas devenu aussi criminel que celui qu'il se propose de juger et de condamner ».

A côté des bonnes choses il y avait, dans l'ensemble du projet, de suffisantes causes d'inquiétude pour les classes dirigeantes; il était présenté sous une forme où perçaient trop les idées politiques; en effet, Jeanne Deroin reconnut à son procès que derrière son projet se masquait une idée politique. Le prolétariat avait échoué en employant la violence, Jeanne pensa que si une association, comme celle qu'elle voulait fonder, pouvait être solidement établie, la victoire serait assurée au prolétariat par la seule force des choses, car il est certain qu'une telle association devait fatalement attirer à elle, par le succès, tous ceux que pousseraient des idées larges et généreuses et qui aspireraient à la complète liberté pour tous et au bien-être général. Un point surtout devait inquiéter le patronat et le capitalisme, les effrayer même : Le projet mis à exécution devait amener la suppression du numéraire dans les transactions des associations entre elles et des membres des associations entre eux. C'eût été une immense révolution économique, qui aurait forcément produit un changement absolu dans l'organisation sociale.

Un ami de Jeanne Deroin, qui l'avait soutenue dans ses luttes pour le féminisme, qui partageait sa manière de voir, ses opinions et ses idées, Delbrouck se chargea de communiquer le projet dans les réunions des associations. Après de longues discussions, à la suite desquelles le projet dut subir des modifications qui lui ôtèrent de sa grandeur, tout en lui donnant une forme plus commerciale, partant plus pratique et mieux faite pour convenir à ceux qui avaient conservé une certaine confiance en la valeur future du numéraire, il fut moralement accepté par les associations.

Le 23 août 1849, les délégués de quatre-vingt-trois associations se réunirent salle Saint-Spire, et nommèrent une première commission de cinq membres, composée de : « Jeanne Deroin, Delbrouck, Blaison, Solon et Descheneaux. » Cette commission fut chargée d'étudier et de préparer les articles du projet définitif de l'acte d'union. Le 31 août et le 6 septembre, la commission convoqua les délégués des associations et leur soumit le projet qui fut accepté et l'on invita toutes les associations ouvrières à y adhérer.

Les associations ne ratifièrent pas l'adhésion donnée en leur nom par leurs délégués.

Il fallut élaborer un nouveau projet et convoquer une nouvelle assemblée générale des délégués. Cette réunion eut lieu le 5 octobre. L'ordre du jour portait :

Discussion définitive du projet d'Union des Associations.

Après de longs débats, les articles proposés par la commission furent adoptés à l'unanimité par les délégués de cent quatre associations. L'Union était fondée.

Au nombre des principales modifications apportées au projet de Jeanne Deroin, était la suivante :

Le projet portait que l'Union serait administrée par une commission centrale composée de trois comités de production, consommation et répartition. Le nouveau projet comprit cinq commissions :

1° Comité de production ;
2° Comité de consommation ;
3° Comité des finances ;
4° Comité de l'éducation ;
5° Comité du contentieux.

Puis, l'assemblée nomma deux nouvelles commissions chargées de préparer l'organisation du travail et l'émission des bons d'échange.

Je tiens à expliquer ici en quoi consistait le système des bons d'échange :

Pour chaque association, le comité de production établissait à la fin de chaque exercice le relevé des choses les plus nécessaires aux membres des associations; les deux rapports étaient soumis à l'assemblée générale des associations, qui votait la proportion de répartition entre toutes les associations, et le Comité central faisait remettre à chaque association des bons dont le nombre était proportionné à celui de ses membres et à leurs besoins. Ces bons étaient ensuite distribués à tous les associés en proportion équivalente à la production de chacun d'eux, mais en tenant compte de leurs besoins comme facteur de la répartition. Muni de ces bons, chaque associé d'un groupe pouvait se procurer dans les autres groupements tout ce qui était nécessaire pour lui et les siens. Il y avait réciprocité et tout devait être calculé pour qu'un groupe de l'Union ne pût, par un excès de production de sa part ou de consommation de la part des autres, prendre aucun avantage sur les autres associations adhérentes à l'Union ou subir des mêmes faits aucun inconvénient.

Le 16 octobre, nouvelle assemblée générale pour mettre les règlements particuliers de chaque association en accord avec ceux de l'Union.

Le 3 novembre, nouvelle réunion pour le nom à donner à l'association. Après discussion, on admet le titre de :

UNION DES ASSOCIATIONS

On y adopte à nouveau en principe la forme du contrat commercial, et Jeanne Deroin est chargée de la rédaction définitive, qui fut enfin arrêtée et votée le 22 novembre 1849. Le contrat fut déclaré immédiatement et enregistré conformément aux lois.

***

En somme, le but de l'Association était d'assurer l'assistance mutuelle entre les travailleurs de toutes professions au moyen d'une sorte de crédit mutuel sans intérêt. En outre, le projet de règlement portait que l'Association devait adopter les enfants, les gens âgés et les invalides en donnant aux enfants l'éducation et l'instruction avec un métier, et en assurant aux vieillards et aux invalides du pain et un abri. Les fondateurs auraient voulu faire de l'association une immense famille dont tous les membres auraient travaillé ensemble, et, sans qu'il fût besoin d'aucun argent, se seraient pourvus de tout ce qui est nécessaire à l'existence au moyen des produits de toutes les associations.

Quelques commerçants consentirent à fournir certains matériaux que les associations n'auraient pu se procurer par l'échange de leurs produits, ces matériaux venant du dehors. Plusieurs propriétaires voulurent bien loger quelques associés; mais j'ajouterai à ce sujet que plus tard, au moment du procès, les débats firent découvrir que la plupart n'avaient accepté ces transactions que dans l'espoir de faire terminer par les associations des travaux commencés et que leurs seules ressources ne leur eussent pas permis d'achever.

Je parlerai, pour souvenir seulement, de la correspondance échangée avec Ledru-Rollin, en vue de lui acheter les bâtiments de l'Ecole de Commerce, qui étaient sa propriété. Les pourparlers n'eurent pas de suite, les ressources de l'Association n'étant pas suffisantes pour lui permettre de faire cette acquisition.

***

L'Union fondée, il ne fallait qu'un peu de concorde, de solidarité, de confiance dans la direction et surtout de patience.

Mais l'entreprise avait une importance trop considérable pour ne pas être exposée aux attaques de ceux dont elle minait l'influence. Le capitalisme et le haut patronat s'inquiétaient des progrès de l'Union, dont la réussite devait changer le mode des transactions commerciales, en supprimant le numéraire et, ce qui était plus grave, s'élever comme un obstacle contre les accaparements et donner une indépendance complète aux travailleurs qui y auraient sincèrement adhéré.

Les agents provocateurs se mêlèrent au mouvement pour tâcher d'y semer les germes du mécontentement et de la défiance et d'entraîner les associés à quelque mouvement violent dont le gouvernement aurait profité pour dissoudre les associations. Les provocations ayant échoué, ces agents modifièrent leur tactique. En mars et en avril, ils firent dissoudre les réunions de la salle Saint-Spire, sous prétexte que les discussions qui s'y élevaient touchaient à la politique.

Afin d'être plus libres, les délégués compoosant le comité décidèrent de changer de local. Jeanne Deroin loua, sous son nom, au n° 37 de la rue Michel-Lecomte, un logement composé de trois pièces et en fit le siège des réunions de l'Union.

Cependant la Préfecture n'avait pas renoncé à l'espoir d'abattre l'Union. Le 20 mai 1850, une réunion devait avoir lieu pour discuter l'opportunité de l'achat des bâtiments de l'École de Commerce et s'entendre avec le représentant de Ledru-Rollin. A peine les délégués étaient réunis, la séance allait commencer, lorsque le commissaire de police Bellanger, à la tête de quatre-vingts agents, envahit le local, fit une perquisition et mit en état d'arrestation ceux qui étaient présents. Ce fut le complot de la rue Michel-Lecomte.

Neuf femmes furent impliquées dans l'affaire : Jeanne Deroin, Pauline Rolland, déléguée de l'Association des institutrices; la femme Nicaud, gérante de l'Association des blanchisseuses; enfin les femmes Besançon, Godard, Mollet, Bergant, Prétot et Fichet. Les six dernières obtinrent une ordonnance de non-lieu. Du côté des hommes il y eut : Nunsbaumer, J. Nicaud, Deligny, Pillon, Paillou, Chesnel, Cachet, Nombral, Philippe Léger, Chevalier Charles, Philibert Paré, Poirier, Charignon, Tachon, J. Lionne, A. Niclot, Bonyer, Jeanne, Tulot, Billot, Joffroy, Blaizon, Leroy, Delbrouck, Girard, Deschenaux, etc.

Après plus de cinq mois de prévention, où on leur interdit toute communication avec leurs parents et alliés, au mois de novembre 1850, les accusés comparurent devant la cour d'assises de la Seine, sous l'inculpation d'avoir conspiré contre le gouvernement.

Le procès dura trois jours, et les nombreuses particularités dont il fourmille montrent bien que ce fut surtout un procès de tendance, un procès de police. Les prévenus étaient au nombre de trente. Les condamnations portées furent les suivantes :

Billot, 4 ans de prison, 1,000 francs d'amende;

Delbrouck, comme promoteur de l'affaire, quinze mois de prison, 500 francs d'amende.

Divers eurent un an de prison et 300 francs d'amende.

Jeanne Deroin et autres obtinrent six mois de prison.

Il y eut quatre acquittements.

Il y eut ce fait particulier que Jeanne Deroin, la véritable fondatrice de l'Union, laissa Billot et Delbrouck porter tout le poids de l'accusation, permettant ainsi de croire qu'eux seuls en avaient l'initiative. Les lignes ci-contre, tirées d'un de ses écrits : *Souvenirs de* 1848, nous permettent d'expliquer nettement et d'une manière précise l'attitude de Jeanne Deroin :

« Ce résultat de l'organisation du travail pourrait être obtenu sans trouble par un gouvernement républicain... et sans aucun acte de violence ou d'injustice à l'égard des classes privilégiées, et sans porter atteinte à la liberté individuelle des travailleurs, ni les réduire en servitude comme le prétendait l'accusateur public dans le procès de l'Union des Associations en 1850.

« A cette accusation, dirigée spécialement contre moi, il m'eût été facile de répondre et de prouver qu'elle était dénuée de vérité et de justice; mais j'avais été instamment priée, au nom des Associations, de ne pas reconnaître que j'étais l'auteur du projet et de l'acte d'union des Associations. »

. . . .

Ainsi, on l'avait priée de laisser à d'autres toute la responsabilité de l'entreprise. Elle comprit que le préjugé de la prééminence du sexe fort sur le sexe faible dominait encore l'esprit de ces hommes, elle sentit qu'il leur déplaisait qu'on pût croire et dire qu'ils avaient accepté la direction d'une femme dans une tentative d'organisation du prolétariat. Pleine de modestie, cette femme de cœur ne voulut pas être accusée de s'être fait un piédestal de ses idées, et laissa tout l'honneur de l'initiative à Delbrouck, qui l'avait aidée dans l'organisation de l'Union.

***

La condamnation qui l'avait frappée n'altéra pas l'énergie de Jeanne Deroin. De sa prison elle écrit sa « Lettre aux Associations sur l'organisation du crédit » où elle renouvelle ses appels à l'Union, à la concorde et à la solidarité. Elle montre les obstacles, puis développe sa théorie d'après laquelle elle considère la suppression du patronat et du salariat comme base principale de l'émancipation des travailleurs.

Elle arrive à expliquer comment elle comprend l'organisation du crédit mutuel et reprend son idée des bons d'échange en nature, dont le nombre doit être proportionné aux besoins de consommation des associés et aussi à la production générale de toutes les associations. Et il n'y a pas là contradiction, puisque, dans son esprit, la production doit être proportionnée à la consommation, par conséquent aux besoins généraux des associations. Elle montre que le résultat certain de cette organisation est la disparition de tout numéraire et, par suite, des accaparements.

« Il est bien évident, dit-elle, que si des travailleurs de toutes les professions adhéraient au crédit mutuel, ils pourraient, au moyen de la circulation des bons de crédit, échanger directement leurs produits et leurs travaux et supprimer entre eux l'emploi du numéraire qui ne serait plus nécessaire que pour les usages du commerce extérieur, jusqu'au moment où la totalité des travailleurs aura compris « qu'il faut substituer graduellement la rétribution en produits du travail à la rétribution en numéraire », parce que les produits du travail ne doivent être échangés que contre du travail ou des instruments de travail, afin d'acquérir progressivement et pacifiquement, par cet échange, les instruments de travail qui sont entre les mains des capitalistes.

. . . .

« Ce moyen est le seul moyen pacifique d'atteindre le but réel de l'Association, qui est la possession loyalement acquise des instruments de travail afin de s'affranchir du patronat et du salariat. »

Dans cette page, et sans peut-être s'en douter, Jeanne Deroin rééditait les théories de Morelly; tant il est vrai que quelles que soient l'époque où on les édite et la forme qu'on leur donne, le fond de ces idées régénératrices se retrouve toujours le même dans les esprits généreux.

Jeanne n'envisage pas son organisation seulement comme un moyen d'affranchissement pour les travailleurs, mais encore comme le seul moyen infaillible de combattre la misère. Ce n'est plus alors une lutte de classe qu'elle préconise, c'est l'intérêt supérieur de l'humanité qu'elle prétend défendre; ce n'est pas un bouleversement social qu'elle désire, c'est une transformation. Détruire la misère est son but.

Car, dit-elle : « prolétaires et privilégiés, nous n'avons qu'un seul ennemi à combattre : c'est la misère.

« Elle cause les souffrances des premiers et trouble la sécurité des seconds.

« Elle est la seule et véritable cause des révolutions. .

. . . .

« L'organisation du crédit mutuel, la suppression graduelle du numéraire, de l'instrument d'exploitation et de corruption, c'est la lutte loyale contre les principes de domination et d'exploitation.

« C'est l'affranchissement du travail par le travail.

« C'est le moyen de mettre un terme aux luttes violentes et d'entrer dans la pratique de la foi nouvelle, de la religion sociale, religion d'amour et de liberté qui veut le bien-être pour tous;

« Qui a pour dogme : la Solidarité.

« Pour culte : le Travail.

« Pour morale : l'Amour de l'humanité. »

A sa sortie de prison, le 3 juillet 1851, Jeanne trouva sa famille dispersée, son mari sans place. Elle alla alors habiter au 202 du faubourg Saint-Honoré et donna des leçons pour vivre. Elle tenta de fonder des cours de grammaire, d'histoire et d'arithmétique pour les ouvriers. La police l'en empêcha.

Puis vint le coup d'Etat et l'avènement du gouvernement néfaste de Napoléon III qui, issu du crime, devait dix-huit ans plus tard, tomber dans les charniers de Metz et de Sedan en faisant rétrograder nos frontières par la perte de deux provinces riches et prospères.

Comme tant d'autres, Jeanne, après avoir essayé de rester à Paris, cherchant à procurer aux prisonniers des passeports dont beaucoup profitèrent pour échapper à la mort ou à la déportation, Jeanne dut prendre aussi le chemin de l'exil. Elle arriva à Londres vers la fin d'août 1852. Elle ne devait plus revoir la France.

En exil, elle se livra à divers travaux littéraires, publia plusieurs écrits dont les plus intéressants sont les *Almanachs des Femmes*.

Le premier publié en 1852, à Paris, offre cette particularité de compter parmi ses collaborateurs, un grand nombre de phalanstériens, comme Jean Macé, Hennequin, Lachambeaudie, Considérant, Pauline Rolland, etc.

L'organisation du travail y fait l'objet d'une nouvelle étude de Jeanne Deroin; car, dit-elle :

« L'humanité ne peut marcher en mesure avec la nature dans les voies providentielles du progrès, de la perfectibilité indéfinie, que lorsque le travail solidaire garantira chacun des membres de la famille humaine, sans distinction de sexe ni de race, le complet développement et le libre usage de toutes leurs facultés morales, intellectuelles et physiques. »

La quatrième lettre aux associations renfermée dans le premier almanach est une véritable réminiscence de Morelly et de Mably.

Morelly avait prêché le maintien de l'unité individuelle et l'usage en commun des instruments de travail; il avait demandé l'instruction pour tous et la répartition des travaux suivant les forces et des produits suivant les besoins.

Jeanne Deroin proclame cette nécessité que les instruments de travail soient la propriété collective de la société et ne soient jamais aliénés; l'association doit garantir à chacun des membres, dès son entrée dans la vie, le complet développement de ses facultés et les moyens de les exercer librement; garantir également à chacun la consommation selon ses besoins physiques, intellectuels et moraux et le travail selon ses aptitudes et son libre choix en proportion des besoins de la consommation mutuelle.

En exil, Jeanne Deroin continua ses relations avec les socialistes.

La mort de son mari, l'arrivée de ses enfants qui vinrent la retrouver à Londres en 1853, l'éducation qu'elle voulut leur donner et la nécessité de gagner sa vie, l'obligèrent à se retirer momentanément de la lutte. Elle perdit son fils en 1887, sa seconde fille en 1893.

Ces deuils successifs l'affaiblirent et le 2 avril 1894 elle s'éteignit dans les bras de sa fille aînée.

William Morris, Sparling, Lassassie firent son éloge et rappelèrent son courage à défendre ses idées et sa fidélité aux principes socialistes malgré son âge avancé.

Jeanne repose depuis six ans dans la terre de la patrie que l'exil lui avait fait adopter; elle est morte pauvre, laissant sa vie entière comme exemple de constance et de fidélité aux principes d'égalité, de solidarité et d'émancipation sociale.

Après cette lecture, Mme Vincent s'exprima ainsi :

Ainsi donc, Jeanne Deroin est la première femme — et nous avons soigneusement compulsé toute sa vie d'après les documents qui nous ont été remis par sa fille et les documents relevés à la Bibliothèque, Jeanne Deroin est la première, je crois — je n'en ai pas trouvé beaucoup d'autres — qui ait préconisé l'association et en ait jeté les bases d'une façon sérieuse; vous voyez que dans son œuvre vous retrouvez les principes que vous préconisez tous aujourd'hui. Je crois donc que les Associations ouvrières et la Chambre consultative tiendront en honneur la femme qui, une des premières, a professé l'association ouvrière et a surtout cherché à y entraîner tous les hommes. (*Vifs applaudissements.*)

M. le Président. — La parole est à M. Ladousse.

M. Ladousse. — Chers Congressistes et Camarades, avec l'approbation de notre honorable président, M. Villard, je déclare que la première partie des travaux du Congrès est close; après le rapport si élevé qui nous a été présenté ce matin par notre ami Barré, après les autres rapports également philosophiques que vous avez entendus, après celui qui vient de nous être lu par Mme Vincent, sur les travaux de Jeanne Deroin comme précurseur des Associations ouvrières, la première partie des travaux du Congrès international est close.

J'estime que nos camarades de la province et de l'étranger qui sont venus à Paris, doivent avoir le temps matériel de visiter un peu l'Exposition aujourd'hui, et j'engage tous les membres présents, et même ceux qui ne sont pas ici et que l'on fera prévenir, à bien vouloir venir ici demain matin à 9 heures très précises, parce que demain nous allons entamer la deuxième partie et entrer dans le vif de notre programme : c'est la partie la plus importante, la partie positive et pratique. Je vous engage donc tous à ne pas manquer de venir demain matin.

M. le Président. — Conformément à la proposition qui vient de vous être faite, je propose de lever la séance, qui a été consacrée aux questions philosophiques de la Coopération et qui sont épuisées si aimablement et si bien par la communication de Mme Vincent.

Nous pouvons donc nous ajourner à demain ; nous commencerons la discussion des questions pratiques qui nous prendra un peu plus de temps que le côté philosophique sur lequel tout le monde est d'accord — du moins tous ceux qui sont ici — en vue d'améliorations que vous poursuivez et représentez à la satisfaction de tous.

Séance du jeudi matin 12 Juillet.

Etaient présents : Mme Vincent; MM. Akos de Navratil, J. Cummings, Cohadon, Dufourmantelle, Th. Villard, Juan Salas Anton, H.-W. Wolff, Terrée, P. Camand, Torrent, Dr Verrier, Heymann, Barrau, Corchon, Kammarkjold, Le Corre, Petit, Harmanlius, Boulin, Bourzat, Carles, Rousseau, Weber, Laroche, Maitre, Raoux, Grappin, Barnet, Blanchard, Bresle, Prevost, Bach, Septembre, Imbert, Favaron, Ladousse, Chausson, Romanet, Andrieu, Lamarche, Barré, Barbier, Trannoy, Ragot, Chaussade, Fagot, Guyard, Jouandaune, Mériot, Chirard, Deschamps, Pallier, Roussat, Mathieu, Arjo, Marpinaud, Lair, Bougeot, Paris, Moullec, Coignet, Nel, Gontard, Dufresne, Taupin, James, Imbert, Martin, Bougot, Duché, Gauthard, Charollais, Gaillard, Carlier, Dupuy, Serre, Lavignas, Regnard, Migeon, Thuillier, Deltour, Millet, Chaine, Barillon, Doubliez, Lavenir, Goden, Alexandre, Cornic, Laberthe, Parfait, Pierre, Vila et Manoury.

Excusés : MM. Laberan et Raffalovitch.

La séance est ouverte sous la présidence de M. Villard.

M. Manoury, secrétaire, donne lecture des procès-verbaux des deux séances du mercredi :

M. le Président. — Sans mettre l'approbation des procès-verbaux aux voix, je prie notre secrétaire d'y ajouter que nous avons eu, au cours de la séance du matin, au bureau, la visite de M. Jules Siegfried, ancien ministre du commerce; de même que je lui demanderai d'annoncer, dans la séance d'aujourd'hui, la visite de M. Cruger, président des associations coopératives d'Allemagne, visite que notre honorable collègue et vice-président M. Wolff, a bien voulu m'annoncer pour tout à l'heure.

Je demanderai encore qu'il soit mentionné au procès-verbal que M. Cohadon voulait appuyer ce qu'avait dit Mme Vincent à propos de Jeanne Deroin, et qu'il le faisait avec l'autorité qui appartient à l'un de nos plus anciens coopérateurs, puisque M. Cohadon est le fondateur de l'Association des maçons en 1848.

Je dois donner enfin communication d'une lettre qui vient de m'être remise et que nous adresse M. Jung, membre de notre Comité de patronage, membre de la Chambre consultative de la Fédération coopérative néerlandaise à Leeuwarden (Hollande).

M. Jung nous écrit :

Leeuwarden (Hollande), 9 juillet 1900.

Messieurs,

Empêché de prendre part à votre Congrès, je vous adresse par ceci mes meilleurs vœux pour son succès et en général pour votre œuvre coopérative.

M'attachant de cœur à cette œuvre, je vous prie de me regarder comme présent et de communiquer aux membres du Congrès mes salutations empressées.

Au moment de l'ouverture du Congrès, — je vous en donne l'assurance, — mes pensées seront au milieu de vous tous.

J. K. Jung,

Membre du Comité de Patronage,
Professeur à Amsterdam.

Cette lecture est saluée par de vifs applaudissements.

La parole est ensuite donnée à M. Ladousse pour la lecture de son rapport sur la 2e partie : *La Coopération au point de vue industriel et économique.*

RAPPORT de M. Émile LADOUSSE.

L'Association pourrait se définir ainsi : Groupement d'un certain nombre d'individus en vue d'atteindre un but déterminé.

Elle est aussi vieille que l'humanité, elle a existé dans tous les temps, chez tous les peuples, sous tous les régimes. C'est un droit naturel, imprescriptible, un besoin de s'associer pour toutes œuvres bonnes ou utiles ; il en existe même ayant un but inavouable ou nuisible, mais de celles-là nous ne nous en occuperons pas.

Plus l'Association a un but généreux, grand et élevé, et plus elle se recommande à l'attention des hommes.

C'est ainsi que nous devons classer l'Association ouvrière de Production.

Bien que de formation récente en apparence, il est certain que, si l'histoire au lieu de nous apprendre l'histoire de telles familles régnantes ou prépondérantes, de telles batailles ou des peuples divers se sont mutuellement massacrés pour le plus grand profit de ces mêmes familles, l'on nous avait appris la véritable histoire du peuple produisant et travaillant, l'on y trouverait de nombreuses associations de travailleurs soit de la ville ou des champs, analogues à celles que nous voyons aujourd'hui, car il n'existe rien de nouveau ; l'humanité étant un continuel recommencement.

Quoi qu'il en soit, les associations ouvrières de production sont une des formes pratiques du socialisme, elles procèdent et s'inspirent des idées émises par le grand penseur que fut Charles Fourier, elles ont pour principe que le travailleur a droit, indépendamment de son salaire, à une part légitime dans le bénéfice produit par son travail, ce qui élève sa dignité en le rendant associé au lieu de l'esclave salarié qu'il était avant.

Le plus grand nombre ont pris naissance dans leur Chambre syndicale ouvrière, en se cotisant ensemble pour souscrire un certain nombre d'actions formant un capital suffisant aux frais d'établissement et aux premières avances nécessaires aux premiers travaux, cherchant ainsi à réaliser pratiquement ce que les patrons ne voulaient ou ne pouvaient consentir à leur accorder; d'autres à la suite se sont formées spontanément, mais toutes, grâce aux conseils et aux règlements de la Chambre consultative qui est leur Fédération, reconnaissent et appliquent le principe de la participation des travailleurs associés ou auxiliaires dans les bénéfices et dans une large et juste mesure.

Les règlements et statuts de ces diverses associations sont très variés, ils sont basés sur des usages établis dans chaque corporation, le nombre et aussi le tempérament de ses membres, ce qui fait des différences d'organisation très sensibles, sans en exclure l'harmonie.

Cependant il est des conditions générales d'administration dont elles ne sauraient s'écarter. De ce nombre, l'on pourrait citer les bons rapports et l'entente entre associés et auxiliaires, les conseils professionnels et fraternels en bons camarades, que doivent donner ceux qui savent à ceux qui ne savent pas, dans la bonne exécution du travail.

Le choix judicieux des membres du Conseil d'administration et surtout celui de directeur. La confiance absolue que chacun doit avoir en celui qui accepte la responsabilité et la difficile mission de diriger l'association et de la faire prospérer, le respect aux statuts et règlements que l'on a librement acceptés, et aussi le respect mutuel que l'on se doit d'homme à homme et, à plus forte raison, d'associé à associé, les intérêts de tous dépendant des rapports cordiaux de chacun.

En admettant ce qui existe, l'harmonie entre l'administration et les membres des associations, cela ne suffit pas, il s'agit de trouver des travaux, d'ouvrir des débouchés. C'est ici que les difficultés commencent.

Un grand nombre d'ouvriers se figurent que le seul titre de se dire ou de se former en association ouvrière, entraîne avec soi la certitude du travail et l'ouverture du crédit, c'est une profonde illusion, il en est souvent autrement.

Si, grâce aux démarches, aux efforts et à la publicité faite par la Chambre consultative, grâce à la sympathie ou à la confiance qu'ont su inspirer leurs directeurs ou administrateurs, quelques associations ont pu obtenir du Conseil municipal de Paris, des pouvoirs publics, de quelques architectes et chefs de services, des travaux qui, nous devons le reconnaître, ont donné à l'administration toutes les satisfactions et garanties désirables en détruisant le préjugé que l'on pouvait avoir à priori sur la valeur d'ouvriers travaillant en associés, essais en petit de la République dans l'atelier, aussi utiles et plus perfectibles que celui de la République de l'État, il n'en va pas de même pour la généralité des associations. C'est sur elles-mêmes et sur elles seules qu'elles doivent compter.

Pour obtenir du travail, c'est de commencer par le prendre comme il se trouve, tel, par exemple, que celui dont les entrepreneurs patrons ne veulent point; c'est de le bien exécuter, de le livrer en temps, de s'imposer personnellement des sacrifices comme temps, ne toucher sur son travail que le salaire indispensable aux besoins matériels de la vie, laisser accumuler le surplus, de façon à réaliser un capital qui permette d'attendre les règlements toujours trop longs ou le crédit commercial habituel que l'on fait aux clients.

Avec ce petit capital, et insensiblement, l'on arrive à pouvoir se passer des prêteurs, banquiers ou fournisseurs, à diminuer et à supprimer les frais d'intérêts et d'agio, à profiter des escomptes, enfin à pouvoir acheter les articles de matières premières dans les meilleures conditions.

C'est alors seulement que les membres de l'Association peuvent commencer à recueillir les fruits de leur travail et de leur persévérance et des premiers sacrifices; d'abord sans élever leur salaire en le touchant intégralement, plus l'intérêt de leur avoir et une part dans les bénéfices réalisés en fin d'exercice; ensuite par la satisfaction morale qui résulte d'une œuvre bonne, mais difficile, accomplie; par la sécurité du travail à l'abri du chômage, ce que l'on ne trouve pas partout, et par cet appui dans la vie que vous donne tout groupement ou famille agrandie, entre camarades de même corporation, unis par les mêmes devoirs et les mêmes intérêts; tranquillité que le travailleur isolé ne pourra jamais connaître, et ne peut que déplorer le jour où le travail et les forces viennent à lui manquer.

Quant au meilleur moyen d'obtenir le crédit, c'est de l'imposer soi-même, par la capacité et l'honnêteté de ses administrateurs, par la confiance que doivent leur témoigner leurs associés, par le travail et les sacrifices pécuniaires de tous ; c'est à ces conditions seules que le crédit s'offre de lui-même.

Aussi que penser de ces ouvriers qui se forment en association et qui, avant d'avoir versé même leur premier dixième de capital, souvent insuffisant, commencent par solliciter et avances et subventions pour pouvoir commencer à travailler; à ceux-là, l'on peut prédire l'insuccès d'avance; ils comptent sur tout excepté sur eux; or, pour réussir il faut la foi, il faut la volonté, il faut aussi des sacrifices personnels, une confiance, une énergie que rien ne rebute : le succès des associations ouvrières n'est qu'à ce prix.

Maintenant, permettez-moi de vous donner un aperçu rapide mais exact des associations ouvrières. Actuellement, en France, l'on en compte plus de 200; près de 160 font partie de la Chambre consultative qui en est leur Fédération.

Il y en a 140 à Paris seulement, et 60 dans les diverses villes de France.

Soit : 10 à Lyon.
12 à Limoges.
10 à Bordeaux.

Le mouvement se répand bien plus dans la région de l'Ouest et du Centre que dans l'Est ou le Midi, il s'accentue tous les ans de plus en plus, et ne saurait s'arrêter.

Sur les associations actuelles, 3 ou 4 seulement ont plus de trente années d'existence.

L'on en compte à peine 25 qui datent de plus de quinze ans.

Toutes ces associations sont prospères; quelques-unes sont tout à fait florissantes et capables de grandes entreprises, occupant un grand nombre d'ouvriers associés ou auxiliaires. Enfin, le plus grand nombre sont de formation récente, c'est-à-dire depuis 1884.

Parmi ces dernières associations l'on peut affirmer qu'il y en a un tiers qui marchent très bien, occupant l'élite des ouvriers de leur corporation, bien disposés à assurer la prospérité de l'œuvre commune.

Une grande partie des autres est en bonne voie avec des fluctuations diverses, gênées momentanément par le manque de capital nécessaire, mais dont les difficultés passagères seront facilement vaincues.

Enfin, il en est quelques-unes sur lesquelles l'on ne saurait se prononcer encore étant trop nouvelles et dont le succès est subordonné aux conditions que nous avons indiqué plus haut, ayant à lutter avec la concurrence industrielle et commerciale, qui régissent le monde du Travail.

Il est certain que par leurs efforts beaucoup réussiront et surprendront peut-être plus tard par les progrès sociaux qu'elles auront su apporter comme par la qualité de leurs produits transformés.

S'il en est qui malheureusement viennent à s'échouer, les causes de leur perte, seront une leçon des choses pour les autres associations, qui les mettent en garde contre ces écueils.

Dans tous les cas, les adversaires de la Coopération ne sauraient s'en servir comme arguments, car, dans les sociétés comme chez les individus, il existe parfois des germes de désagrégation intimes ou étrangers pouvant occasionner une issue fatale.

Les plus grands dangers pour une association ne proviennent pas du dehors : quand tous ses membres sont bien unis, ils y font face et les surmontent toujours.

Nous avons vu les lithographes qui, ayant subi des pertes successives, avoir un passif de 300,000 fr., se relever rembourser intégralement tous leurs créanciers avec les intérêts à 5 0/0 de cette forte somme et leur Association redevenir plus florissante que jamais, nous pourrions citer d'autres exemples prouvant de mille façons la force et la vitalité des travailleurs en association.

Non, le vrai danger consiste dans les divisions qui peuvent naître au dedans, fomentées presque toujours par des camarades ouvriers généralement médiocres, paresseux, mais vaniteux; esprits ignorants, mais critiques, ne trouvant rien de bien, sauf ce qu'ils font, discutant sur de petites choses, sans aucune vue large ou généreuse, semant la défiance, et apportant la division pour leur satisfaction personnelle.

Un autre danger plus grand encore résulte d'une comptabilité imparfaite, incohérente. L'on ne saurait trop appeler l'attention des administrateurs sur ce point essentiel; combien d'associations et de patrons aussi ont dû leur perte à cette coupable négligence, qui fait que l'on marche comme un aveugle à tâtons, ne sachant jamais où l'on en est et où l'on va jusqu'au moment où l'on se heurte à la catastrophe finale.

Il résulte de cet exposé que l'instruction et surtout l'éducation sociale des hommes laisse encore beaucoup à désirer dans notre époque dite de civilisation. Néanmoins l'on ne saurait nier que le principe de l'association corporative ne soit un progrès sensible sur l'état social industriel et économique actuel.

Au point de vue industriel, les ouvriers associés, payant la main-d'œuvre à un taux raisonnable comme par amour-propre professionnel, tiendront à honneur l'excellence de la fabrication ou du travail; ensuite la bonne foi dans les rapports commerciaux et les engagements pris.

Si nous envisageons les avantages sociaux économiques, ils s'étendent à l'infini.

Par le prix du travail honnêtement rétribué et la participation aux bénéfices un peu de joie et de bien-être rentrent dans le foyer du travailleur, la famille se retrouve et se reconstitue, la venue d'un enfant n'est plus considérée par les parents comme une charge trop grande; le cabaret y perdra peu à peu ses clients, car le foyer réchauffé et embelli par un peu plus de bien-être sera un repos et un peu de réconfort agréable pour le travailleur, ce qui n'existe pas aujourd'hui pour le plus grand nombre.

Enfin, la possibilité pour lui d'acquérir non seulement ce qui lui est nécessaire, mais quelques objets de luxe ou d'art auront une heureuse répercussion qui profitera à l'ensemble du commerce et de l'industrie.

Et voilà pourquoi l'on ne saurait trop encourager et suivre ce moment qui se produit parmi les travailleurs en faveur de la Coopération par l'Association ; c'est une évolution pacifique, lente, mais sûre, dont la fin du xxe siècle verra l'apogée, malgré les courants contraires, les changements, les cataclysmes qui pourraient se produire et justement même en raison directe de toutes ces apparences contraires.

En terminant ce rapport, nous avons l'honneur de soumettre à l'approbation du Congrès les projets de résolution suivants :

Projets de résolution.

1° Les ouvriers associés doivent se contenter du salaire moyen dans leur corporation et dans la localité, afin de pouvoir concourir avantageusement dans les adjudications ;

2° Une répartition de 25 0/0 au moins sur les bénéfices sera répartie au prorata du salaire ou des appointements à tous les ouvriers associés, employés ou auxiliaires ;

3° Les associations ouvrières devront, afin de diminuer les chances de chômage, abaisser graduellement la durée des heures de travail, jusqu'à la durée normale de huit heures.

4° Les associations ouvrières devront, par leurs statuts, faciliter l'accès aux ouvriers auxiliaires de devenir associés.

La discussion est ouverte sur les conclusions du rapport de M. Ladousse :

M. Andrieu. — Je demanderai au citoyen Ladousse ce qu'il entend par « salaire moyen ».

M. Ladousse. — Voici ce que j'entends par cette expression : Dans une ville comme Paris, par exemple, il peut y avoir, pour une même corporation, des différences de salaires qui peuvent aller jusqu'à 2 fr. Ainsi, il peut y avoir des ouvriers qui gagnent 6 francs et d'autres 8 francs dans la même corporation; dans ce cas, j'estime que 7 francs est la moyenne.

Quand les ouvriers sont associés, c'est leur avantage de travailler à cette moyenne, afin de pouvoir lutter victorieusement. Si nous touchons pour notre travail un salaire trop élevé, c'est une prime que nous prélevons par avance sur les bénéfices; nous touchons notre bénéfice en quelque sorte par avance, en touchant des salaires plus élevés. Si nous sommes en concurrence avec un entrepreneur patron qui paye la journée 6 francs, et que l'association la paye 8 francs, elle est évidemment en infériorité, et elle perdra l'affaire. Si, au contraire, les associés se contentent du salaire moyen, approuvé par les Chambres syndicales ouvrières respectives, ils peuvent entrer en lutte et arriver à faire un rabais au moins égal à celui de l'entrepreneur. C'est donc leur avantage; et voilà dans quel but je demande l'adoption du salaire moyen.

M. Andrieu. — Je remercie le citoyen Ladousse des explications qu'il veut bien nous donner; mais, dès l'instant qu'il se base sur le prix moyen accepté par la Chambre syndicale...

M. Ladousse. — Absolument! Ce qu'il ne faut pas oublier, c'est qu'il y a des Associations où les associés ont la prétention de toucher 10 ou 15 centimes de plus de l'heure que les auxiliaires, sous prétexte qu'ils sont associés.

M. Andrieu. — Dans ce cas, il faut une décision ferme de l'association; il faut que leurs camarades leur fassent comprendre leur véritable intérêt; mais, dès l'instant où le syndicat accepte une journée moyenne, la Coopération doit s'y conformer.

Le Président. — La parole est au citoyen Cohadon.

Le citoyen Cohadon. — Depuis qu'on étudie la Coopération et qu'elle a été appliquée partout, on a cherché le moyen de faire une répartition entre les produits et ceux qui les produisent. On n'a pas trouvé de moyen plus logique que de l'établir en Assemblée générale; car la souveraineté d'une Association réside dans le corps social, dans l'Assemblée générale. Quand cette Assemblée a établi le taux qu'elle paye à l'intérêt, le taux des salaires qu'elle paye, le taux des appointements de la direction de la maison, elle a établi les bases de la répartition. Ce ne sont que des bases; il n'y a là que des acomptes, et cela ne vous indique pas le payement de vos travaux. Cela se comprend bien; quand vous avez établi ces bases, aussi équitables que possible, si elles étaient justes, il n'y aurait ni bénéfice ni perte; mais, comme on veut conserver pour l'aléa plutôt un bénéfice qu'une perte, on travaille le plus qu'on peut, on économise les matières premières le plus qu'on peut, et enfin la direction fait son possible pour amener la clientèle, et la choisir bonne, pour ne pas avoir de perte.

Tout le monde concourt à la production. Cette production faite, d'après les statuts et l'esprit plus ou moins démocratique de l'Association, on fait des parts et pour la réserve, et pour la maladie, etc... C'est une chose en dehors, c'est un prélèvement avant tout partage; cela doit revenir au marc le franc des intérêts payés au capital, des salaires payés aux ouvriers, et des appointements payés à la direction; de telle sorte que ce que vous touchez n'est pas l'intégralité du travail que vous avez fait; ce n'est qu'un acompte, puisque le surplus vous revient par la répartition.

Il s'agit donc de bien établir les bases de la répartition. Vous les faites en établissant le taux de l'intérêt, le prix des salaires, et les appointements que vous donnez. Voilà où en sont arrivées les études les plus approfondies que j'ai trouvées jusqu'à présent sur la question.

M. Petit. — Je crois que nous pourrions compléter le projet de résolution présenté par notre ami Ladousse, conformément à ses propres indications, en ajoutant que dans les corporations, où il y aura une

Chambre syndicale, et quand cette Chambre syndicale aura établi un taux normal de salaire, ce soit ce taux qui serve de base à l'établissement du salaire moyen, dont parle notre ami Ladousse. Je demande cette adjonction pour donner plus de précision au texte, si l'auteur de la proposition n'y voit pas d'inconvénient.

M. Andrieu. — J'appuie d'autant plus la proposition du citoyen Petit que, dans toutes les corporations, la Chambre syndicale a généralement établi un prix minimum de journée. Or, si les coopératives admettaient que la moyenne fût au-dessous du minimum, incontestablement, dans les industries diverses et dans tous les ateliers, on crierait haro sur la coopérative, et avec raison. Si un minimum est adopté par une Chambre syndicale, c'est qu'elle reconnaît que le salaire qu'elle a adopté, est nécessaire à la vie du travailleur, et il n'appartient pas à la coopérative, malgré la répartition, malgré cettet héorie que le prix de la journée est un acompte, de réduire ce prix de journée. Tant mieux s'il y a des bénéfices, tant mieux s'il y a des dividendes; il n'en est pas moins vrai que l'ouvrier doit toujours avoir l'assurance d'une journée équivalente à celle qui est adoptée par la Chambre syndicale.

M. Jouandanne. — Il y a dans le projet de résolution un point qui peut donner lieu à certaine confusion. Je prendrai pour exemple la corporation des maçons à Paris. La moyenne des salaires est d'environ 75 centimes l'heure; je prends, d'autre part, nos amis du Cher, qui sont représentés ici, et dont la moyenne de salaires n'est que de 30 centimes.

En bonne humanité, en bonne justice, n'est-il pas abominable de voir une pareille différence de traitement dans un pays aussi civilisé que la France, d'admettre que, dans une ville comme Paris, un ouvrier puisse gagner 75 centimes, — ce qui est absolument rationnel, — et que, à quelques centaines de kilomètres, de malheureux ouvriers soient exploités de telle façon qu'ils ne puissent pas subvenir à leurs besoins matériels?

Mais là, il ne faut pas qu'une confusion puisse s'établir; ce n'est plus le domaine de la Coopération; elle est bien forcée d'accepter l'état des choses existant; c'est plutôt le domaine de l'action des Chambres syndicales; ce sont elles qui doivent tendre à remédier à cet état de choses déplorable. Mais on ne peut faire autrement que d'adopter les conclusions du rapport, amendées par les observations du citoyen Petit. Il faut bien que nos camarades se rassurent; la Coopération n'accepte pas cette situation; mais il faut bien distinguer; ce n'est plus son œuvre d'agir directement pour l'amélioration des salaires; il appartient justement à ces mêmes camarades de faire entendre leurs protestations dans les syndicats, d'agir auprès des pouvoirs publics, pour qu'une chose aussi abominable ne puisse plus être constatée en France, pour qu'on ne puisse plus voir à Bourges des ouvriers obligés de satisfaire à toutes les exigences de la vie avec 30 centimes de l'heure, tandis que leurs camarades gagnent 75 centimes à Paris.

M. Ladousse. — Il est bien certain que ce projet de résolution n'est pas une loi que l'on impose aux associations. Chaque association est absolument maîtresse de fixer tel taux de salaire qui lui conviendra. Seulement, ce que nous avons en vue dans notre projet de résolution, c'est le grandissement progressif des associations. Eh bien, pour que les associations arrivent à grandir, à obtenir des travaux, il faut qu'elles aient la sagesse de se contenter du salaire moyen; il faut qu'elles acceptent d'abord de mauvais travaux, puis, au fur et à mesure qu'elles auront des moyens plus étendus, elles doivent chercher à obtenir des travaux plus importants et plus rémunérateurs.

Par exemple, nous avons ici notre camarade Duché, qui pourrait vous parler des menuisiers de Limoges, de leurs débuts difficiles et de leur succès actuel.

Voici comment ils ont procédé — le citoyen Duché est là pour en témoigner : Ils ont commencé par obtenir des travaux de menuiserie dont personne ne voulait. Pour les exécuter, ils se sont imposé deux et trois heures de plus de travail par jour, sans toucher davantage. Quand ces travaux ont été faits, c'était de l'argent payé comptant; avec cet argent, ils ont fait des travaux un peu moins mauvais, toujours en travaillant une ou deux heures par jour qu'ils ne se payaient pas; ils avaient bien le droit de ne pas se les payer, puisqu'ils étaient patrons eux-mêmes. Ils sont arrivés ainsi à faire des travaux très importants; ils ont fini par se mettre en concurrence avec les entrepreneurs pour les adjudications; et aujourd'hui, non-seulement ils font concurrence aux entrepreneurs, mais ce sont eux qui enlèvent les plus grosses affaires, et, après avoir commencé avec presque rien, ils se trouvent à la tête d'un capital de plus de 80,000 francs. Ils peuvent aujourd'hui se payer des salaires de 1 franc de l'heure s'il leur plaît; ils en ont les moyens; ils ont les reins solides. Mais ils ont eu la sagesse de commencer petitement. Et mon projet de résolution s'applique précisément aux débuts difficiles des coopératives.

Nous avons eu à nommer hier matin, au début du Congrès, une commission de neuf membres. Je demande à M. le président de vouloir bien consulter le Congrès sur la question de savoir s'il entend renvoyer le projet de résolution à la commission ainsi nommée, qui les élaborera et qui présentera un texte définitif au vote du Congrès.

M. Petit. — Je ne crois pas que ce que vient de dire notre camarade Ladousse infirme en quoi que ce soit la proposition que j'ai eu l'honneur de vous présenter; il est bien entendu que le but de nos associations n'est pas d'abaisser les salaires; mais, d'un autre côté, il est bien certain qu'il faut commencer, et qu'on est bien obligé de commencer comme on peut.

Mais ce n'est pas parce qu'une Société serait obligée au début de faire des sacrifices exceptionnels, que ceci peut nous empêcher de poser une base générale.

J'estime que la Société des menuisiers, dont on vient de nous parler, aurait très bien pu fonctionner conformément à cette addition; il aurait suffi à ses membres, — et c'est bien ce qu'ils ont fait, semble-t-il, — de décider que chacun d'entre eux travaillerait deux ou trois heures de plus par jour, le soir, sans être payé; mais, cela, c'est leur affaire. Cela n'empêche pas la fixation d'un salaire normal. Par notre proposition, le principe serait posé. Il ne faut pas que les syndicats puissent dire, ni que personne puisse dire, lorsque nous occupons des auxiliaires, que les associations ne payent pas le prix établi par les chambres syndicales. Nous devons être le progrès; eh bien, le progrès ne consisterait pas à payer moins.

Je ne crois pas que les nécessités des associations, quelles qu'elles soient, puissent empêcher le vote de cette addition. Par conséquent, je ne vois pas qu'il y ait la moindre utilité à renvoyer l'addition à une commission; et j'insiste pour le vote immédiat.

M. Ladousse. — Comme rapporteur du projet de résolution et comme membre de la commission qui a élaboré les travaux du Congrès, en mon nom et au nom de mes camarades, je déclare accepter l'addition faite par le citoyen Petit, tendant à ce que le minimum de salaire soit le minimum fixé par la Chambre syndicale ouvrière. (*Applaudissements.*)

Et je trouve cela très naturel et très juste. (*Très bien! Très bien!*)

M. Moty, *de Bordeaux.* — Je demande la parole pour me rallier à la motion du citoyen Petit.

M. Bougot, *de Rennes.* — Je demande qu'il soit spécifié : « le salaire fixé et *obtenu* par les chambres syndicales. » (*Bravos.*)

M. Petit. — Et *obtenu;* en effet, il est nécessaire de l'ajouter.

M. Bougot. — On pourrait ajouter que tous les ouvriers, dans une association coopérative, devraient être syndiqués.

M. Petit. — Vous ne pouvez pas en faire une obligation.

M. Moty, *de Bordeaux*. — Citoyens, on a parlé tout à l'heure d'associations qui payent intégralement le prix fixé par les syndicats ouvriers. J'ai fait partie d'une grève, il y a sept ou huit ans; nous avons tous juré de faire payer 60 centimes l'heure; nous sommes restés trente et un jours en grève; enfin, nous avons fait l'entente avec les patrons; le lendemain, nous avons été nous mettre au travail, et qu'avons-nous vu? Ceux qui avaient, comme nous, résolu de ne pas travailler à moins de 60 centimes l'heure, travaillaient à 50 centimes et passaient des engagements pour ce prix avec les patrons! Il est donc certain que les syndicats établissent des tarifs de journée, mais il arrive très souvent qu'ils ne les respectent pas eux-mêmes.

C'est arrivé dans différents travaux de l'État et des communes; et vous voyez bien que, si une association est obligée de payer 60 ou 70 centimes l'heure, alors que le patron qui est à côté, et les syndiqués eux-mêmes, travaillent sur la base de 50 centimes l'heure, elle ne peut plus lutter. Je crois donc qu'il faut laisser le soin de trancher ce point aux associations de production, en adoptant simplement ce principe qu'elles doivent donner le taux normal de salaire nécessaire à l'ouvrier. Je ne sais pas comment vous êtes à Paris; vous avez une fameuse chance d'être traités sur ce pied-là; mais nous, qui sommes en province, quand nous avons établi des prix, nous avons trouvé même des collègues à côté, qui consentaient à travailler à des prix bien inférieurs que ceux que nous avions arrêtés entre nous.

J'estime donc qu'il faut laisser aux coopératives de production toute liberté pour fixer un prix aussi rémunérateur que possible pour les travailleurs, et pour établir des conditions aussi favorables que possible, mais qu'on ne peut pas les forcer à respecter le prix de la Chambre syndicale, puisque les syndiqués eux-mêmes ne le respectent toujours pas.

M. Jouandanne. — Vous avez satisfaction, puisque nous disons le prix fixé et *obtenu*.

M. Rousseau. — Je crois que, pour simplifier les choses, nous pourrions supprimer le premier paragraphe. Comme l'a si bien dit tout à l'heure le camarade Ladousse, les sociétés qui commencent se trouvent toujours en présence de grandes difficultés, par conséquent elles sont obligées de s'arranger suivant leurs besoins; ainsi, comme le disait notre camarade Moty, dans un pays où les salaires sont bas, on ne peut pas fixer un taux de salaire rigoureux, puisque les syndiqués eux-mêmes travaillent au-dessous du prix de la Chambre syndicale. Si nous fixons un salaire quelconque, nous serons obligés de nous en tenir aux résolutions du Congrès. Je crois donc qu'il est préférable de supprimer purement et simplement le paragraphe; nous ne nous engagerons à rien, et nous éviterons toutes les difficultés.

M. Bach, *de Bordeaux*. — Je ne suis pas du tout de l'avis du citoyen Rousseau. Le premier paragraphe du projet de résolution vous dit — c'est un conseil qu'on donne aux Associations, tout simplement — : « Les ouvriers associés doivent se contenter du salaire moyen. » Je le répète, c'est un *simple conseil* qu'on leur donne. N'exigez pas, dans vos coopératives, des salaires surélevés; c'est un avis que nous vous donnons; ce n'est pas une loi qui nous oblige à quoi que ce soit. J'estime donc que le premier paragraphe doit rester tel qu'il est; ce n'est qu'un vœu qu'on exprime, un conseil qu'on donne. Par conséquent, le projet de résolution doit être voté tel quel, sans amendement aucun.

M. Petit. — Je vous demande pardon de prendre encore la parole; je crois que je vais vous mettre tous d'accord, tout simplement par le mot qu'a ajouté notre camarade Bougot. Il ne s'agira plus seulement du salaire *fixé*, mais du salaire *obtenu* par la Chambre syndicale; l'introduction de ce mot comme second amendement au premier amendement que j'ai proposé, est la solution de la question; j'avais eu tort de ne pas y songer. Il ne suffit pas que les Chambres syndicales fixent un taux; il faut qu'elles l'obtiennent effectivement. J'estime que, lorsqu'une Chambre syndicale aura obtenu ce taux de salaire, l'Association devra pouvoir le payer, ou elle ne sera pas un progrès.

M. DUCHÉ, *de Limoges*. — Si elle ne peut pas le payer, comment ferez-vous? Si vous lui imposez, coûte que coûte, un salaire qu'elle ne peut pas payer, elle restera sur le carreau.

M. PETIT. — Je prétends que, dans une ville où la Chambre syndicale aurait fixé et obtenu un taux de salaire, c'est-à-dire où tous les travailleurs seraient payés à un taux déterminé, quel qu'il soit, si l'Association ne pouvait pas payer ce taux-là, elle ne constituerait pas un progrès.

M. BACH. — On discute à côté de la question. Nous parlons comme si nous avions à décider un salaire quelconque.

Je demande que la proposition du camarade Petit soit mise tout de suite aux voix, et qu'on consulte ensuite le Congrès sur la mienne, de façon à savoir s'il y a lieu de considérer les projets de résolution comme des vœux, ou d'en faire une application légale.

M. ROUSSEAU. — Je maintiens ma proposition.

M. LADOUSSE. — Je demande à ajouter un mot, pour le bon ordre de la discussion. Le citoyen Bach vient de dire exactement la vérité. Les projets de résolution que nous votons ici, ce sont des désirs que nous exprimons, des vœux que nous émettons, des conseils que nous donnons; c'est une simple indication à donner aux Sociétés pour leur bien, pour assurer leur prospérité future; mais ce ne sont pas des ordres. Il ne faut pas se figurer, quand même nous voterions quoi que ce soit, que les Associations seront contraintes de le faire; elles y seront moralement obligées, par la force des choses; mais, encore une fois, il n'y a pas d'ordre, pas d'injonction; ce sont des conseils, des échanges d'idées que nous synthétisons, à seule fin que les Sociétés puissent dire : « Voilà la loi que nous devons suivre; voilà ce que nous avons à faire, si nous voulons réussir; voilà quel est le sentiment des Associations de travailleurs réunies. »

M. PETIT. — C'est une raison de plus pour adopter le texte.

M. JOUANDANNE, *de Blois*. — Je voterai l'amendement du citoyen Petit, justement pour parer aux exigences de certains auxiliaires. C'est une critique qui a été formulée tout à l'heure; elle est très exacte. A certains moments, les Associations de production sont obligées de faire appel à des éléments ouvriers, qui ne connaissent pas leur esprit, et qui n'ont que des exigences. Je voterai donc cet amendement, pour qu'ils ne puissent pas exiger plus qu'on ne leur doit, — moralement, bien entendu. Je reste toujours sur le terrain de vœux à émettre, et non de lois à faire. Pour avoir raison des prétentions de ces auxiliaires, il serait bon de pouvoir leur produire une décision du Congrès, et leur dire : Le Congrès en a décidé ainsi; nous ne pouvons pas vous payer plus que vous n'avez obtenu chez les patrons.

Voilà pourquoi je voterai l'amendement.

M. LADOUSSE. — Le projet de résolution dit : « Les ouvriers associés », il ne parle pas des auxiliaires; vous devez aux auxiliaires le salaire intégral, et même le salaire qu'ils demandent; s'ils demandent le double, vous le leur devez; ils ne sont pas associés.

Mais le projet de résolution ne concerne que les associés; s'il y a des sacrifices à consentir, c'est aux associés à les faire. Les ouvriers auxiliaires, c'est-à-dire ceux qui travaillent temporairement chez vous, qui sont en dehors de l'Association, ont droit au salaire qu'ils demandent, au salaire maximum de la Chambre syndicale, ou même à un autre, plus élevé, en raison du temps et des circonstances : l'Association doit le leur payer.

Un congressiste. — Si elle le peut.

Sur plusieurs bancs. — Aux voix!

M. LE PRÉSIDENT. — J'entends demander : Aux voix! La question est un peu complexe. Je crois qu'il serait bon de diviser.

La première question qui paraît se présenter est celle-ci : Le vote des résolutions doit-il être considéré, ainsi que l'a demandé le citoyen Ladousse, non pas comme une injonction, mais comme un vœu? J'entendais dire tout à l'heure qu'on invoquerait les votes du Congrès; il s'agit de savoir si, ce qu'on invoquera, ce sera un vœu ou si ce sera une injonction.

Il me semble important de trancher tout d'abord cette question de principe pour toutes les résolutions que le Congrès va être appelé à voter.

M. Petit. — Je crois qu'il y a lieu de faire une distinction entre les différents projets de résolution qui vous sont présentés par les rapporteurs. Il y en a quelques-uns qui ne sont certainement que des vœux; je crois, au contraire, qu'il y en a d'autres qui doivent être la base, la ligne de démarcation de la marche des associations. Il y en a un qui a trait, par exemple, à la part de 25 0/0 au minimum sur les bénéfices, et qu'à mon avis il faut voter comme un ordre.

Quant à la question précise qui est en discussion, puisqu'il n'y a pas d'opposition au paragraphe de la Commission, on pourrait le mettre aux voix. Quant à mon amendement, je répondrai encore un seul mot: c'est que les associations n'ont qu'à faire des sacrifices dès le début; que les sociétaires n'ont qu'à faire des retenues sur leur salaire. Si les nécessités de l'association exigent que le salaire soit réduit, par exemple, de 8 francs à 5 ou 6 francs, que les associés consentent à ce sacrifice, qu'ils laissent une certaine somme à la caisse de l'association; mais ceci ne peut pas infirmer le principe.

J'estime d'ailleurs que les projets adoptés par le Congrès, même s'ils ne présentent que le caractère d'un vœu, et non pas d'un vote de principe, doivent avoir une certaine importance; nous ne devons les adopter que si nous les croyons tout à fait justes, parce que, quand un Congrès a décidé une chose, même si ce n'est qu'un vœu, cela fait presque force de loi pour tous ceux qui ont une conscience.

M. le Président. — Il s'agit en ce moment d'imprimer le caractère de vœu ou d'injonction au premier paragraphe, sur lequel il a été discuté. Nous allons voter sur ce point. Pour les autres résolutions, on statuera successivement sur leur caractère de vœu ou d'injonction. (*Assentiment.*)

Je mets aux voix d'abord, à titre de vœu, le projet de résolution, tel qu'il a été présenté par la Commission, c'est-à-dire sous la forme suivante:

« Les ouvriers associés doivent se contenter du salaire moyen dans leur corporation ou dans la localité, afin de pouvoir concourir avantageusement dans les adjudications. »

(Ce texte, mis aux voix *à titre de vœu*, est adopté à l'unanimité, moins 2 voix).

M. le Président. — Je vais maintenant consulter le Congrès sur l'amendement présenté par notre camarade Petit, et qui est ainsi conçu:

« Dans les corporations où il existera une Chambre syndicale, le taux des salaires fixés et obtenus par la Chambre syndicale servira de base à l'établissement de ce salaire moyen. »

M. Bougot. — Et les membres des Associations ouvrières ne devront pas travailler au-dessous de ce prix.

M. Moty. — Je demande que l'amendement soit renvoyé à la Commission, qui pourra statuer.

M. Cohadon. — J'estime que l'Association peut, à l'intérieur, voter ses salaires comme elle l'entend, mais que les auxiliaires doivent être payés selon le prix courant.

M. le Président. — On propose le renvoi à la commission. En somme, les associés peuvent, à l'intérieur de la coopération, fixer le salaire comme ils l'entendent. Ce qui est intéressant là-dedans, ce sont les auxiliaires.

M. Petit. — Je regrette de n'être pas d'accord avec M. le président.

Du reste, notre camarade Ladousse l'a très bien expliqué, nous n'avons pas à nous préoccuper, en principe, des auxiliaires; entre eux et nous, c'est la discussion; nous devons leur payer le prix fixé par la Chambre syndicale, c'est très bien; mais si nous avons besoin d'eux, et qu'ils réclament 10 centimes de plus, nous sommes bien obligés de les leur donner, ou alors ils ne travailleront pas. Nous pouvons leur faire remarquer, sans doute, qu'il n'est pas juste de demander un salaire supérieur; s'il y a contestation, et qu'on aille aux prud'hommes, on pourra leur dire : Ce n'est pas logique; cet homme demande un salaire trop élevé, alors que nous-mêmes, associés, nous ne nous accordons que le salaire de la Chambre syndicale.

Il pouvait y avoir une petite difficulté; c'était la question de savoir si le salaire fixé par la Chambre syndicale était applicable; mais du moment qu'on a ajouté *obtenu*, du moment que la Chambre syndicale aura obtenu un tarif quelconque, j'estime que les associés peuvent travailler à ce prix et, par la force des choses, les auxiliaires peuvent l'accepter.

Je crois qu'il n'y a rien à changer à l'amendement.

M. LE PRÉSIDENT. — On a demandé le renvoi à la commission de 9 membres, qui serait alors chargée de nous rapporter l'amendement demain, afin que le Congrès puisse statuer sur l'addition proposée.

Je consulte le Congrès sur le renvoi à la commission.

(Le renvoi à la commission est prononcé).

M. LE PRÉSIDENT. — Nous arrivons à la 2ᵉ résolution, dont M. Ladousse va vous donner lecture.

M. LADOUSSE. — « Une répartition de 25 0/0 au moins sur les bénéfices sera répartie au prorata du salaire ou des appointements à tous les ouvriers associés, employés ou auxiliaires. »

Ce n'est plus un vœu, ce n'est plus un conseil, c'est une injonction.

M. PETIT. — A la bonne heure!

M. MAITRE (*de Poitiers*). — Je demande qu'il soit ajouté à la deuxième résolution :

La part de bénéfices attribuée aux associés, employés, auxiliaires ou similaires ne pourra être inférieure à celle donnée en dividende aux actionnaires. »

J'estime que le capital ne doit pas recevoir plus que le travail (*Très bien! Très bien!*)

M. LE PRÉSIDENT. — Le Congrès est-il d'avis de renvoyer cette addition à la Commission?... Il me paraît qu'elle réunit tant de suffrages, qu'on pourrait l'annexer pour simplifier.

M. MAITRE (*de Poitiers*). — Je demande le vote immédiat.

M. PETIT. — Le Congrès national a rédigé une proposition semblable.

M. LADOUSSE. — En effet, au Congrès national, ce principe avait été adopté; mais il faut remarquer que nous sommes ici un Congrès international, que nous nous adressons, non seulement aux coopérateurs français, mais aux coopérateurs étrangers. C'est pour cela que nous n'avons pas cru devoir insérer cette proposition dans nos résolutions, bien qu'elle nous paraisse très juste, comme, nous l'avons tous reconnu au Congrès national.

Cependant, je ne fais pas d'opposition à ce que l'amendement soit ajouté à mon projet de résolution; et j'estime qu'il n'y a pas lieu de le renvoyer à la Commission.

M. LE PRÉSIDENT. — Je mets aux voix le projet de résolution tel qu'il a été lu.

(Le projet de résolution est adopté.)

M. LE PRÉSIDENT. — Je mets aux voix l'amendement.

(L'amendement est adopté.)

M. LE PRÉSIDENT. — Le projet de résolution et l'addition proposée sont adoptés par le Congrès, à titre, cette fois, d'*injonction*. (*Assentiment*).

M. LADOUSSE. — La 3e proposition est ainsi conçue :

« Les associations ouvrières devront, afin de diminuer les chances de chômage, abaisser graduellement la durée des heures de travail, jusqu'à la durée normale de huit heures. »

Ceci n'est que l'expression d'un vœu; ce n'est plus une injonction.

M. PETIT. — Je crois qu'il serait bon d'ajouter, pour notre sécurité, et afin d'éviter des attaques injustes : « toutefois il y a lieu de tenir compte des décisions qui seront prises à ce sujet par les pouvoirs législatifs dans les différents pays », attendu qu'une question comme celle de la diminution des heures de travail ne peut pas être résolue, je crois, par une autre voie que par la voie législative.

M. BACH. — Pas du tout! Personne ne vous y forcera! Il n'y a pas de loi qui vous oblige à travailler; il n'y a que la loi du besoin de manger. (*Très-bien! et rires.*)

M. LADOUSSE. — La loi peut interdire de travailler au delà d'un certain nombre d'heures au maximum, mais c'est tout, et une association qui voudrait, par exemple, ne faire faire que six heures à ses associés, en aurait bien le droit.

(Le projet de résolution est adopté à l'unanimité.)

M. LADOUSSE. — Voici le 4e projet de résolution :

« Les associations ouvrières devront, par leurs statuts, faciliter aux ouvriers auxiliaires la possibilité de devenir associés. »

Ceci est un vœu.

M. BACH. — Ce n'est pas là un vœu; le Congrès national a bien décidé que les associations ouvrières devront, par leurs statuts, donner accès aux auxiliaires. Par conséquent, c'est bien là une injonction très précise.

M. LE PRÉSIDENT. — Je mets aux voix le 4e projet de résolution.

(Le 4e projet de résolution est adopté.)

M. LE PRÉSIDENT. — M. Juan Salas Anton, président de la Chambre des Sociétés coopératives à Barcelone, m'avait prié tout à l'heure de lui donner la parole sur l'article 1; mais l'article 1 était déjà voté, et j'avais demandé à M. Anton de vouloir bien apporter ses observations à la commission. M. Anton insiste maintenant pour avoir la parole sur l'ensemble. Nous ne pouvons pas oublier que nous sommes ici un Congrès international, et nous ne pouvons mieux faire que de donner la parole à M. Anton et l'inviter à nous présenter toutes les explication qu'il jugera utiles. (*Assentiment.*)

M. JUAN SALAS ANTON. — Tout en rendant justice à M. Ladousse pour le travail intéressant et bien pensé qu'il a présenté, je me permets de lui présenter, ainsi qu'au Congrès, quelques modifications à sa première résolution, celle qui dit que les ouvriers associés doivent se contenter du salaire moyen de leur corporation dans la localité, afin de pouvoir concourir efficacement aux adjudications.

Je crois qu'il serait bon d'y ajouter que, quand le travail sera fait à forfait, il faudra obliger les associés et les auxiliaires à se contenter d'un maximum hebdomadaire. Il y a bien des métiers, dans lesquels le travail doit se faire à forfait; et, ordinairement, le résultat du travail à forfait est contraire aux intérêts, non pas du travailleur individuellement pris, mais de la collectivité des travailleurs.

Je crois donc qu'il est nécessaire de préciser à l'avance un maximum de travail hebdomadaire, et non pas journalier; car si un homme travaille un jour au double de l'ordinaire et ne travaille pas un autre jour, cela ne porte aucun préjudice au reste des travailleurs.

Ce que j'en dis, c'est parce que dans mon pays, il y a, en ce moment-ci, tendance chez plusieurs Associations ouvrières et Syndicats, à créer des ateliers collectifs; et il se trouverait cette difficulté qu'ils sont contraints au travail à forfait; ils disent : si nous travaillons à forfait dans notre atelier, nous ne pouvons pas faire concurrence au patronat; ils se trouvent dans une impasse; et c'est pour montrer le chemin à suivre que je juge utile de faire l'addition que je propose, et que je soumets à la Commission spéciale.

Pour la 2e résolution, tendant à une répartition de 25 0/0 au moins sur les bénéfices aux associés, je demande qu'on la mette en rapport avec la 4e relative aux facilités d'accès que les Associations devront donner aux auxiliaires. Je propose, en conséquence, d'associer ces paragraphes, en ajoutant au IIe que les auxiliaires participeront à la répartition, et que leurs parts seront retenues jusqu'à ce qu'ils aient le capital nécessaire pour être considérés comme associés.

Je me permettrai enfin de demander au Congrès de ne pas fixer une durée normale de huit heures pour la journée de travail. Je ne suis pas de cet avis. Je crois qu'il arrivera un jour où l'homme ne devra pas travailler ces huit heures; je ne voudrais donc pas que ce chiffre fût fixé irrévocablement, parce que je crois que, si la journée peut être inférieure à huit heures, elle doit être inférieure à huit heures. (*Applaudissements.*)

M. le Président. — Je pense que ces diverses observations doivent être renvoyées à la commission aujourd'hui même, puisque c'est aujourd'hui qu'elle doit se réunir, afin de soumettre ses propositions au Congrès demain, et de lui indiquer quelle mention il devra en être fait dans les résolutions; mais ces résolutions ne peuvent pas être modifiées maintenant.

Je transmets également à la commission une addition que me fait parvenir le camarade Bougot, et qui doit compléter le vœu que nous avons renvoyé tout à l'heure à la commission. Cette addition porte que les Associations ouvrières devront toujours chercher à supprimer dans leurs ateliers le travail aux pièces.

Il n'y a pas d'opposition au renvoi à la commission?...

Le renvoi est ordonné.

La parole est au citoyen Barré pour son rapport sur la deuxième question.

RAPPORT de M. Raphaël BARRÉ.

> La science économique et industrielle se trouve toujours placée:
> D'une part, vis-à-vis des faits, soit donnés par la nature des choses, soit résultant de l'activité humaine;
> D'autre part, vis-à-vis d'un but vers lequel elle doit se diriger en prenant son point de départ dans les faits existants;
> Que, par conséquent, l'œuvre scientifique consiste à déterminer pour chaque instant les moyens de transformer les faits existants, afin d'atteindre le but.
> La science économique n'a donc pas seulement à constater des *lois* et des *faits;* elle a surtout à résoudre des *problèmes*.
> C'est pourquoi il ne suffit pas de dire *ce qui est*, mais il faut aussi qu'elle nous apprenne *ce qui doit être*, et comment *ce qui est* peut devenir *ce qui doit être*.
>
> Dr Ott, Traité d'*Économie sociale*.

Pour avoir une vue bien nette des choses, pour mettre les questions au point, on a toujours intérêt à récapituler sommairement ce qui se rattache ou ce qui touche soit antérieurement, soit latéralement à cette question.

Pour traiter une question économique et industrielle, j'ai donc cru indispensable de voir à vol d'oiseau ce qu'était et à quel point en était la science économique.

A cet effet, j'ai pris pour guide le *Traité d'économie sociale* ou l'*Economie politique coordonnée au point de vue du progrès*, que j'ai eu la bonne fortune de trouver dans la bibliothèque de la Chambre consultative.

Ce traité est on ne peut plus complet; quand il sera mieux connu, il deviendra le manuel d'Economie sociale des associations ouvrières de production.

J'indique ici avec intention, les sources où je puise, non pour faire montre d'une certaine érudition, mais parce que, dans les questions de cette importance, nous avons tous besoin de recourir à des livres qui nous montrent d'une façon la moins aride possible les multiples phénomènes auxquels donnent lieu l'activité et les besoins humains.

L'économie politique et sociale commença à prendre corps vers la fin du XVIIIe siècle; Quesnay, médecin de Louis XV, est le premier auteur qui condensa les théories émises; les adeptes de son école prirent le nom de *physiocrates*, mot qui veut dire *puissances de la nature*, c'est-à-dire qu'ils croyaient que toutes les richesses étaient produites par la nature, c'est-à-dire par l'agriculture : la concurrence illimitée, la grande culture, la protection des cultivateurs et l'impôt pris sur le produit net sont les principaux moyens préconisés.

Comme toute nouvelle école, celle de Quesnay suscita un grand courant d'idées qui aboutirent à des systèmes différents; Turgot fut le lien qui, en passant par Condorcet et Saint-Simon rattache les physiocrates au socialisme contemporain, et Adam Smith est celui qui reprit les principes sur une nouvelle base et est devenu, en Angleterre, le fondateur de l'économie politique actuelle.

Adam Smith analysa supérieurement les éléments de la valeur et démontra la productivité du travail; le but de son école est le développement indéfini de la production, et le moyen, la liberté illimitée donnée au producteur.

Les plus célèbres disciples du Maître furent : Malthus, qui, à la honte de cette école, développa, contrairement à la vérité des faits (voir à ce sujet les réfutations victorieuses d'Henry Georges) la nécessité de limiter la population, et Ricardo, qui se spécialisa dans l'étude de la rente.

Jean-Baptiste Say devint, en France, le chef de l'âpre école, qui reconnaissait pleinement toutes les prérogatives du capital et ne reculait devant aucune des conséquences qui en résultaient pour la situation des travailleurs. Tout est pour le mieux dans le meilleur des mondes; il n'y a qu'à laisser passer, laisser faire.

Sismondi est le premier critique qui montra les côtés révoltants de cette théorie, mais son ennemi le plus irréconciliable fut le socialisme, dont Saint-Simon prenait la paternité. De là les deux écoles modernes : celle qui s'occupe des faits sans s'occuper des hommes; celle qui s'occupe des hommes en y subordonnant les faits.

Sur ce préambule, allons droit à notre question :

Première Question. — *De la formation des associations ouvrières de production et de leur capital.*

D'abord que faut-il pour produire ?

Nous admettons communément qu'il y a deux facteurs dans la production, le travail et le capital.

Les économistes disent qu'il y en a trois : la terre, le travail et le capital.

Ott dit ceci :

> La nature est la source de toutes richesses, elle nous fournit tout ce que nous avons besoin : nourriture, vêtements, logement et instruments de travail, mais, pour arriver à ce résultat, il faut transformer la nature.

Donc premier facteur, la terre; le même auteur ajoute :

> L'utilité naturelle acquise ou transformée par l'homme s'appelle un *produit*, et l'activité humaine qui crée ce produit s'appelle le *travail*.

Le deuxième facteur trouvé, Stuart Mill donne cette définition du capital, que nous croyons des meilleures :

> Toutes les choses qui sont destinées à fournir au travail productif l'abri, la protection, les outils et les matériaux que nécessite l'ouvrage, et à nourrir d'une façon quelconque l'ouvrier pendant son travail, sont du capital.

Il y a donc bien en réalité trois facteurs qui concordent à la formation du produit :

La terre, qui fournit la matière brute, que l'on désigne aussi sous le nom de la propriété;

Le travail, qui fournit l'activité nécessaire à la transformation ;

Le capital, qui fournit le moyen de transformation et qui se désigne aussi sous le nom d'instrument de travail.

Chacun de ces trois facteurs reçoit sa rémunération particulière qui s'appelle la rente pour la propriété, le salaire pour le travail et l'intérêt pour le capital.

Ce qui fait que nous ne comptons que deux facteurs c'est que nous confondons en un seul l'instrument de travail naturel qui est la terre avec l'instrument de travail créé qui est le capital.

Mais les économistes ont raison de maintenir les trois facteurs, parce qu'il est prouvé que, c'est à la propriété, c'est-à-dire à la terre, du fait de son monopole de possession, que retourne tout le bénéfice de la société; la rente ou loyer de la terre a constamment et universellement augmenté, tandis que le salaire et l'intérêt ont diminué en sens inverse de l'intensité de la production.

Le célèbre économiste anglais Henry George, dans son livre *Progrès et Pauvreté*, a démontré magistralement cet étrange résultat qui répond au point d'interrogation qu'il avait formulé ainsi au début de son volume :

> Pourquoi, en dépit de l'accroissement de la puissance de production, les salaires tendent-ils à devenir le minimum de ce qu'il faut pour vivre?

Il y a donc intérêt majeur à faire cette distinction, pour savoir quel genre de capital l'on entend pour la formation de celui des associations ouvrières? Sans hésiter, nous répondons : C'est l'instrument de travail créé et non encore l'instrument de travail naturel qui est la propriété.

Nous voyons que ce but est insuffisant et qu'il faudra absolument que les associations ouvrières aillent plus loin, sous peine de végéter tout le temps; il faut qu'elles aillent résolument à l'instrument presque exclusif de la richesse, qui est la propriété.

Quoi qu'il en soit, les associations ouvrières forment leur capital, instrument de travail, de trois façons :

1° Par l'épargne des associés;
2° Par l'épargne d'une corporation mise au service d'un petit nombre de coopérateurs;
3° Par le bénéfice que peut fournir l'exploitation, et laissé, en grande partie, sous le nom de réserve, dans l'association.

Ce mode de formation a-t-il donné de bons résultats?

Ils sont discutables. A côté des associations qui ont réussi, par suite de l'extrême habileté de leurs directeurs ou d'un concours de circonstances assez heureux, il faut dire que le capital formé par l'épargne des associés a toujours été trop faible comme point de départ, et ce n'est qu'au prix des plus durs sacrifices, au bout de longues années, qu'elles ont pu atteindre la période d'exploitation normale; les associations formées par les corporations ont rarement répondu à l'attente d'extension rêvée par ces corporations, et enfin les bénéfices ont été trop vite partagés au lieu de rester pendant un certain nombre d'années accumulés pour arriver à se mettre dans une position favorable de production vis-à-vis du marché.

Ces origines défectueuses ont eu leur répercussion sur l'état d'esprit des associés.

C'est toujours des généralités dont nous nous occupons. Lorsque les quelques épargnants de la première heure arrivent à avoir un atelier de plus d'importance, ils sont enclins à rester à l'état de noyau d'associés et à prendre des ouvriers auxiliaires auxquels ils déserveront. il est vrai, une part dans les bénéfices, mais qu'ils ne voudront pas admettre comme associés.

Ils ont présents à la mémoire les débuts pénibles, et ils considèrent l'association comme un patrimoine dont il faut exclure les nouveaux arrivants.

Les coopérateurs des associations formées par les corporations oublient quelquefois le mobile généreux qui a poussé leurs confrères à mettre leur argent, difficilement épargné aussi, pour les doter d'une entreprise et, quand le rêve d'extension à l'universalité de la corporation est évanoui, ils ne se soucient guère de rembourser à autrui les fonds avec lesquels ils sont devenus des ouvriers privilégiés.

En face de ces débuts précaires ou hasardeux et peu encourageants comme résultats coopératifs, que faut-il opposer ?

Maintenant que pas mal d'associations sont arrivées, presque par miracle, à être des maisons industrielles assez sérieuses, nous disons que c'est à elles qu'il appartient de prendre l'initiative de former de nouvelles associations et de les maintenir dans un esprit coopératif parfait.

Les sociétés de consommation, qui se placent au point de vue social envisagent déjà cette manière d'arriver à avoir une action dans la société; les associations de production ne peuvent pas être au-dessous de celles-ci ni abdiquer leur programme; il faut qu'elles prennent une part effective dans la formation du capital des jeunes sociétés qui autrement courent le danger de la déconfiture ; il faut qu'elles appuient les choix les plus judicieux dans la direction; il faut qu'elles interviennent dans les constitutions et dans la gestion pour maintenir la tradition coopérative des associations.

Sur ces considérants, je propose le projet de résolution suivant :

Projet de résolution.

1° Le Congrès international est d'avis que la Chambre consultative des associations ouvrières de production étudie la formation de sociétés dont le capital serait fourni partie par les coopérateurs, partie par un autre élément coopératif, en laissant dans les question de travail la prépondérance aux professionnels et en réservan , dans les question d'intérêt général, la prépondérance à l'élement coopératif extérieur;

2° La Chambre consultative poussera les associations prospères dans la voie de l'acquisition de la propriété, qui seule bénéficie de l'accroissement de richesses de la société.

Le citoyen Barré reprend ensuite la lecture du 1er projet de résolution.

PROJET DE RÉSOLUTION

« 1° Le Congrès international est d'avis que la Chambre consultative des associations ouvrières de production étudie la formation de sociétés dont le capital serait fourni partie par les coopérateurs, partie par un autre élément coopératif, en laissant dans les questions de travail la prépondérance aux professionnels et en réservant, dans les questions d'intérêt général, la prépondérance à l'élément coopératif extérieur. »

M. Petit. — Citoyens, vous trouverez peut-être que j'abuse; mais je crois que le premier paragraphe du projet de résolution de notre ami Barré ne répond pas bien à ce qu'il désire; ce n'est pas qu'il ne soit pas capable de rédiger un projet de résolution : il me donnerait des leçons. Cependant on n'a quelquefois pas bien le temps d'étudier à fond les choses; et je crois que, dans la forme où il nous est présenté, ce projet de résolution n'exprime pas bien exactement ce que notre camarade désire.

Jusqu'aux mots « dont le capital serait fourni » cela va bien; mais ensuite, je ne suis plus d'accord : « partie par les coopérateurs, partie par un autre élément coopératif, — lisez « le capital », lisez d'autres que les coopérateurs de l'association, — « en laissant dans les questions de travail, etc. »

Ce que je trouve de trop là-dedans, le voici; et je crois que M. Barré acceptera très facilement la suppression que je propose. Je voudrais qu'on rédigeât ainsi ce texte :

« ..... Partie par ces Associations à titre collectif, partie par les coopérateurs d'une Société à titre individuel, partie par d'autres éléments, en réservant la prépondérance à l'élément coopératif. »

Je crois que ce serait plus conforme à nos principes.

M. Barré. — Je n'accepterai pas tout à fait les termes du contre-projet de mon ami Petit, parce que je crois que ce que je propose est la sanction de la Coopérative. Actuellement, nous n'avons pas de sanction. Nous cherchons, par la persuasion, à amener les Coopératives à un état de choses plus rationnel, mais nous manquons de sanction. Il se trouvera des Associations qui viendront, sous l'étiquette coopérative, qui se présenteront sous le pavillon de la coopération et qui ne sont que des Associations de pacotille.

La meilleure sanction que nous puissions désirer est celle qui résultera de l'action collective de la coopération tout entière; c'est pourquoi je propose de laisser à cet élément coopératif la prépondérance dans les questions générales, parce qu'il sera le seul et véritable gardien de la tradition coopérative.

Le citoyen Pierre, *délégué de l'Association des horlogers*. — Je suis de l'avis du citoyen Barré au sujet du développement de la coopération en général; je crois que la véritable raison d'être de la coopération est d'être générale, et que, si elle n'était que partielle, elle n'arriverait à rien.

A chaque instant, nous constatons partout que c'est l'argent qui fait défaut: il est donc nécessaire de chercher à faire prospérer à ce point de vue les Associations, dans un sens général.

Ne serait-il pas possible à la Chambre consultative de mener une certaine campagne vis-à-vis des chambres syndicales, pour les amener à un groupement général de la coopération? Je voudrais que les chambres syndicales fassent toutes partie de la coopération, c'est-à-dire que chaque citoyen faisant partie des chambres syndicales verse, facultativement, une somme de 25 centimes, par exemple, par semaine, mais que toutes ces sommes, au lieu d'appartenir aux chambres syndicales, appartiennent à la coopération générale; qu'elles soient versées, par exemple, à la Banque coopérative, de façon à revenir à toutes les Sociétés coopératives en général; on amènerait ainsi, petit à petit, toutes les corporations à avoir leur Société coopérative.

Tous les citoyens versant dans les Chambres syndicales une somme fixée, et ces sommes étant versées à la coopération générale, il arriverait que toutes les corporations n'auraient qu'à faire établir le devis des sommes qui seraient nécessaires pour la coopération générale, et ce serait ensuite les Sociétés qui auraient les besoins les plus restreints que la coopération générale ainsi formée et disposant de fonds suffisants, mettrait les premières dans leurs meubles, de façon à frapper l'idée de la masse et à faire voir que l'argent qu'on considère comme de l'argent perdu lorsqu'il est mis dans une grève, est au contraire cette fois utilisé d'une façon très profitable, puisqu'au bout de la première année on aura pu établir un bureau, une association générale de toutes les Sociétés et mettre plusieurs Sociétés dans leurs meubles; ce serait un résultat tangible, et nous aurions formé cette grande association générale, qui serait la Coopération des travailleurs.

Je crois que c'est là que nous devons en venir. Vous avez vu dernièrement que le citoyen Jaurès demandait 200.000 francs pour installer une société. Pourquoi ne les trouverait-il pas? On se dit : Nous versons toujours pour les autres. Il est incontestable que, si nous allons demander à toutes les Chambres syndicales de dire à leurs sociétaires : « Versez donc pour la coopération ; mais il n'y a que quand votre tour viendra que vous en bénéficierez », quelques-unes pourraient ne pas pousser jusque-là le désintéressement, mais il y a aussi au programme de ce congrès, des projets relatifs à la vieillesse. Il ne faudrait pas que les citoyens, qui verseraient dans les Chambres syndicales, puissent se dire : Nous avons versé pour les autres, et nous n'avons rien. Il faudrait, — et c'est pour cela que je viens de faire allusion aux projets relatifs à la vieillesse, — il faudrait que, dans ces Chambres syndicales, chaque citoyen qui verserait pour la Coopération générale, ait son compte à lui, de manière à avoir droit, à l'âge de 60 ans, à une rente proportionnelle à ses versements. Ce serait le meilleur encouragement à verser pour les membres des Chambres syndicales et des syndicats. Ils seront récompensés dans leur vieillesse de ce qu'ils auront fait pour la coopération générale.

M. PETIT. — C'est une question de caisse des retraites. Cela se rapporte à la troisième partie de nos travaux.

Le citoyen PIERRE, *de l'Association des horlogers*. — Je m'égare peut-être, citoyens; mais vous m'excuserez si j'ai été un peu loin. Je voulais approuver les idées du citoyen Barré au sujet de la coopération générale. Je ne vous demande pas d'émettre un vœu. C'est une question que je pose, et pour laquelle je demande une étude sérieuse : Ne serait-il pas bon d'amener toutes les corporations à une coopération générale? Il faudrait que les Chambres syndicales, qui dépensent de grandes sommes pour les grèves, au lieu de les verser pour les grèves, les versent pour la Coopération. Je crois que si la Coopération avait dans ses caisses tout l'argent versé pour les grèves, elle serait très puissante. On a dit que le vingtième siècle serait le siècle des travailleurs; si nous voulons en effet qu'il soit le siècle des travailleurs, il faut qu'ils soient tous unis dans une même pensée, et, comme le dit notre devise : Un pour tous, tous pour un. (*Vifs applaudissements*).

M. Wolff, *président de l'Alliance coopérative internationale, à Londres.* — Je voudrais dire un mot de ce qui se fait en Angleterre. La plupart des Sociétés ouvrières de production sont formées actuellement comme le désire M. Barré. Les Sociétés de consommation qui, comme vous le savez, disposent d'un capital très fort, prennent des parts dans la Société de production, pour leur fournir un capital.

Chez nous, la question de prépondérance du capital ne se pose pas. Il y a trois à quatre cents Sociétés de consommation qui ont des parts sociales dans des Sociétés de production, et on se plaint précisément que leurs délégués n'assistent pas aux séances. Donc la prépondérance est toujours naturellement aux travailleurs, pour les questions de travail; mais pour les autres questions, elles se décident en assemblée, et si les délégués de la coopérative de consommation ne viennent pas, la prépondérance est encore assurée aux membres de la coopérative de production.

Mais c'est une très bonne idée de demander aux coopératives de consommation et à d'autres éléments coopératifs le capital nécessaire pour les coopératives de production. C'est le but de la coopération : la consommation d'abord, pour fournir des capitaux, puis la production, qui est l'idéal de la coopération. Les Sociétés de consommation pourront avoir des délégués aux assemblées; mais il ne s'agit vraiment pas là de prépondérance. (*Applaudissements.*)

M. Barré. — Si nous voulons amener les syndicats à nous apporter leur épargne, il faut que nous fassions une démonstration qui les y engage. Les Chambres syndicales n'ont pas toujours trouvé tous les engagements, tous les encouragements qu'elles méritaient en mettant des fonds dans les coopératives. D'ailleurs les Syndicats n'ont pas toujours assez d'expérience, assez d'esprit de suite pour maintenir l'esprit coopératif.

Il faut absolument que ce soient les coopérateurs eux-mêmes qui soient intéressés à ce que l'Association ne dévie pas de son but, et qu'ils soient constamment sur la brèche, qu'ils s'en occupent quotidiennement, que ce soient des professionnels de la coopération qui défendent eux-mêmes les intérêts de la coopération dans d'autres Associations.

Mme Vincent. — Je demande à dire deux mots. Dans les Associations que vous préconisez, admettez-vous des femmes? Je désirerais que ce fût indiqué dans la résolution. Tant que le mouvement coopératif ne sera pas entré dans l'idée des femmes, — et malheureusement il n'y est pas encore, — cela n'ira pas aussi bien que cela devrait aller. Je demanderai donc au citoyen Barré d'introduire dans son texte les mots : des Sociétés *privées d'hommes et de femmes.....* » C'est là-dessus qu'il faudrait insister.

M. le Président. — Il n'y a pas d'inconvénient à cela.

M. Barré. — Je me rallie à la proposition.

M. le Président. — Le citoyen Barré ne trouve aucun inconvénient à cette addition; c'est une omission que nous pouvons réparer, sans que cela soulève la moindre objection. (*Assentiment*).

M. Barré. — L'égalité de la femme est admise dans la coopération : c'est un fait; la femme est placée sur le pied d'égalité avec l'homme, dans toutes les Sociétés coopératives où il y a des femmes.

Mme Vincent. — Je crois qu'il faudrait insister là-dessus. Le Congrès féministe, sur ma proposition, a voté un vœu tendant à ce que des cours d'adultes soient faits pour propager les idées coopératives. On ne devient pas coopérateur du jour au lendemain. Malheureusement, les femmes sont loin d'avoir les connaissances nécessaires, et il ne faut rien négliger pour les leur donner.

M. LE PRÉSIDENT. — Il vous est donné satisfaction par l'acceptation de M. Barré, qui va ajouter lui-même votre addition à sa proposition; et il paraît, d'après l'attitude de l'Assemblée, que le Congrès tout entier s'associe à votre désir.

Mme VINCENT. — Je remercie toute l'Assemblée et particulièrement le bureau.

M. LE PRÉSIDENT. — La parole est au citoyen Cohadon.

M. COHADON. — Pour ceux qui ont cherché la quintessence de la coopération, il est bien certain que le but à atteindre, c'est d'avoir la plus grande somme de satisfactions avec le moins d'efforts possible; c'est bien notre but, et c'est celui que le travail organisé doit se proposer. Je fais mes compliments à M. Barré pour son rapport; sa solution me paraît une solution de premier ordre.

Si vous me le permettez, je reprendrai un point de ce bel exposé des doctrines de Jeanne Deroin que vous a fait hier Mme Vincent. Elle a oublié le mobile qui l'a fait aller en prison avec Delbrouck et les autres. Ce mobile, le voici. Dès cette époque, — et depuis quarante-deux ans, les idées ont encore beaucoup avancé, — il y avait un nombre considérable de doctrines; il y avait des Associations qui s'étaient formées, les unes avec les idées cabetistes sur la communauté; cela touchait un peu à la religion, et les adhérents vivaient un peu comme des frères; ils allaient presque faire leur prière; on en était encore là à cette époque! Il y avait les phalanstériens qui comprenaient qu'on ne pouvait pas travailler sans capital, mais qu'il fallait aussi le talent pour diriger; ils faisaient les trois parts; il y avait encore la triade de Pierre Leroux, et les moyens d'échange de Proud'hon; c'était très rationnel; on remplaçait le capital par l'échange.

Alors, quand elle a vu cette cacophonie, de même que le bon père Lachambeaudie a montré dans une fable que c'était de la cacophonie que naîtrait l'harmonie, elle a cherché, elle aussi, à faire l'harmonie; et l'idée lui est venue, après avoir fait des Associations, de les grouper par l'union des Associations, de manière à réunir toutes les idées, et en faire un tout qui serait la quintessence de l'idéal de chacun. Cela a bien a marché au début.

Il faut dire qu'à cette époque-là tous les ouvriers croyaient avoir trouvé la panacée universelle; et même ceux qui n'étaient pas des associations, voulaient faire croire qu'ils en étaient; il s'est trouvé des coiffeurs qui mettaient sur leurs boutiques : « Association fraternelle », par exemple, ou toute autre inscription; il y a eu aussi parmi de petits traiteurs, de gargotiers qui ont fait la même chose; c'étaient simplement des patrons qui avaient fait signer par leurs ouvriers un acte de société. Mais, pour distinguer les vraies associations, il suffisait de consulter le tableau des associations ouvrières; celles qui n'avaient pas ce baptême, le public pouvait les considérer comme fausses associations.

Cela a marché très bien jusqu'au 29 mai. Il ne faut pas oublier qu'à ce moment-là il y avait encore le *juste milieu* de sous Louis-Philippe; entre le gros capitaliste et l'ouvrier, il y avait le bourgeois; on ne connaissait pas encore le Louvre, ni le bazar de l'Hôtel-de-Ville, ni tous ces grands magasins, qui ont tué le petit commerce; le petit commerçant était alors un personnage qui avait conservé son uniforme de garde national de sous Louis-Philippe. Tous ceux-là étaient contre la coopération, et en disaient pis que pendre.

C'est pour lui donner la prépondérance que Jeanne Deroin a fondé l'*Union des associations*; c'était quelque chose comme est aujourd'hui la Chambre consultative; elle les englobait toutes.

Cela allait très bien, quand tout d'un coup tout le monde a été arrêté; je me le rappelle bien, puisque j'aurais dû être arrêté à la place de ce pauvre Delbrouck, c'est ma place qu'il a prise. A ce moment toutes les associations étaient désorganisées.

... J'abrège. Je dis tout simplement que, si cette Union a réussi au début, c'est que l'Union des Associations était une grande force, qu'elle constituait le meilleur groupe d'études possible, et qu'elle tendait à réaliser une véritable et complète Union, ce qui manque aujourd'hui, comme cela manquait alors. J'insiste beaucoup là-dessus. Le rapport de M. Barré vous demande de former des associations, ce qui est excellent; mais, pour aider ces associations, elles auront besoin d'une direction; je demande donc, comme amendement, qu'il soit créé une association d'étude des Sociétés coopératives, une sorte de Congrès permanent, qui se réunirait toutes les semaines, par exemple, pour étudier les questions de coopération.

M. Jouandanne. — Il y a la Chambre consultative, qui est permanente.

M. Cohadon. — La Chambre consultative, permettez-moi de vous le dire, s'occupe des affaires commerciales des associations; mais elle ne peut pas consacrer son temps aux études générales sur les questions de coopération. Je m'en rapporte à ceux qui en font partie.

M. le Président. — La proposition de M. Cohadon se résout à la création d'une Commission spéciale d'études.

M. Cohadon. — Je finis en deux mots.

L'*Union des Associations*, fondée par Jeanne Deroin, avait bien une seule Chambre consultative; mais elle était divisée en trois commissions : l'une qui s'occupait des intérêts commerciaux de l'association et surtout de la comptabilité des Sociétés; une seconde était pour l'instruction des associés, et la troisième pour répandre l'idée coopérative au dehors.

M. le Président. — Je remercie M. Cohadon de ses explications. Il semble en résulter ceci : il est à souhaiter, et tout le monde se ralliera avec empressement à cette idée, que, dans la Chambre consultative, il y ait une Commission d'études pour toutes les questions qui intéresseront la Coopération. (*Très bien! très bien!*)

Je ne crois pas nécessaire de mettre aux voix la proposition, qui me semble réunir l'assentiment général. (Approbation unanime.)

M. Cohadon. — Je vous engage tous, et de tout cœur, à persévérer. Vous êtes tous partis d'un bon sentiment; tâchez de condenser vos idées et d'arriver ensemble à trouver la bonne voie, parce que, si vous marchez séparément, vous n'y arriverez pas. (*Vifs applaudissements.*)

M. Petit. — Je crois que nous sommes un peu sortis de la question, puisque nous parlons en ce moment du groupement des associations, qui doit faire l'objet de notre discussion de demain. Pour en revenir à la question qui nous occupait aujourd'hui, j'ai trouvé une rédaction qui me paraît donner à la fois satisfaction aux préoccupations que je vous ai soumises et aux idées exprimées par M. Barré, auteur de la proposition. Voici quels seraient les termes de la nouvelle proposition :

« Considérant que les chambres syndicales, les sociétés de consommation et même des capitalistes particuliers sont susceptibles d'être appelés à venir à nos associations, et que, d'un côté, s'il est juste qu'ils aient une certaine influence, d'autre part, il ne serait pas admissible qu'ils aient la prépondérance si le concours qu'ils apportent est un faible concours. » — et ce concours peut être faible comme il peut être fort, — je crois que c'est la proposition la plus élastique. — « le Congrès international est d'avis que la Chambre consultative des associations ouvrières de production étudie la formation de sociétés dont le capital serait formé, partie par les associations à titre collectif, partie par les coopérateurs des sociétés à titre individuel, partie par d'autres éléments, en réservant à l'élément extérieur une part d'influence correspondant à l'importance de son concours dans l'œuvre commune. »

M. COHADON. — Très bien !

Nous sommes d'accord avec le citoyen Barré sur la rédaction.

M. LE PRÉSIDENT. — Je n'ai pas besoin de vous relire la résolution, puisqu'elle a été commentée et relue, avec l'amendement qui vient d'être proposé par M. Petit et accepté par l'auteur même de la résolution.

Je mets aux voix la proposition, ainsi amendée.

(La proposition, avec l'amendement du citoyen Petit, est adoptée à l'unanimité.)

M. LE PRÉSIDENT. — Nous passerons maintenant à l'article 2.

« La Chambre consultative poussera les Associations prospères dans la voie de l'acquisition de la propriété, qui, seule, bénéfice de l'accroissement de richesses de la Société. »

M. BARRÉ. — Je propose d'ajouter simplement deux mots à ma résolution et de dire : « ... les Associations prospères, *isolément ou collectivement*, dans la voie... »

M. LE PRÉSIDENT. — Je mets aux voix la proposition, avec cette addition.

(La proposition, ainsi complétée, est adoptée.)

M. LE PRÉSIDENT. — Nous abordons la deuxième question : « De l'administration, de la direction et des rapports des associés entre eux. »

2e QUESTION. — *De l'administration, de la direction et des rapports des associés entre eux.*

Qui dit administration dit ordre ; l'ordre dans une Société c'est la comptabilité.

Les directeurs devraient se mettre en garde contre ce préjugé qu'ils n'ont pas besoin personnellement de connaître la comptabilité, qu'il leur suffit pour être à la hauteur de leur tâche de bien connaître leur métier. C'est une erreur, le directeur d'une association est comme un général sur le champ de bataille, il doit commander partout et en connaissance de cause ; de même que le chef militaire doit non seulement savoir faire manœuvrer, mais encore savoir prendre ses dispositions pour faire vivre et approvisionner son monde, le directeur doit savoir faire exécuter le travail, mais aussi bien voir par lui-même et suivre continuellement ses moyens d'action qui sont l'achat des fournitures et la rentrée des créances.

Pour arriver à ce résultat, ce n'est pas des comptables seulement qu'il faudrait à nos associations, ce sont des professeurs de comptabilité qui installeraient l'administration dans l'association, initieraient complètement le directeur, qui devrait s'imposer de comprendre sa comptabilité, et dresseraient aux écritures le commis qui doit être en permanence dans un bureau.

Les avantages de cette manière de faire sont que le directeur saurait lui-même expliquer ses comptes et ses opérations à ses sociétaires. Bien des conflits viennent du défaut de cette qualité ; les associés demandent des renseignements que le directeur ne peut leur donner, il les renvoie au comptable qui n'est pas là, ou qui ne se prête pas aux explications, et finalement tous les associés arrivent à se disputer entre eux.

Pour éviter ces ennuis, je propose la résolution suivante :

Projet de résolution :

Le Congrès est d'avis :

Que les directeurs doivent posséder par eux-mêmes les notions de comptabilité pour diriger ce service comme ils dirigent les autres services de leur entreprise.

M. Petit. — Je demande à dire un mot sur la question. Je crois que cette proposition manque de sanction.

Je demanderai qu'on ajoute qu'à cet effet il sera fait un petit cours de comptabilité à la Chambre consultative. S'il n'y a pas de sanction, cela ne signifie rien.

M. Barré. — La fonction crée l'organe. Admettez le principe. L'application suivra.

M. le Président. — Je donne à nouveau lecture du projet de résolution :

PROJET DE RÉSOLUTION

« Le Congrès est d'avis :

« Que les directeurs doivent posséder par eux-mêmes les notions de comptabilité pour diriger ce service comme ils dirigent les autres services de leur entreprise. »

M. Bougot. — C'est un vœu platonique.

M. Jouandanne. — Je demande le renvoi à la commission pour une autre rédaction.

M. Barré. — Nous allons au plus pressé. Les directeurs ne connaissent quelquefois pas la comptabilité : il nous paraît indispensable de donner au moins cette indication : c'est un vœu que nous émettons ; les associations en feront ce qu'elles voudront : nous demandons que, par la suite, les administrateurs connaissent aussi parfaitement la comptabilité ; mais, pour le moment, nous allons au plus pressé, et il faut que les directeurs se mettent bien dans l'idée que ce sont eux qui doivent posséder complètement les notions les plus précises de comptabilité.

M. le Président. — Comme nous l'avons dit tout à l'heure, nous avons des résolutions qui sont des vœux, d'autres qui sont des injonctions. Celle-ci ne saurait être une prescription impérative ; vous ne pouvez pas aliéner l'indépendance de chaque association et l'empêcher de prendre pour directeur qui elle voudra. Il me paraît donc sans-

inconvénient de mettre la proposition aux voix à titre de vœu, d'autant plus qu'elle ne comporte que des avantages.

Mme Vincent. — Il faudrait des professeurs de comptabilité !

M. le Président. — Je mets aux voix le projet de résolution, à titre de vœu.

(Le projet de résolution est adopté à titre de vœu).

M. le Président. — Nous abordons la 3e question : « Des moyens à employer pour l'obtention du travail et du crédit. »

3e Question. — *Des moyens à employer pour l'obtention du travail et du crédit.*

C'est par une publicité bien comprise que les associations doivent arriver à se faire connaître. C'est par des relations de personnes suivies qu'elles obtiendront la confiance pour obtenir des travaux ; c'est par la bonne exécution et la ponctualité dans les livraisons que les commandes leur seront renouvelées.

Le crédit viendra à l'association par la régularité des paiements avec les fournisseurs, et vis-à-vis des banquiers par la qualité du papier passé à l'escompte ou l'exactitude dans le remboursement des avances qui pourraient être consenties.

Projet de résolution.

Le Congrès est d'avis :

Que les associations doivent faire une certaine publicité pour appeler l'attention sur leur entreprise, et s'imposer un service de représentation vis-à-vis des personnes ou des milieux pouvant leur amener de la clientèle.

Les engagements bien remplis et la recherche de la solvabilité dans les affaires facilitent le crédit dont elles peuvent avoir besoin.

M. le Président. — Ce projet de résolution est simplement un conseil.

M. Bougot. — Il est inutile de perdre du temps pour statuer là-dessus. La chose est trop évidente par elle-même pour que nous la discutions. C'est une simple constatation.

M. le Président. — C'est pour cela qu'il n'y a pas d'inconvénient à la voter à titre de vœu.

Je mets aux voix, à titre de vœu, le projet de résolution, ainsi conçu :

« Le Congrès est d'avis :

« Que les Associations doivent faire une certaine publicité pour appeler l'attention sur leur entreprise, et s'imposer un service de représentation vis-à-vis des personnes ou des milieux pouvant leur amener de la clientèle.

« Les engagements bien remplis et la recherche de la solvabilité dans les affaires facilitent le crédit dont elle peuvent avoir besoin. »

(Le projet de résolution est adopté à titre de vœu).

M. LE PRÉSIDENT. — Je donne la parole à M. Barré, sur la quatrième question : « Etat actuel des Associations. Causes de succès et d'insuccès. »

M. Barré donne lecture de son rapport, dont la rédaction est modifiée sur les observations de MM. Ladousse, Cohadon et Bougot.

M. BOUGOT ajoute : On n'a pas à voter là-dessus; cela ne comporte aucune sanction. On devrait dire : Le Congrès international constate — car cela n'est qu'une constatation — et engage les coopérateurs à prendre les mesures nécessaires pour faire telle ou telle chose, pour éviter tel ou tel fait.

M. JUAN SALAS ANTON. — Le rapporteur a cité parmi les causes d'insuccès la fréquente indiscipline des associés. Chez nous la difficulté, principalement, consiste dans l'indiscipline des associés. Il y a un chef d'atelier; et, s'il dit à un associé qu'il doit faire une certaine chose, fréquemment l'associé répond : « Je ne suis pas venu ici pour avoir un patron, pour avoir un autre bourgeois; vous êtes un autre bourgeois. »

Voilà la principale cause : le manque de discipline. Les associés fréquemment chez nous croient que, parce qu'ils sont d'une association, leur intérêt individuel doit être au-dessus de l'intérêt collectif des associés. C'est pourquoi je pense qu'il faut indiquer ce sentiment d'indiscipline comme une cause des plus fréquentes d'insuccès pour les associations. (*Applaudissements.*)

M. LE PRÉSIDENT. — De tout ce qui vient d'être dit, il résulte que c'est la question de l'indiscipline qui doit être signalée aux coopérateurs.

M. ANDRIEU. — J'estime qu'il est inutile de voter là-dessus.

C'est une simple constatation. Il est constaté que les associations sont prospères et nombreuses ; — nous le savons très bien, — que le succès tient au choix éclairé des directeurs, — tout le monde le sait, — et en dernier lieu on nous parle du changement inconsidéré des directeurs : c'est la faute aux associations, qui n'ont pas su reconnaître les capacités de leurs directeurs ; mais nous n'avons pas à entrer dans ces détails, que je sache.

M. LE PRÉSIDENT. — Je crois que tout le monde est d'accord pour ramener cette proposition, non pas à une injonction, non pas même à un simple vœu, mais purement et simplement à une observation faite, sans aucune sanction. (*Assentiment.*)

M. BARRÉ. — J'y consens volontiers, et j'abandonne mon projet de résolution, du moment que les observations ainsi faites seront consignées au procès-verbal.

M. LE PRÉSIDENT. — Nous arrivons à la 5e question : « De la fixation des salaires. »

5e QUESTION. — *De la fixation des salaires.*

Les salaires doivent être fixés au taux minimum admis par les Chambres syndicales dans le début de l'association : lorsque l'association a fait une clientèle et que l'outillage répond bien à la fabrication, elle peut être un peu plus large dans la fixation des salaires.

PROJET DE RÉSOLUTION

« Le Congrès international est d'avis :

« Que, dans la période du début, le salaire soit fixé au minimum permis par les Chambres syndicales.

« Et que, lorsque l'association a une orgnaniston bien assise, elle augmente un peu les salaires. »

M. BOUGOT. — Il y a un projet de résolution identique qui a été renvoyé à la Commission.

M. LE PRÉSIDENT. — Il n'y a pas lieu de statuer sur cette question puisqu'elle fait l'objet d'une résolution précédente.

Nous abordons la 6e question :

« De la répartition des bénéfices ».

6e QUESTION. — *De la répartition des bénéfices.* — Les associations ouvrières sont assez pressées d'arriver aux bénéfices qui permettront de donner un sursalaire, mais il y aurait intérêt à les retenir tant que les instruments de travail ne sont pas complets et que la réserve n'est pas suffisante pour parer à l'aléa de mauvaises années ou d'accidents de travail ou même de mauvaises échéances.

Ce n'est que lorsqu'elles peuvent rivaliser avantageusement avec leurs concurrents qu'elles devraient seulement se permettre de distribuer des bénéfices, c'est-à-dire lorsque la situation les montre comme définitivement acquis.

L'attribution des bénéfices à faire doit être celle préconisée par la Chambre consultative au point de vue du travail et du capital et, en plus des réserves ou caisses de retraites, il devrait y avoir dans chaque association une caisse dite de solidarité à laquelle on donnerait au moins 2 0/0 des bénéfices, pour la propagande coopérative.

Projet de Résolution :

Le Congrès international est d'avis :

Que, dans la période de début, les associations soient très prudentes avant de distribuer des bénéfices.

Que, lorsque cette situation est arrivée, elles fassent l'attribution suivant les indications données par la Chambre consultative, et en laissant en plus 2 0/0 pour la fondation d'une caisse de solidarité destinée à la propagande coopérative.

(*Vifs applaudissements.*)

M. Bougot. — Je demanderai que, dans cette résolution, on n'impose pas aux associations l'avis de la Chambre consultative; il ne faut pas enlever à chaque groupe son autonomie; chaque association doit pouvoir disposer de ses bénéfices comme elle l'entendra. Elle n'a pas besoin d'aller chercher l'avis de la Chambre consultative; il ne faut pas que cette Chambre s'immisce dans toutes les affaires des associations et veuille les diriger complètement. Le projet a l'air de le dire.

M. Dufresne. — Il ne faut pas oublier que nous sommes surtout un Congrès international.

M. Petit. — Mon collègue Dufresne fait remarquer que, dans un Congrès international, il n'y a pas lieu de faire intervenir la Chambre consultative, qui est un organe national. Je suis absolument de cet avis. D'un autre côté, j'estime que cette idée de faire remarquer qu'il est du devoir des associations de faire de la solidarité aussitôt qu'elles le peuvent, est à elle seule suffisante pour justifier le travail de notre ami Barré. Quand il n'aurait fait que cela, nous devrions lui en savoir gré. Ce ne doit pas être un de ces simples conseils, — car il nous a présenté des conseils, des intentions très bonnes, — mais un projet de résolution ferme. C'est pourquoi je proposerai la rédaction suivante : « ... que dans la période de début les associations soient très prudentes pour distribuer les bénéfices; mais, en tout cas, dès que leur situation sera prospère, *il est de leur devoir* de réserver une part des bénéfices à l'œuvre de solidarité... »

Je crois que c'est un devoir, et qu'il y aurait lieu de faire une proposition ferme.

M. Barré. — Je me rallie à la proposition du citoyen Petit.

M. le Président. — C'est cette proposition, très justifiée, d'ailleurs, que je soumets à l'approbation du Congrès, étant bien entendu qu'on ne peut pas faire intervenir, dans un Congrès international, la question de la Chambre consultative.

Si vous le voulez bien, le Congrès pourra approuver le principe, et laisser à la Commission le soin d'établir une rédaction complète, conforme aux idées approuvées par le Congrès. (*Assentiment.*)

Le principe est donc approuvé; et le projet de résolution est renvoyé à la Commission. (*Très bien! très bien!*)

M. Andrieu. — Il est dit ceci : « Une caisse de solidarité. » Est-ce pour ceux qui auront besoin de secours, ou pour la propagande?

M. Petit. — Pour la propagande.

Une voix. — Pour les deux.

M. Andrieu. — Comment? Pour les deux? Ce ne sera alors pas assez!

M. le Président. — La Commission est saisie de la rédaction du projet.

M. Bougot. — Je demande qu'on supprime ce qui est relatif à la Chambre consultative.

M. Petit. — C'est très juste, et il sera tenu compte de votre observation.

M. le Président. — La proposition est renvoyée à la Commission, pour revenir au Congrès demain matin.

Nous nous séparons ce matin, pour ne plus nous rencontrer cette après-midi, puisque cette après-midi est consacrée, d'après le programme, et suivant votre désir à tous, à une coopération qui ne peut manquer de vous plaire, c'est la coopération de la visite à l'Exposition. (*On rit.*)

Je vous rappelle que ce soir a lieu le banquet, où j'espère que vous serez en très grand nombre; demain matin séance de clôture. Enfin, je vous invite à aller vous grouper devant l'objectif du photographe, de façon que nous ayons la nomenclature des présences (1) au Congrès. (*Rires et applaudissements.*)

La séance est levée à 11 h. 40.

---

(1) La Chambre consultative des Associations ouvrières de production, 27, boulevard Saint-Martin, à Paris, tient des exemplaires de la photographie en groupe des membres du Congrès à raison de 6 francs chacun, frais de port en plus. On peut aussi s'adresser directement à la Société coopérative l'*Union photographique française*, 20, rue Boulitte, à Paris. Téléphone 717-83.

Séance du vendredi matin 13 juillet.

Étaient présents : Akos de Navratil, Gersler, Gyorgy, Gilman, Hammarkjold, Cohadon, Th. Villard, J. Salas Anton, H.-W. Wolff, Torrent, Vassa Yvanovitch, Dr Verrier, Bardoux, Cummings, Corchon, G. Hubbard, Le Corre, Petit, Harmanlius, Boulin, Bourzat, Carles, Rousseau, Weber, Maître, Raoux, Grappin, Barnet, Villaret, Blanchard, Bresle, Prevost, Bach, Septembre, Imbert, Ladousse, Romanet, Barré, Barbier, Trannoy, Lagoutte, Chaussade, Ragot, Fagot, Guyard, Jouandanne, Mériot, Chirard, Caramour, Prigent Deschamps, Pallier, Roussat, Mathieu, Berthon, Marpinaud, Lair, Bougeot, Arjo, Paris, Moullec, Nel, Coignet, Gontard, Fonclause, Dufresne, James, Machuron, Martin, Bougot, Charollais, Buisson, Gaillard, Besnard, Dupuy, Serre, Lavignas, Reguier, Migeon, Deltour, Laberan, Millet, Chaine, Barillon, Doubliez, Moty, Lavenir, Simon, Gaillard, Alexandre, Cornic, Laberthe, Parfait, Pierre, Villa et Manoury.

La séance fut ouverte sous la présidence de M. Villard.

M. Manoury donna lecture du procès-verbal de la dernière séance qui fut adopté sans observations.

La parole fut donnée à M. Bach, pour la lecture de son rapport.

RAPPORT de M. BACH, directeur de l'Association d'ouvriers paveurs et cimentiers « l'Epargne », de Bordeaux.

Nous ne pouvons taire l'émotion qui nous pénètre, réunis en pareille enceinte, dans cette cité reine et dominatrice du monde, appelant à ses grandes fêtes du travail et de la science l'univers.

Puisse notre faible collaboration à cette grande manifestation de la puissance industrielle et commerciale de notre pays porter ses fruits !

Nous assistons depuis un demi-siècle, à un phénomène plein de séduisantes promesses : l'Association ouvrière dégagée aujourd'hui de bien des entraves met à profit le courant d'idées libérales qui a repris en France sa marche progressive ; elle a définitivement conquis sa place au soleil, et elle est entrée dans le domaine des faits positifs.

L'Association ouvrière de production n'est rien moins, ne doit être rien moins dans l'esprit des hommes convaincus qui s'en sont fait les propagateurs, que l'affranchissement définitif du travail.

Il s'accomplit ainsi une évolution nouvelle de l'économie sociale.

L'origine du salaire qui aujourd'hui sert à rémunérer le travail est bien connue et nous ne voulons pas, après tant d'autres, en refaire l'historique.

Pouvons-nous reconnaître sans injustice que si le salarié n'est plus l'esclave de la personne ou de la chose, il ne jouit qu'imparfaitement de la liberté dont la Révolution l'a doté.

De grands économistes ont défini le salaire une part du produit, mais fixée de telle sorte qu'elle procure à l'ouvrier ce qui est rigoureusement nécessaire à sa subsistance, c'est-à-dire pour l'empêcher de mourir de faim.

Un homme en cet état est-il en possession de sa liberté ? Non !

Il est encore en notre mémoire les douloureuses enquêtes qui dans ces dernières années ont constaté que le plus souvent le nécessaire n'était pas atteint.

Fatale conclusion!

Et cependant cette conclusion, cette définition du salaire est acceptée par quelques-uns comme principe immuable. Mais d'autres heureusement, et ils sont la majorité, la signalent comme un fait fâcheux, un vice constitutionnel de l'ordre économique.

C'est dans ce dernier sens, nous n'avons pas besoin de le dire ici, que se produit l'énergique réaction de la coopération sous toutes ses formes.

On se demandait et on se demande encore, comment s'obtiendra ce merveilleux résultat, les travailleurs se suffisant à eux-mêmes et s'assurant, avec leur indépendance, le produit intégral de leur travail.

La tâche n'est pas sans être dure et pourtant elle s'accomplit parmi nous avec une courageuse persévérance.

Les nombreuses associations adhérentes à la Chambre consultative en sont l'exemple.

Cette introduction, aperçu philosophique des questions que nous voulons soumettre à vos décisions, nous a paru nécessaire; elle nous a aidé à mieux nous pénétrer des causes qui, à notre avis, peuvent aider ou nuire à la diffusion des associations ouvrières de production.

DE LA FORMATION DES ASSOCIATIONS OUVRIÈRES ET DE LEUR CAPITAL.

De quels éléments les associations ouvrières sont-elles composées, et quels sont les sûrs garants de leur bon fonctionnement et de leur réussite?

Les coopérateurs doivent être syndiqués.

Le syndicat doit être l'école primaire des associations de production, il doit en être la pépinière.

Les travailleurs, destinés à se trouver en contact fréquent, doivent combiner leurs efforts vers un but unique; il ne faut pas qu'il y ait entre eux de différence, de démarcation tranchée au point de vue des habitudes, de l'esprit et de l'intelligence.

Or, pour réaliser ce fonds commun de sentiments, de notions et d'idées sur lequel doivent se baser l'entente, l'harmonie des forces et leur utilité, il n'y a qu'un moyen : l'école syndicale ouverte à tous et surtout à l'ouvrier futur, à l'apprenti.

Il faut que l'apprenti reçoive avec l'enseignement professionnel et technique, le complément de l'instruction primaire; qu'il y trouve les meilleures conditions d'hygiène morale et physique, un peu de confortable et avant tout une direction bienveillante, une autorité basée sur la raison et l'expérience.

Ces jeunes gens seront les coopérateurs des générations futures et seront organisés pour assurer le succès des œuvres qu'ils auront entreprises.

Bien différents, hélas, ont été nos débuts, livrés à nous-mêmes, la plupart sans instruction — même primaire — il n'est pas étonnant qu'il y ait eu défection.

Nous avons dit à propos des salaires qu'ils étaient réduits au nécessaire, à l'indispensable; demander à des ouvriers leurs économies, n'est-ce pas une cruelle ironie?...

Et cependant, toutes les associations présentes en cette assemblée ont eu pour capital initial les modiques ressources de chacun.

Un certain nombre d'ouvriers se réunissent et s'engagent mutuellement à s'imposer assez de privations pour épargner chaque semaine une petite somme qui sera versée dans la caisse commune et l'association ouvrière est formée.

Ainsi que le veut la loi, les coopérateurs se réunissent, nomment parmi eux un Conseil d'administration; ce dernier choisit parmi ses membres celui qui est le plus apte à le diriger. On nomme également deux contrôleurs et chacun étant à son poste, il faut trouver du travail.

Le moyen offert aux associations du bâtiment, c'est l'adjudication publique. Elles ont ce très grand avantage sur les associations des industries diverses, c'est qu'elles n'ont qu'à se présenter, faire suffisamment de rabais et le travail est trouvé.

Nous recommandons aux associations du bâtiment de s'attacher spécialement et plus particulièrement aux adjudications des travaux de l'Etat, des départements et des communes, le décret du 4 juin 1888 leur créant un privilège sur ces travaux.

Il en est bien autrement des industries diverses qui ont à créer d'abord leur produit et en chercher ensuite l'écoulement.

Nous ne pouvons étendre notre étude sur ce sujet, la diversité des opérations supprimant toute règle, mais ce qui peut se généraliser c'est l'obtention du crédit.

Il y a encore là diversité. Le crédit se présente sous diverses formes : crédit sur marchandises livrées, sur travaux exécutés, crédit chez les fournisseurs.

Le crédit sur marchandises livrées s'obtient par traites remises à l'escompte, le crédit sur travaux exécutés s'obtient par transport de créance, mais le crédit chez les fournisseurs ne s'obtient que par la confiance que l'association peut inspirer.

Le plus souvent, elle est obtenue par la valeur de l'homme que l'association a su mettre à sa tête; c'est surtout en lui que le fournisseur place sa confiance, plutôt qu'en l'organisation elle-même.

Dans l'état actuel, les associations ouvrières de production sont plutôt prospères; la cause de l'insuccès de quelques-unes tient souvent au mauvais choix qu'elles ont fait de leurs administrateurs, à la négligence qu'elles ont apporté soit à l'exécution de leurs travaux, soit à la vérification de leurs comptes, au manque de contrôle, le plus souvent l'absence de comptabilité, d'ordre et de statistique, en un mot manque de bonne direction et de prudence.

Le succès ne peut être obtenu qu'à trois conditions : l'ordre, la méthode et la prudence.

Ordre à l'atelier, au bureau, partout;
Méthode dans le contrôle, la statistique;
Prudence dans les marchés, entreprises, livraisons.

Une association pénétrée de ces enseignements est sûre du succès.

Il nous reste à examiner si les associations de production réduites à leurs seules ressources ne seront pas à jamais reléguées dans la petite industrie.

La Société marche très bien, des retenues sont faites à chaque associé, la part des bénéfices annuels de chacun est versée au compte capital, qui de cette façon grossit successivement et permet de donner peu à peu, à l'aide de la confiance acquise à l'entreprise, les développements dont elle est susceptible.

Voilà qui s'applique très bien à la petite industrie localisée; cela est-il suffisant, et les bénéfices de l'association ne doivent-ils être goûtés que par une infime minorité de travailleurs?

Non!... et c'est sur cette question que nous appelons tout particulièrement l'attention du Congrès.

L'œuvre de la Chambre consultative, la vôtre par conséquent, chers collègues, a été grande, féconde :

Vous avez pu, en quinze années, réunir autour de vous près de cent cinquante organisations.

Grâce à la bienveillance et aux sages conseils de quelques amis au Pouvoir, vous avez créé, au sein même de cette première organisation, un établissement de crédit, grâce surtout à un généreux donateur auquel nous adressons, de cette enceinte, nos remerciements les plus sincères, la Banque des Associations ouvrières a pu fonctionner et apporter aux Sociétés existantes le précieux concours que vous appréciez avec nous.

Mais aujourd'hui, Messieurs, il ne nous suffit plus.

Aux associations prospères, il faut les grandes entreprises nécessitant de gros cautionnements et de sérieuses avances, de gros capitaux enfin, si elles veulent se garder une place prépondérante dans l'ordre économique de notre pays.

Nous sommes arrivés à une époque où un grand nombre d'associations sont obligées de marquer le pas.

Le cadre étroit de nos institutions ne nous suffit plus, il nous faut de plus grands horizons.

Il nous faut le capital.

Notre cause, aussi intéressante qu'elle paraisse, n'attirera pas certainement, comme il faudrait qu'il en soit, le capital dans nos caisses.

Il faut aller à lui, l'intéresser, lui faire entrevoir qu'avec nous, mieux que partout ailleurs, il peut retirer des intérêts, des dividendes sérieux.

Nous mettrons en évidence les résultats obtenus par nos propres forces, ayant vu sa confiance naître, il viendra à nous lentement, mais efficacement.

Dès lors, ce sera pour les associations une phase remarquable. On verra avec quelle rapidité elles se développeront; on verra les chefs des plus grandes industries associer tout leur personnel, non pas par une participation factice, mais par des combinaisons simples et pratiques en même temps, que l'expérience aura suggérées.

Il faut donc que toute association arrivée à cette limite transforme son organisation afin qu'il lui soit permis de recevoir le capital le jour où il se présentera.

En règle générale, ce sont les fournisseurs qui doivent les premiers répondre à notre appel; ils sont aussi intéressés que nous à notre développement, leur appui nous est acquis.

Quel magnifique résultat nous aurons ainsi obtenu, et qu'il sera beau de voir peu à peu les travailleurs entrer en possession des moyens de production dont ils étaient dépossédés depuis des siècles!

L'ouvrier, dans une commune entente, fixera son salaire, la durée du travail journalier, règlera sa production, présidera au partage du produit du capital, du talent, du travail. Ce sera enfin une ère de rénovation sociale.

Mais pour atteindre ce but il ne faut pas de sociétés fermées.

Nous reconnaîtrons aux fondateurs des associations se transformant le droit de se réserver diverses prérogatives au point de vue de la direction, mais nous ne pourrions tolérer que, soit radicalement, soit par des moyens détournés, les auxiliaires soient à jamais tenus à l'écart.

Les associations dans ce cas, ne pourraient être considérées et traitées sur le même pied que les associations laissant la porte ouverte à toutes les bonnes volontés par leur droit d'admission.

CONCLUSION

Nous avons vu, Messieurs, les associations de production sous tous leurs aspects :

Le recrutement, le capital initial, le développement, l'augmentation du capital et du personnel sociétaire ; enfin la transformation obligatoire pour les associations voulant embrasser la grande industrie.

Nous terminerons donc ce rapport en présentant à votre approbation le projet de résolution suivant :

Projet de résolution.

Le Congrès :

Considérant qu'il y a un intérêt social à voir se développer davantage les bienfaits de la coopération de production ;

Considérant toutefois que reléguées à la petite industrie, les associations ne peuvent faire participer à leurs bénéfices qu'une bien faible minorité de travailleurs ;

Décide :

Qu'il y a lieu de donner mission à la Chambre consultative de nommer une Commission avec mandat d'élaborer des statuts-type permettant aux associations ouvrières de production de recevoir le capital étranger, sans déroger au principe égalitaire, base fondamentale de nos institutions.

(*Vifs applaudissements*).

Le projet de résolution primitif fut modifié par M. Bach lui-même, d'après le texte suivant :

Le Congrès :

Considérant qu'il y a un intérêt social à voir se développer davantage les bienfaits de la coopération de production ;

Considérant toutefois que reléguées à la petite industrie, les associations ne peuvent faire participer à leurs bienfaits qu'une bien faible minorité de travailleurs ;

Décide :

Qu'il y a lieu de nommer une Commission internationale avec mandat d'élaborer des statuts-types permettant aux associations ouvrières de production de recevoir le capital étranger, sans déroger au principe égalitaire, base fondamentale de nos institutions.

M. le Président. — Avant de mettre le projet de résolution aux voix, je donnerai la parole à ceux qui voudront, soit l'approuver, soit le modifier, de façon que nous puissions arriver à un vote avec l'assentiment général.

M. Cohadon. — Cela paraît tellement clair, que je ne vois pas que l'on puisse dire mieux.

M. le Président. — Mais il y a une différence avec le texte primitif ?

M. Bach. — C'est une modification que j'ai apportée moi-même ; étant donné que je demande la nomination d'une commission internationale, diverses personnes m'ont fait remarquer que si nos statuts-types étaient internationaux, cela vaudrait mieux, du moment que je présentais mon rapport devant un Congrès international ; il découle donc de source que nous demandons que la commission soit internationale.

M. le Président. — ... « qu'il y a lieu de nommer une commission internationale avec mandat d'élaborer des statuts-types... » Que ceux qui sont d'avis d'adopter lèvent la main.

(Adopté à l'unanimité).

M. Ladousse. — Notre honorable président, M. Villard, étant obligé de se retirer, je prends sa fonction et je déclare à l'assemblée que nous continuerons l'ordre du jour.

M. Villaret a la parole pour donner lecture de son rapport sur la deuxième partie.

RAPPORT de M. VILLARET sur l'Association, son passé, son but, ses moyens.

Que cherche-t-on dans l'association? Une garantie de bien-être et de liberté.

L'acte de s'associer pour améliorer les conditions matérielles du présent contribue plus à l'évolution sociale que toutes les vaines formules de la phraséologie creuse du socialisme contemplatif.

S'associer pour l'action c'est agir, avancer, conquérir le bien-être de haute lutte; se contenter de critiquer les institutions sociales et de rêver en des temps futurs meilleurs, c'est lâcher la proie pour l'ombre. Notre tâche est d'aujourd'hui. En améliorant le présent, nous préparons l'avenir.

Le principe de la lutte pour l'existence pris en absolu a eu pour conséquence funeste d'isoler l'individu, — de l'affaiblir.

L'homme, avec ses seules ressources, est faible; c'est l'animal le moins armé pour la lutte contre la nature. Mais sitôt qu'il s'unit à ses semblables, sitôt qu'il joint ses efforts aux efforts d'autrui, il devient le maître de la nature, chaque jour voit s'accroître son empire, chaque moment augmente sa puissance — l'Association est pour lui un levier puissant qu'il manie avec succès pour vaincre tous les obstacles.

On a dit que le langage de l'homme était la cause initiale de sa prépondérance; or, l'homme ne s'adresse qu'à ses semblables et l'existence du langage nous indique celle de l'association humaine dans les temps les plus reculés.

Il faut donc, lorsque l'on recherche l'origine de l'association, partir de ce principe — que nul ne saurait contester — que le besoin d'association répond à une loi naturelle, tant chez l'homme que chez les autres animaux. Tous les être vivants vivent en bandes, en sociétés, et les races animales qui ont fait ou qui font exception à cette règle ont disparu ou sont en train de disparaître. Dans l'association seule, l'individu trouve sa sécurité. Aussi, plus la race est sociable plus elle se conserve; plus elle s'accroît, plus elle domine. L'homme le plus sociable des êtres devait avoir la puissance. Il l'a; qu'il s'en serve maintenant pour accroître son bien-être en s'associant chaque jour plus étroitement avec son semblable, en pratiquant de plus en plus l'aide mutuelle, la solidarité.

L'homme, cependant, a quelque peu dévié du principe d'association. Lorsqu'il fut maître de la terre, qu'il sut comment lui arracher ses trésors et que, grâce à son intelligence, il eut construit des merveilles et changé la face du monde et les conditions de sa propre vie, il ne sut pas tirer du principe d'association tout le bien-être, toute la sécurité qu'il aurait pu en obtenir. L'aide mutuelle n'a pas toujours été pratiquée dans la famille humaine; on est devenu des frères ennemis, la lutte pour la vie s'est faite âpre, féroce, et peu à peu un ordre de choses s'est établi, ordre de choses contre lequel les spéculations philosophiques peuvent bien peu, si peu que rien.

Ce n'est, du reste, que par une évolution constante, graduelle, de successives et ininterrompues améliorations que l'ordre actuel a pu s'établir et — il faut bien le reconnaître — si l'humanité a passé quelquefois par des crises douloureuses, ces crises ont été souvent l'enfantement laborieux du progrès. Sans quelques-unes de nos institutions sociales les plus critiquées, telles que la propriété individuelle, le progrès humain, le développement industriel, l'état actuel de la science, ne seraient pas arrivés à un si haut degré. Cette lutte âpre, féroce d'individualisme fit que l'homme développa ses facultés au plus haut degré d'acuité, et que pour devancer ses concurrents, il arracha bien souvent à la nature des secrets que celle-ci eût gardés si, moins stimulé par le besoin de vaincre, il eût eu moins d'efforts à faire.

Or, la race humaine a conquis le monde parce qu'associée contre toutes les forces naturelles; cependant, dans l'ordre social, l'individu qui ne compte que sur ses propres forces, est aussi faible que l'homme préhistorique — malgré toutes les conquêtes de la science. Il était alors seul à lutter contre la nature, il se trouve isolé aujourd'hui dans la société —; le but du groupement est précisément d'éviter cet état de choses, de faire en sorte que, par l'association, la lutte pour la vie devienne chaque jour plus douce, plus humaine et tende de plus en plus à se transformer en une série d'efforts harmoniques pour garantir enfin à tous le bien-être et la liberté.

Voilà donc l'aspiration nettement déterminée : rechercher dans l'association une garantie d'existence, de bien-être, de liberté.

Mais en cela, les conditions de la vie actuelle s'unissent avec la loi naturelle pour forcer les hommes à s'associer. Les grands travaux, les vastes entreprises nécessitent aujourd'hui l'alliance des capitaux. Qu'il s'agisse de percer une montagne ou un isthme, de creuser un canal, d'établir une voie ferrée, lancer un pont gigantesque ou noyer un fil télégraphique au fond de l'océan, ces immenses travaux ne peuvent être l'œuvre ni la propriété d'un seul homme; il faut pour les accomplir l'union des intelligences, des bras et des capitaux. Ces œuvres sont le produit de l'association. Pour les produire, il faut le concours de milliers de bonnes volontés, et l'union de ces bonnes volontés est une source de bien-être dont profitent tous les hommes. Car, c'est là un des côtés moraux de l'association, plus on est uni, plus on est fort; plus on est fort, plus l'œuvre est gigantesque, plus l'œuvre est puissante, plus elle est utile, parce qu'elle profite à un plus grand nombre et contribue, par cela même, à élever le niveau du bien-être général.

Les faits portant en eux-mêmes leur enseignement et leur morale, rien d'étonnant à ce que nous assistions de nos jours à cet immense mouvement d'association. Voyez comme tout s'enchaîne : les découvertes scientifiques nécessitent l'alliance des capitaux, des bras et des intelligences; de l'association résulte le bien-être, et le bien-être à son tour, élevant le niveau moral et intellectuel des foules, les rend plus aptes à comprendre les bienfaits de l'appui mutuel, de la solidarité. Le commerce de l'association fait que l'on se connaît mieux; les préventions, les préjugés s'affaiblissent, tendent à disparaître, et l'harmonie sociale gagne plus de terrain par ce simple fait que des hommes se sont réunis pour une tâche commune, que si l'on s'était borné à de vaines déclamations contre l'ordre établi qui, comme tout, a sa raison d'être et ne peut que se transformer et non se détruire.

Il est évident, en effet, que nous ne pouvons nous soustraire aux contingences sociales. Quels que soient les griefs que le travail puisse arguer contre le capital, ces deux forces sont aujourd'hui si dépendantes l'une de l'autre que leur divorce est impossible et, qu'au contraire, leur étroite alliance sera la source du bien-être et de la prospérité commune. C'est ce que, dans une heureuse formule, a indiqué M. Waldeck-Rousseau « il faut que le capital travaille et que le travail possède ». Là, en effet, est le port de l'évolution sociale.

Cependant, de part et d'autre, des préjugés séculaires existent, mettent en conflit le travail et le capital. La lutte est constante, avérée, les conflits se multiplient chaque jour sous forme de grèves plus ou moins retentissantes, des phénomènes économiques de formes diverses, quoique de commune origine, se manifestent et, peu à peu, la lassitude aidant, après bien des déboires, des tentatives, des désillusions, il se manifeste enfin dans les masses une tendance à rejeter tous les rêves creux de la philosophie contemplative pour les remplacer par des efforts plus pratique d'amélioration du présent, ce qui est, après tout, le meilleur moyen d'aplanir la voie pour l'avenir.

Or, ce moyen est tout indiqué, et par la raison et par les évènements, et il est curieux de constater qu'il dénote une orientation vers les formes d'association du passé — en les adaptant toutefois aux leçons de l'expérience et aux conditions actuelles de l'existence. Mais au fond, l'idée et le but sont les mêmes : rechercher dans l'association une garantie supérieure de bien-être, garantie que les conditions d'isolement n'offrent pas.

Mais avant d'étudier quelles ont été les formes de l'association ouvrière proprement dite, cherchons d'abord à démontrer que le principe d'association est naturel et qu'on le trouve partout, à tous les âges.

Il est tellement naturel que les individus s'associent, que l'histoire la plus reculée nous montre l'homme vivant en société, recherchant ses semblables pour partager ses plaisirs et ses peines.

Certes, on peut affirmer que c'est par besoin que l'homme recherche son semblable, car, ainsi que le dit Saint-Simon, « on ne s'unit pas pour être libres, sinon autant vaudrait rester isolés ». En effet, tout contrat aliène une partie de votre liberté, et si l'individu a recherché l'association en tout temps et en tout lieu, c'est que celle-ci lui donnait plus qu'elle ne lui prenait. Or, livré à ses propres ressources, l'homme préhistorique ne pouvait pas vivre, il s'associa, et comme il trouva son intérêt dans l'association, les sociétés humaines se perpétuèrent et, comme nous l'avons vu, acquirent par ce moyen la prépondérance sur les autres animaux.

Les animaux, du reste, obéissent à la même loi d'association et pratiquent l'appui mutuel.

Dans un travail sur « La lutte pour la vie et l'appui mutuel », le prince Kropotkine s'exprime ainsi : « Dans son « *Origine de l'homme*, Darwin consacre plusieurs pages « pour expliquer le vrai sens *large et métaphorique* dans « lequel la lutte pour l'existence devait être conçue. Ainsi, « il remarquait que, dans un très grand nombre de sociétés « animales, la lutte entre individus pour les moyens d'exis- « tence n'existait pas, qu'au lieu de la *lutte* on y trouvait

« la *coopération;* et il montre comment la pratique de la « coopération et de la solidarité contribuent au développe- « ment de l'intelligence et des sentiments moraux, les- « quels donnent à l'espèce les garanties les plus sûres « pour survivre dans une lutte contre les forces hostiles « de la nature. Il faisait entrevoir que, dans ce cas, les « plus aptes (*the fittest*), ne sont ni les plus forts, ni les « plus rusés, mais bien ceux qui savent combiner leurs « efforts et se soutenir mutuellement — forts et faibles — « pour la plus grande somme de bien-être de la commu- « nauté. « Les communautés—disait-il—qui contiennent le « plus grand nombre d'individus sympathisant davantage « entre eux, sont les plus prospères et ont les meilleures « chances d'élever leur progéniture. » (*Descendance de* « *l'homme.*) » . . . .

« La sociabilité est tout autant une loi de la nature que « la lutte... et en prenant en considération des faits innom- « brables qui s'imposent à notre attention, nous pouvons « affirmer que « l'appui mutuel est aussi bien une loi de la « nature que la lutte, mais que comme facteur de l'évo- « lution son importance est bien plus grande ». Il favorise « le développement d'habitudes et de caractères qui garan- « tissent le maintien et le développement ultérieur de « l'espèce ainsi que la plus grande somme de bien-être et « de bonheur pour l'individu avec la moindre perte de « l'énergie totale » (*Société Nouvelle*, 1893).

Il est évident que ce serait aller à l'encontre de tout ce que nous connaissons de la nature que de prétendre que l'homme constitue une exception à une règle aussi générale. Comment, en effet, une créature aussi fragile que l'homme l'était à son origine, aurait-elle pu trouver sa protection et faire sa place dans le progrès, non par l'appui mutuel, comme les autres animaux, mais par la compétition irraisonnée pour quelques avantages personnels, sans tenir le moindre compte des intérêts de l'espèce.

C'est ce que démontre l'histoire de tous les peuples, les récits de tous les voyageurs qui ont étudié les mœurs des peuplades sauvages. En aucun point du globe, à aucune époque, l'homme n'a méconnu les principes de l'association. Les grandes religions même, n'ont dû leur succès et leur domination qu'à ce principe.

Voici, à ce sujet, l'opinion d'un philosophe. Marc Guyau, dans son *Irréligion de l'avenir*, s'exprime ainsi : « L'idée « pratique la plus durable qu'on trouve au fond de l'esprit « religieux, comme au fond de toute tentative de rénova- « tion sociale, est l'idée d'association. A l'origine, la reli- « gion est essentiellement sociologique, par sa conception « de l'idée de la *Société des dieux et des hommes.* Ce qui « subsistera des diverses religions dans l'irréligion de

« l'avenir, c'est cette idée que le suprême idéal de l'huma-
« nité et même de la nature, consiste dans l'établissement
« de rapports sociaux toujours plus étroits entre les êtres.
« Les religions ont donc eu raison de s'appeler elles-mê-
« mes des *associations* et des *églises*, c'est-à dire, des
« *assemblées*. C'est par la force des associations, soit secrè-
« tes, soit ouvertes, que les grandes religions juive et
« chrétienne ont envahi le monde. Le christianisme a même
« abouti dans l'ordre moral et social à la notion de l'*Eglise*
« *universelle*, d'abord *militante*, puis *triomphante* et unie
« dans l'amour.

« L'association entravée jusqu'ici par les lois, l'igno-
« rance les préjugés, les difficultés de communication,
« qui sont des difficultés de rapprochement, etc., n'a guère
« commencé qu'en ce siècle à montrer sa toute-puissance.
« Il viendra sans doute un jour où des associations de
« toute sorte couvriront le globe, où tout, pour ainsi dire,
« se fera par association, où dans le grand corps social des
« groupes sans nombre, de l'aspect le plus divers, se for-
« meront, se dissoudront avec une égale facilité, circu-
« leront sans entraver en rien la circulation générale. Le
« type dont toute association doit chercher à se rappro-
« cher, c'est celui qui réunirait à la fois l'idéal du socialisme
« et celui de l'individualisme, c'est-à-dire celui qui donne-
« rait à l'individu le plus de sécurité dans le présent et
« dans l'avenir, tout en lui donnant aussi le plus de
« liberté.

« Dès maintenant, toute assurance est une association
« de ce genre; d'une part, elle fait protéger l'individu par
« une immense force sociale mise en commun; d'autre
« part, elle n'exige de lui qu'un minimum de contribution,
« elle le laisse libre d'entrer et de sortir à son gré de
« l'association, le protège enfin sans rien imposer.

« Le tort des religions et aussi des systèmes socialistes,
« c'est de s'être figuré l'individu comme présentant un
« type moral et intellectuel unique. Les êtres humains ne
« sont ni au dedans ni au dehors des figures de cire
« copiées sur le même patron; la psychologie et la physio-
« logie des peuples, sciences encore embryonnaires, nous
« montreront un jour toute la diversité qui existe dans les
« races humaines et qui, par des phénomènes d'atavisme
« sans nombre, ramène brusquement l'hétérogénéité au
« sein même des types les plus corrects. Le sentiment reli-
« gieux, métaphysique et moral, doit prendre un jour
« toutes les formes, provoquer tous les groupements
« sociaux, se faire individualiste pour les uns, socialiste
« pour les autres, afin que les différents genres d'esprits
« puissent se rapprocher et se classer — sous la seule con-
« dition de garder toute leur indépendance, de n'altérer en

« rien la liberté de leurs croyances par l'action de les « mettre en commun. Plus on est uni, plus on doit être « indépendant, il faut tout partager sans pourtant tout « aliéner. L'avenir, en un mot, est à l'association, pourvu « que ce soient des libertés qui s'associent et pour aug- « menter leur liberté, non pour en rien sacrifier. »

Il est donc démontré que l'association répond au besoin d'appui mutuel qui est un besoin naturel, que l'homme s'est toujours associé à son semblable et que, de cette association, le résultat le plus durable et le plus considérable a été la prépondérance de la race humaine sur toutes les autres races animales, et l'éclosion du progrès qui a transformé les conditions de la vie humaine, faisant de l'homme, le plus frêle et la plus malheureuse des créatures, la plus puissante et la plus fortunée.

Etudions maintenant quelles sont les formes que l'association ouvrière, en particulier, a prises au cours des siècles, quelles sont ses formes actuelles et quel est son avenir.

L'ASSOCIATION CHEZ LES ANCIENS

S'il est de toute évidence que le principe d'association a été pratiqué de tout temps chez tous les peuples, l'origine des associations ouvrières proprement dites n'en est pas moins obscure.

Il est hors de doute cependant que des rudiments d'association ont existé entre les travailleurs des temps reculés. Ainsi la Syrie semble avoir été le pays des premières grandes agglomérations humaines; sa situation géographique en faisait le passage des nations, le point de bifurcation des races aryennes et sémitiques ; c'est là, du reste, une application de cette loi ethnique qui veut que les grandes agglomérations humaines subsistent là où les fleuves, ces chemins qui marchent, aboutissent. Des villes importantes telles que Damas, Troie, Ninive, Thèbes supposent une industrie assez importante et impliquent l'existence de maçons, forgerons, tailleurs de pierre, tisserands, bateliers, agriculteurs, de toutes les professions nécessaires à la vie sociale. Et l'existence de gens partageant les mêmes peines, unis dans les mêmes efforts, laisse supposer une entente, une communauté d'intérêts entre ces artisans d'un même métier. L'organisation de Sociétés d'artisans, il est vrai, devait être des plus rudimentaires, d'autant plus que les rudes travaux étaient surtout dévolus aux captifs de guerre devenus esclaves, sans cependant que le travail fût encore considéré avilissant, comme cela arriva plus tard.

« Comment supposer, dit *Rieu*, que dans cette multitude « de travailleurs, il n'existe aucune discipline profession- « nelle, aucune hiérarchie de patron à ouvrier? Pour par- « venir à ce degré de grandiose et de fini que nous offrent « les monuments de l'époque; pour créer cet art égyptien, « qui fut égalé depuis, mais rarement surpassé, il fallut « de longues années d'étude, d'apprentissage, une patiente « formation intellectuelle, que seules pouvaient produire « les leçons du maître, l'émulation entre gens d'une même « profession. Il fallut enfin d'une façon plus rudimentaire, « sans doute, quelque chose de cette organisation ouvrière « qu'on retrouve chez les Romains et les corporations du « moyen âge.

« Parallèlement aux corps de métiers une masse d'es- « claves de guerre faisaient sans doute les travaux de « force, et il est peu probable qu'entre eux il y eût asso- « ciation, mais ils ne furent pas les seuls à édifier les « monuments séculaires de l'Egypte; un type particulier « aux Chaldéens, Assyriens, Perses, Hétiens, démontre « bien chez ces divers peuples une école nationale, un « style où chaque corps de métier s'inspirait.

« Les avantages de l'association sont trop évidents, ses « bienfaits s'imposent à l'esprit humain avec tant de clarté, « qu'il est inadmissible que des populations laborieuses et « policées comme l'étaient celle de l'Egypte, aient pu se « soustraire à cette loi générale. (*Coopération à travers les âges.*)

Worms, cependant, doute que le despotisme des Pharaons n'ait pas pris ombrage de ces associations : « Toute « tentative de concentrer les forces individuelles en Egypte « sèmerait l'alarme du pouvoir. Aussi l'association est-elle « frappée de mort dans toutes les directions où elle pour- « rait être tentée d'entraver la marche de l'arbitraire qui, « obéissant à sa loi, désirerait ne rencontrer de frein nulle « part. » (*Association à travers les âges.*)

La Bible offre quelques indications sur l'organisation du travail chez les Hébreux, organisation très rudimentaire, somme toute, chez un peuple qui s'occupa très longtemps des travaux de la guerre et pour qui le négoce devint plus tard l'occupation presque unique. La seule trace d'organisation ouvrière trouvée chez eux est le *semné*, sorte d'office de placement où les affiliés peuvent trouver du travail. Les « mères des compagnons » qu'on retrouve encore de nos jours, remplissent une fonction semblable aux officines juives.

Chez les Grecs, l'esprit de civisme est un obstacle aux organisations ouvrières. Le citoyen grec se dévoue à la chose publique, elle prend tous ses instants et il se décharge sur les ilotes des travaux de la vie végétative. Or, les prisonniers de guerre, les esclaves étant sans droits, presque sans personnalité, l'association de leurs intérêts est pour ainsi dire nulle. En outre, les Grecs cultivent les arts, ce qui empêche l'esprit d'association de se manifester, les œuvres d'art nécessitant rarement une collaboration. A ce sujet, Worms dit encore : « Ceux qui ont illustré le « monde grec, par les arts, les lettres et les sciences, « les Homère, les Praxitèle, les Démosthène, les Phidias « étaient des génies et les génies ne s'associent pas. » D'après Bœckh, un autre empêchement au développement de l'esprit d'association est la conviction, du plus riche comme du plus pauvre citoyen, que l'Etat avait des droits sur la totalité des propriétés particulières. « Toute restric- « tion apportée à l'usage de ces propriétés, et amenée par « les circonstances, paraissait juste. Elle ne pouvait être « regardée comme un préjudice que depuis que l'on a fait « de la sûreté des personnes et des propriétés le seul but « de l'Etat, ce qui n'entra jamais dans la pensée des « anciens. »

Et c'était là une cause d'inégalité sociale d'où naquirent bien des révolutions. La noblesse sacerdotale fut abattue et on subit la tyrannie des riches ; puis l'on trouva inique l'inégalité politique et de nouvelles révolutions successives nivelèrent les institutions et donnèrent au peuple des armes et une importance qu'on lui avait toujours niées. L'égalité des droits politiques fut déclarée, mais les riches et les pauvres, ayant des intérêts différents, vécurent toujours dans un sentiment de défiance, et comme le travail était toujours tenu pour avilissant, la vie économique languissait.

Cependant la Grèce eut des institutions qui, de religieuses qu'elles étaient au début, devinrent des foyers d'aide mutuelle : les *éranes*, comme on les appelait. Leur but et leurs moyens étaient de se secourir mutuellement entre éranistes en cas de maladie, de mauvaises affaires, etc., etc.

Chez les Romains, la guerre prévaut, et le travail agricole seul est considéré. Le reste est attribué aux esclaves, ce qui fait que le travail industriel est avilissant. La fortune de Rome la corrompit et fit encore plus méprisable celui qui devait vivre de son travail. Des sociétés religieuses semblables à l'*érane* grec se constituèrent, mais devinrent peu à peu des foyers de conspiration politique, ce qui força les empereurs à sévir contre elles. Malgré cela, elles ne disparurent pas complètement, et à la fin, les empereurs comprirent qu'elles pouvaient être un instrument de relèvement de l'industrie, qui languissait chaque jour davantage. Alexandre Sevère, le premier, les sanctionna et les réglementa; l'esprit d'association prit alors son essor. Mais, après la conquête de Carthage, le goût du luxe redoubla. Il y eut un exode de la campagne vers les grandes villes, où les esclaves, à la suite de leurs maîtres, accoururent, laissant l'agriculture dans un état lamentable et remplaçant les artisans dans les villes. Puis on réglementa tellement les associations qu'elles ne furent plus qu'un instrument inerte entre les mains du pouvoir, et les groupements d'artisans devinrent des bandes d'esclaves pour qui, l'intérêt de la tâche ayant disparu, s'occupèrent de la remplir sans goût, comme des bêtes de somme.

Au moyen âge, les deux grandes formes d'association sont la *Ghilde* et les *corporations*. La Ghilde, à ses débuts, semble être une vaste association de défense et de secours mutuels trouvant sa raison d'être dans les lointaines expéditions. Tout membre de la Ghilde doit aide et protection en cas de danger à tout autre membre. En cas de mort, il doit le venger, ce qui causa des conflits avec les pouvoirs établis. Les Ghildes semblent avoir été pénétrés d'un grand sentiment de solidarité et ont certainement fortifié l'esprit d'assistance et d'aide mutuelle, commettant quelquefois des abus, mais les compensant largement par la coalition des faibles contre les forts — principe qu'elles affirmèrent et proclamèrent. Les communautés ouvrières qui luttèrent contre le pouvoir féodal furent pour ainsi dire les filles aînées des Ghildes et elles livrèrent pour la liberté de rudes combats.

La caractéristique du mouvement ouvrier au moyen âge se trouve surtout dans les corporations de métiers. Ces groupements, certes, donnent l'idée d'un effort fait pour la conquête du bien-être, et parfois ils jouent un rôle important pour la conquête de la liberté générale, mais elles ne peuvent être comparées, pour la largeur de vues, aux sociétés ouvrières de nos jours. Les corporations du moyen âge avaient en elles le germe qui les tua : l'intolérance, l'ostracisme, Elles étaient en proie à mille divisions créées par leurs règlements mêmes qui n'étaient pas toujours dictés par l'équité. Elles n'étaient après tout que des barrières derrière lesquelles l'individualisme le plus étroit cherchait refuge contre l'arbitraire. Elles pratiquaient envers leurs membres atteints par la maladie une sorte de mutualité; mais il ne faut pas leur demander l'effort du généreux sentiment de solidarité qui anime de plus en plus les associations ouvrières de nos jours. Si des espérances y sont mises en commun, ce sont celles des individus de la corporation, à l'exclusion de toute autre; quand une corporation s'agite, c'est souvent contre les intérêts d'une autre; le principe de l'émancipation humaine, de la fraternité ouvrière n'existe pas encore. Ce sont les forgerons qui s'unissent pour les seuls intérêts des forgerons; les maçons, tailleurs, cordonniers discutent et œuvrent pour leur propre sort, indépendamment des autres corps de métiers, souvent contre eux.

Nos associations modernes obéissent à des sentiments plus généreux; elles ont des vues plus larges.

Dans la corporation, l'individu est loin d'être libre; le système des maîtrises et des jurandes empêche toute initiative; il n'y a pas même jusqu'à la sécurité que la corporation procure qui n'engendre l'inertie. Aussi bien les corporations sont-elles un digne reflet de cette triste époque du moyen âge, dont toutes les institutions semblent faites en vue d'étouffer l'initiative individuelle.

Il faut toutefois reconnaître qu'elles ont joué un rôle assez important dans le développement industriel — il n'y a rien qui ne serve le progrès — mais la poussée des idées de la Révolution devait les balayer, car elles ne répondaient ni aux idées, ni aux aspirations de notre siècle.

DÉVELOPPEMENT DE L'ESPRIT D'ASSOCIATION

Au commencement du siècle, des esprits d'élite commencèrent à prêcher l'association, la fraternité humaine, la solidarité des travailleurs. Saint-Simon, Fourier, Louis Blanc, Proudhon furent, chacun avec leur caractère différent, les apôtres de l'association, mais c'est surtout depuis 1848 que l'initiative individuelle et la mutualité sortirent enfin des vagues rêveries de l'époque.

Le tort des associations de 1848 fut de trop compter sur l'intervention de l'Etat. Le grand principe « Aide-toi toi-même », n'avait pas encore été compris; on attendait béatement tout effort, toute initiative du pouvoir, on espérait que l'Etat fît tomber la manne céleste. Aussi toutes les entreprises fondées sous l'égide de l'Etat-Providence périclitèrent-elles, et cela eut encore longtemps une funeste influence sur la masse. Cependant l'idée d'association avait survécu au désastre, elle avait été lancée dans la masse. Il y eut comme un période d'incubation au bout de laquelle l'immense mouvement d'association auquel nous assistons et prenons part prit son essor.

C'est alors qu'intervint une nouvelle forme de l'association : le coopératisme.

Voici ce que dit le *Grand dictionnaire Larousse* des Sociétés de coopération :

« Les Sociétés de coopération qui sont destinées à trans-

« former complètement le sort des classes ouvrières sont « d'origine toute récente. Elles sont nées de ce mouve- « ment d'association qui a uni les petits capitaux pour « fonder les grandes entreprises industrielles. La théorie « des Sociétés coopératives est l'élimination des intermé- « diaires entre le producteur et le consommateur. Elle n'a « pas pour but l'élimination radicale et absolue du mar- « chand, mais seulement de s'en passer en certains cas « particuliers où cette modification est à la fois possible « et utile, et de rapprocher plus que cela n'a été fait jus- « qu'à présent le producteur du consommateur. . . . .

. . . .

« Outre les résultats matériels des associations coopéra- « tives pour le bien-être immédiat des travailleurs manuels, « ces sociétés ont encore un immense avantage : en déve- « loppant l'esprit d'initiative individuelle chez la classe « ouvrière, en la déshabituant d'attendre, en matière de « réformes sociales, l'impulsion d'un gouvernement, elles « préparent en politique un mouvement analogue, ouvrent « les voies aux idées de décentralisation administrative, « de *self governement* municipal et de liberté individuelle. »

« Autrefois, dit Holyhoake, dans son *Histoire de la* « *Coopération*, les capitalistes louaient le travail, le « payaient au prix du marché et percevaient tous les pro- « fits. Le travail coopératif a pour but de renverser ce « processus. Son plan est d'acheter le capital, de le payer « au prix du marché et de percevoir lui-même tous les « bénéfices..... Ainsi, une entreprise coopérative est celle « dans laquelle le travail loue le capital, dresse ses pro- « pres plans et travaille pour son propre bénéfice. »

Le mouvement coopératif répond donc bien au but moral et pratique de l'association; il satisfait à la fois le besoin de solidarité inné chez l'homme, il garantit son existence en lui assurant une plus grande somme de bien-être, il est enfin générateur d'initiative individuelle.

Avec le mouvement coopératif a commencé une nouvelle phase de l'histoire de la classe ouvrière, car il ne s'agit plus maintenant d'offrir au peuple la chair creuse d'une vague phraséologie, des rêves imprécis, des chimères irréalisables; il faut, au contraire, lui offrir un aliment sain, des résultats immédiats et un entraînement de self-help (s'aider soi-même) afin qu'il ne compte plus que sur ses propres efforts et qu'il cesse d'escompter l'avenir, le présent seul et son amélioration devant l'occuper.

Assez de cette hypnotisation du travailleur en l'espérance de temps futurs meilleurs qu'il ne verra pas. Parlons-lui d'aujourd'hui, d'améliorer son présent, non pas en lui faisant de longues théories, mais en lui montrant par nos actes comment avec de l'initiative, de la confiance en soi-même, du travail et l'appui que procure l'association, on peut arriver à changer les conditions de son existence, à élever le niveau moral de la vie.

Dans le mouvement coopératif, les Associations de production ont une large part. Elles ont pris un essor rapide et c'est d'un heureux augure, bien réconfortant pour quiconque s'occupe d'économie sociale.

Ces associations possèdent-elles tous les éléments nécessaires à la réussite de leur entreprise? Leur réussite peut-elle apporter des modifications appréciables dans les rapports entre le travail et le capital-argent, à l'avantage du monde travailleur?

Ce sont ces deux questions que nous nous proposons d'étudier.

Il est de toute évidence que pour asseoir sur des bases solides une association de production, la première chose requise est un recrutement intelligent des facteurs du travail — manuels ou intellectuels.

En effet, la première condition de viabilité de toute association réside en la plus grande somme d'affinité qu'ont les uns pour les autres les membres de l'association. Et celle-ci sera d'autant plus viable que tous ses membres auront des connaissances techniques plus grandes, une foi plus solide en la réussite de leur entreprise et un égal désir d'y participer.

Les actes producteurs du travail doivent aussi être soumis à l'autorité des compétences qui, représentant l'accumulation des connaissances techniques et commerciales, devient la pierre angulaire de l'association.

L'*autorité officielle*, qui n'est souvent que le pouvoir de commander, diffère de l'autorité des compétences, que nous pourrions appeler l'*autorité morale :* l'une s'adresse à la force et exige l'obéissance passive, la seconde parle à l'intelligence et persuade.

L'association la plus prospère sera celle qui saura avoir une place marquée pour ces trois facteurs : le cerveau, les bras, l'argent, en leur assignant un rôle distinct et bien défini.

Une autre cause de réussite est l'exacte observance du contrat librement élaboré en commun dans l'intérêt de tous. Les plus aptes de l'association sont naturellement ceux qui doivent en avoir la direction et, même, cette direction, si elle est unique, sera une cause de prospérité pour l'association. L'épreuve, du reste, a été faite en ce sens et a été parfaitement concluante : toutes les associations qui ont eu une unité de direction sont restées prospères.

L'association de production en sa forme simple ne donne pas toutes les garanties d'activité suffisantes pour l'avenir des associations et surtout pour qu'elles produisent une heureuse influence sur les rapports du capital-argent avec le travail. En effet, les associations de ce genre, si peu armées pour le combat industriel, offrent peu de résistance — en l'état si complexe de l'industrie moderne — si elles n'ont d'autre appui que les ressources extrêmement limitées des quelques ouvriers qui la composent.

Sous ce rapport, l'Angleterre et l'Allemagne nous ont devancés, elles possèdent des associations constituées selon la formule : *Capital, travail, talent.*

Le facteur capital peut être constitué par une foule de souscripteurs, mais bien entendu comme capital associé et non spoliateur. Dès lors, il ne touche que sa part d'agent propulseur, sans avoir d'autre influence que celle qui est assignée à son rôle.

Les autres facteurs : travail et talent, intimement associés, représentent tout l'effort, toute l'énergie de l'association mis en rapport par une intelligente division du travail.

Une association qui se limiterait dans la sphère étroite d'action de ses quelques associés n'exercerait, malgré toute la bonne volonté de ses membres, qu'une influence médiocre sur l'amélioration des conditions du travail.

Le but de l'association doit être d'étendre son champ d'action, de faire la vie plus large, plus belle à ses adhérents, afin que l'influence salutaire gagnant au dehors, faisant tache d'huile, enseigne aux travailleurs les bienfaits de l'union féconde de ces trois facteurs : capital, travail, talent.

Tout coopérateur convaincu et pénétré de sa tâche doit s'efforcer de chercher les meilleurs moyens de faire prospérer la société à laquelle il adhère, afin que les travailleurs encore isolés se groupent, s'associent et s'aident eux-mêmes au lieu d'attendre éternellement que les promesses des spéculations philosophiques se réalisent.

Le rôle des sociétés de coopération est grand; il est destiné à changer les conditions économiques et à exercer une heureuse influence sur le sort de la classe travailleuse, car il opère à coup sûr, sans secousse, sans autre moyen de propagande que ses résultats pratiques, sans autre réclame que la réussite de ses entreprises.

Aussi est-ce à cette réussite que doivent tendre tous nos efforts, car d'elle dépend notre force morale. Nous pouvons dire que le mouvement coopératif commence une nouvelle phase de l'histoire du peuple. Nous devons nous attacher à faire triompher nos idées, qui sont conformes aux lois du progrès, et, en agissant ainsi, nous servons la noble cause de l'humanité.

VILLARET.

(*Applaudissements répétés.*)

RAPPORT présenté par M. ANDRIEU, chef d'atelier à la « Lithographie parisienne ».

Pour fonder une association de production, il faut deux éléments indispensables : 1° des hommes conscients; 2° de l'argent ou capital.

Les hommes pénétrés et convaincus que l'association exige d'autres devoirs que celui d'apporter leur apport sont clairsemés, la plupart ne comprennent la Coopération que par les profits qu'elle peut donner aux répartitions semestrielles ou par la garantie d'un travail assidu où le chômage est peu ou point connu.

Il est donc utile et très prudent que les initiateurs d'une coopérative nouvelle s'entourent d'hommes connus par leur caractère, leurs connaissances techniques et capables de résister avec énergie aux déceptions multiples de toute nouvelle organisation.

Les coopératives qui, il y a bon nombre d'années, pouvaient s'installer avec un petit capital, auront de plus en plus besoin que ce dernier soit assez considérable si elles veulent lutter avec l'industrie similaire où le progrès a pu introduire le machinisme.

Lutter avec la seule habileté des ouvriers d'élite ne suffirait point aujourd'hui pour la rendre égale aux forces puissamment perfectionnées de la mécanique moderne. Il est donc essentiel que les débuts de toute coopérative de production soient faits avec des hommes prudents et secondés par un capital suffisant leur permettant de fonctionner sans trop de gêne et pouvant leur assurer le fonctionnement, malgré les crédits à faire à ceux qui leur confieront des travaux. Il en est cependant de privilégiées au point de vue de l'outillage, pour lequel une somme minime est suffisante pour l'acquérir.

Toutefois, pour les unes et les autres, l'apport des sociétaires, quoi qu'en dise la loi, doit être aussi élevé que le comporte les statuts ; il est bon de ne pas se montrer d'une exigence extrême envers les sociétaires qui, malgré leur bon vouloir, ne peuvent verser que le minimun, mais il faut avec grand soin veiller à ce que les retards dans les versements ne deviennent une charge trop lourde et entraînent le sociétaire négligent à se laisser radier.

Pour la constitution de toute société coopérative, nous sommes encore régis par la loi de 1867, amendée, il est vrai, mais pas suffisamment pour donner aux coopératives de production l'essor que la loi, qui croupit dans les cartons du Sénat, pourrait leur donner, par son développement normal. En attendant qu'il plaise à nos gouvernants actuels de la faire à nouveau relire et voter, nous devons nous en référer à celle qui nous a jusqu'à ce jour constitués.

Pour cela, nous estimons que, pour aider au développement d'une nouvelle organisation, l'apport devrait être toujours versé en espèces et non produit par le montant des répartitions, dont le produit devrait être uniquement affecté à l'agrandissement de l'exploitation et aux garanties collectives que doit donner toute coopérative à ses adhérents, il est bien inutile que le coopérateur capitalise, si la collectivité le garantit entièrement pour les accidents, maladie, chômage ou vieillesse, lui assurant ainsi l'avenir.

Pour l'administration, il est sage de nommer les administrateurs par l'élection pour une durée déterminée, en ayant soin de laisser au sein du Conseil, soit la moitié, le tiers ou le quart de ses membres, afin d'initier les nouveaux venus, car, quoique reconnaissant qu'ils peuvent être rééligibles, il est indispensable que chaque sociétaire puisse à tour de rôle en faire partie afin d'initier le plus grand nombre aux difficultés que peut connaître toute administration.

Le Directeur, ne faisant pas partie de l'administration, mais ayant reçu du Conseil ses pleins pouvoirs, doit être responsable de ses actes devant ledit Conseil, mais il doit être toujours couvert par ce dernier devant les assemblées.

Dès le début de toute association, le choix d'un directeur est assez difficile; toutefois s'il est bien secondé par l'administration, il peut acquérir dans les affaires les connaissances voulues pour les traiter avec avantage et rendre à la collectivité, par des services constants, une situation que le poste qu'on lui a confié lui a permis de conquérir.

Les rapports entre coopérateurs doivent être établis sur le pied d'une égalité absolue, empreinte de la plus grande urbanité et établis sur la solidarité; s'il surgit un différend entre associés pour une cause quelconque, il est du devoir du Conseil d'administration d'aplanir les différends et de ramener l'harmonie dans les esprits qui pourraient être froissés ou meurtris, le plus souvent par des futilités.

Les moyens qui nous semblent les plus rationnels pour l'obtention du travail, sont de travailler et produire avec bonne foi et conscience, de bonne foi avec les clients en leur donnant satisfaction complète, et de conscience en produisant au mieux des intérêts communs, soit par le fini du travail, soit par une production assidue, constante, qui inspire aux clients une confiance absolue; ces moyens employés avec sincérité amènent également le crédit nécessaire au fonctionnement de l'œuvre, car s'il est démontré par les relations constantes d'une clientèle suivie et satisfaite des rapports commerciaux, que la Coopération suit une marche régulière, le crédit ne lui fera pas défaut, s'il ne vient de lui-même au devant de son désir.

Malgré le nombre toujours croissant des associations, il en est dont la situation est précaire, et quelques-unes dont le fonctionnement régulier secondé par le travail, soutiennent vaillamment le principe coopérateur, grâce à la prudence, à l'énergie et au zèle infatigable des membres qui en font partie.

Les plus grandes causes d'insuccès sont, à notre avis, l'inexpérience commerciale, l'imprudence dans les affaires traitées, les tiraillements intestins qui se produisent dans le milieu coopérateur et surtout le manque de fonds; le crédit faisant généralement défaut aux coopératives qui n'ont pas encore franchi les difficultés d'une gestation toujours lente et difficile.

Les salaires, dans toute coopérative, sont établis sur le maximum agréé par les chambres syndicales ou groupes corporatifs. A ce sujet la Coopération est la gardienne fidèle des prix établis et consentis par les deux éléments actuellement en antagonisme, employeurs et employés; elle ne peut, sans déroger aux principes, établir des prix de salaires inférieurs à ceux couramment payés par les maisons similaires.

Ce serait anéantir l'œuvre des fondateurs que de rentrer dans la voie restrictive des salaires, puisque l'on prendrait une part due pour augmenter celle des profits; or, nous avons déjà dit que ces derniers ne devraient être retenus que pour augmenter l'accroissement de l'œuvre et les garanties des adhérents. Nous n'ignorons pas que, pour la généralité, c'est un très grand sacrifice à s'imposer; mais nous estimons que les bénéfices réalisés par la production collective devraient être entièrement sacrifiés à la Coopération et aux garanties générales des individus.

RAPPORT présenté par M. Julien HERMIEU, directeur des ouvriers constructeurs réunis, d'Aumale (Algérie).

EXPOSÉ GÉNÉRAL

Il n'est besoin d'aucune démonstration pour établir l'utilité incontestable, à tous les points de vue, des associations ouvrières.

De même que pour toutes les entreprises exigeant les soins et le concours de plusieurs personnes, et pour lesquelles il faut plus de capitaux que ne peut en posséder un même individu, le groupement des ouvriers apportant chacun dans leurs associations respectives, à défaut de capitaux, leur part individuelle de soins et de travail, est nécessaire pour pouvoir prétendre à ces mêmes entreprises, qui sont presque toutes exclusivement l'apanage du capital argent, au lieu d'être celui du capital travail.

Pour pouvoir lutter contre les forces du capitalisme, de plus en plus envahissantes, il faut que les ouvriers se rapprochent, se constituent en société, mettant en communauté leurs soins et leurs labeurs, pour opposer une digue à l'exploitation indéfinie du travail producteur par le capital absorbant.

Les travailleurs du monde entier sont, d'une manière générale, sous la dépendance directe et absolue des employeurs détenteurs de l'argent, et sont obligés, par nécessité, de passer sous leurs fourches caudines; ils n'ont ainsi d'autre part, dans la répartition des bénéfices réalisés par leur travail, que la portion congrue que leur attribue le capital exploiteur, lequel n'est autre qu'un salaire n'allant pas au delà des besoins matériels les plus nécessaires à la vie de l'homme, c'est-à-dire un morceau de pain en échange de son dur et pénible labeur.

Quels que soient, en effet, les bénéfices rapportés dans une industrie ou une entreprise, les salaires sont à peu près invariables. Le travailleur vivote comme il peut avec sa famille, et le gros bénéfice s'en va toujours s'engouffrer dans les caisses des exploitants.

Le travailleur n'a ainsi qu'une sécurité relative pour le présent et aucune pour l'avenir. Il serait pourtant de toute justice et de toute équité que celui-ci puisse enfin profiter intégralement du fruit de son travail. De tout temps il aurait pu, et peut encore, obtenir ce résultat par la force impulsive de la Coopération qui, depuis les essais qui ont été faits, a déjà donné des résultats appréciables, mais qui pourrait en donner de très considérables par une large et sage organisation, et nous pensons que, bien administrées et bien dirigées, sans aucun effort, vivant de leur organisation actuelle, les associations coopératives pourraient, à un moment donné, être sinon propriétaires en totalité des grandes compagnies industrielles, mais tout au moins en possession de titres suffisants pour avoir la prépondérance dans les conseils d'administration de ces mêmes compagnies.

Pour preuve de cette assertion prenons une compagnie de chemins de fer par exemple, et supposons le petit personnel d'employés et ouvriers occupé par cette compagnie constitué en société coopérative et, hypothétiquement, admettons :

1° Que ce personnel ne comprenant pas bien entendu, les bénéficiaires d'emplois largement ou suffisamment rétribués, soit au nombre de 30,000;

2° Que le salaire de ce personnel varie entre 5 francs et 3 francs par jour, soit en moyenne 4 francs et mensuellement de 120 francs;

3° Que le prix des actions de cette Compagnie soit coté à la Bourse 2,000 francs;

4° Enfin que les coopérateurs aient décidé de former leur capital par le versement d'une journée de travail par mois, soit le 1/30 de leur salaire mensuel.

Nous aurions pour résultat, le premier mois de la constitution : 30,000 × 4, salaire moyen, = 120,000 francs, qui, employés en achat d'actions que nous avons supposé valoir 2.000 francs, donnerait **60 actions.**

Sans tenir compte du rapport de ces actions pour simplifier notre démonstration, la société coopérative serait, à la fin de sa première année d'exercice, en possession de **720 actions.**

Ceci admis, supposons en dernier lieu que, suivant les statuts de la Compagnie, les porteurs de 20 actions aient voix délibérative au conseil d'administration, voilà nos coopérateurs ayant 36 voix audit conseil, et, suivant une marche ascendante, on peut prévoir l'avenir d'une Société ainsi organisée.

Les chiffres ci-dessus, nous le répétons, ne sont que supposés, comme aussi n'est que supposée la participation totale du personnel visé; mais serait-elle réduite de moitié, du quart, du cinquième même, le résultat n'en serait pas moins concluant pour la démonstration que nous voulions faire de la possibilité du retour aux travailleurs des exploitations industrielles.

1° DE LA FORMATION DES ASSOCIATIONS ET DE LEUR CAPITAL

Toute association ouvrière de production doit, pour devenir prospère, être composée de collaborateurs unis par la plus étroite solidarité; ils doivent se choisir minutieusement et proscrire absolument de leur sein tout sollicitant qui, pour une cause ou une autre, paraîtrait susceptible de troubler l'entente et la bonne harmonie qui doit exister entre tous les membres et sans lesquelles toute association est forcément vouée à la stérilité et par suite à la déchéance.

La formation des sociétés coopératives dépend du genre de travaux ou d'exploitations auxquelles elles doivent se livrer; il en est qui ne peuvent être composées que d'ouvriers exerçant une même profession, telle que la chapellerie, ganterie, cordonnerie, etc., n'ayant aucune corrélation avec d'autres professions; d'autres sociétés, au contraire, peuvent se constituer avec des coopérateurs de professions différentes, mais convergeant vers le même but, tel, par exemple, que la construction des édifices, maisons, etc., enfin tous travaux auxquels participent isolément tous les ouvriers du bâtiment, maçons, tailleurs de pierre, plâtriers, peintres, charpentiers, etc.

Les associations de ce genre, comprenant tous les corps d'états d'ouvriers en bâtiments, nous paraissent devoir donner de meilleurs résultats que les associations isolées de ces mêmes corps d'états, car elles leur permettraient de traiter directement les travaux de construction sans avoir besoin de recourir à aucun élément en dehors de la Société.

Pour la constitution du capital nécessairement indispensable à toute association pour satisfaire aux plus urgents besoins, il nous semble que le minime prélèvement de 2 0/0 sur le salaire de tout coopérateur suffirait pour en constituer les premières bases pouvant faire face aux premières éventualités.

2° DE L'ADMINISTRATION DE LA DIRECTION ET DES RAPPORTS DES ASSOCIÉS ENTRE EUX

La direction doit être confiée à un conseil d'administration de plusieurs membres, élus par la majorité des coopérateurs; ceux-ci ont pour principal devoir de les aider par tous les moyens possibles dans l'accomplissement de leur mission et notamment par l'observation rigoureuse des décisions prises pour la bonne direction et administration des affaires de la société, dans le but de lui donner le plus large développement et assurer par ce moyen le bien-être et l'avenir de tous ses membres.

Il faut, en outre de cette déférence pour l'administration directrice, que tous les membres aient entre eux les relations les plus cordiales, sans rivalité, jalousie, ni question de personnes, qu'ils soient enfin unis par des sentiments de confraternité et de solidarité sur lesquels reposent l'avenir de leur œuvre.

3° DES MOYENS A EMPLOYER POUR L'OBTENTION DU TRAVAIL ET DU CRÉDIT

D'une manière générale, pour avoir du travail, il faut avoir quelque capital pour les premières avances; pour obtenir le capital nécessaire, lorsqu'on n'en possède aucun, il faut avoir du travail.

En Algérie plus particulièrement, il est difficile de se procurer l'un ou l'autre, le travail étant à la disposition des administrations de la colonie, qui tiennent comme lettre morte le décret du 4 juin, et le crédit étant à la disposition des usuriers qui vous l'accordent parcimonieusement quand vous avez le travail, mais avec un intérêt excessif n'étant jamais inférieur à 100 0/0.

Pour assurer du travail aux sociétés ouvrières, il nous semble qu'un article additionnel au décret du 4 juin, portant que, dans toutes les communes où une de ces associations existe, tous les travaux d'entretiens communaux, ne dépassant pas 5,000 francs, supposons, devront être concédés à cette société, sans autre formalité, et exécutés par celle-ci, en régie et suivant les prix d'un bordereau de prix, préalablement établi à cet effet, ou, à défaut, aux prix moyens des mêmes travaux exécutés dans la commune pendant les trois dernières années.

Dans ces conditions, le crédit, il nous semble, viendrait tout seul.

Pour les entreprises de plus grande importance atteignant ou dépassant 50,000 francs, pour lesquelles de sérieuses avances sont nécessaires, étant donnée l'impossibilité d'obtenir des administrations les acomptes bi-mensuels prescrits par le décret du 4 juin, ce qui oblige de travailler quelquefois trois mois et plus sans toucher un centime, dans le cas souvent probable où la société, ayant une entreprise de ce genre, n'aurait pas des moyens suffisants pour faire les avances nécessaires, une banque coopérative pourrait lui venir en aide, moyennant un intérêt raisonnable, et comme garantie une délégation de la société pour toucher tous les mandats délivrés en son nom.

4° ÉTAT ACTUEL DES ASSOCIATIONS. CAUSES DE SUCCÈS OU D'INSUCCÈS

Traitant cette question au point de vue des difficultés sans nombre que notre société a eues à traverser depuis sa formation nous pouvons formuler :

Que si l'état actuel des associations existantes est semblable au nôtre, il est loin d'être brillant.

La cause principale d'insuccès réside, pour nous, dans l'hostilité manifeste que nous témoignent les directeurs et agents des administrations avec qui nous avons eu affaire, à qui nous nous sommes pour ainsi dire imposés, le décret du 4 juin en main, notamment par la persistance que nous avons mise à réclamer, en cours de divers travaux, l'application de l'article 6 dudit décret, que nous n'avons d'ailleurs jamais pu obtenir. Les dispositions de ce décret contrariant ces messieurs sans doute à cause du supplément de travail qu'elles leur procuraient.

Telle est en substance la principale cause d'insuccès de notre association ; nous croyons aussi qu'elle peut être également celle de toutes.

5° DE LA FIXATION DES SALAIRES

Les salaires doivent naturellement être établis avec la plus parfaite équité par une commission compétente, ratifiés par le Conseil d'administration, suivant les sommes et qualités de travail produit et des soins apportés à leur exécution.

La communication de ces salaires doit être faite aux intéressés aussitôt après leur fixation.

6° RÉPARTITION DES BÉNÉFICES

Des bénéfices après prélèvement des fonds de secours et de réserves, doivent être judicieusement répartis entre les membres de la société, proportionnellement à l'apport de travail d'activité et d'intelligence qu'a fait chacun d'eux dans l'accomplissement du travail et par conséquent dans la réalisation du bénéfice à répartir.

En conséquence, il nous paraît rationnel de déterminer la la part à attribuer à chacun des membres au moyen du nombre de journées où il aura été occupé au travail, multiplié par le salaire quotidien qui lui est dévolu ; la répartition se ferait au prorata des sommes ainsi obtenues.

La parole fut ensuite donnée à M. Petit pour la lecture de son rapport sur la troisième partie : *La Coopération dans ses relations extérieures*.

M. Petit fait d'abord la déclaration suivante :

Messieurs,

Vous constaterez quelques différences de rédaction entre les résolutions que nous vous soumettons et celles qui sont imprimées dans les brochures que vous avez entre les mains.

Manquant un peu d'expérience, puisque ce rapport est le premier que nous avons l'honneur de soumettre à une assemblée internationale, et aussi un peu de documents récents sur l'état actuel de la coopération de production dans les pays voisins du nôtre, et encore sous l'impression des délibérations de notre Congrès national, lorsque nous avons écrit ce rapide exposé, nous sommes resté trop exclusivement sur le terrain national.

Le grand intérêt qu'ont apporté à nos délibérations les éminents représentants des nations voisines, qui nous ont fait l'honneur d'assister d'une façon suivie aux séances de ce Congrès, nous a fait penser que nous répondrions au sentiment unanime de la commission, qui nous avait confié la rédaction du rapport sur la troisième question, en apportant à nos conclusions, avant de vous les soumettre, quelques rectifications que sa trop grande indulgence pour notre bonne volonté l'avait empêchée de nous demander avant l'impression.

PREMIÈRE QUESTION

Du Groupement des associations entre elles.

On conçoit aisément que la fondation et l'organisation d'une Société commerciale nécessitent quelques connaissances spéciales que ne possèdent pas la plupart des travailleurs et que l'expérience des affaires ne s'acquiert pas du jour au lendemain.

On sait aussi que les associations ouvrières manquent souvent des fonds nécessaires au fonctionnement de leur entreprise.

A ce point de vue, le rôle du groupement est de guider les associations lorsqu'elles se fondent et ensuite de les conseillers et de les aider dans les circonstances difficiles de leur existence.

Parmi celles de nos jeunes associations qui sont aujourd'hui florissantes, il y en a peut-être la moitié qui n'existeraient plus si elles n'avaient été aidées à leurs débuts par la Chambre consultative et la Banque coopérative.

⁂

Dans un autre ordre d'idées, le groupement présente le grand avantage de permettre aux associations de fonder et commanditer collectivement toutes sortes d'entreprises d'intérêt général qu'elles ne pourraient créer isolément et dont elles peuvent au besoin devenir le propre client, ce qui a l'avantage de permettre à l'infini l'extension des associations.

Le groupement est encore un bien, en ce sens qu'il constitue une force morale suffisante pour maintenir dans la voie du devoir et du progrès les associations qui tenteraient de s'en écarter.

Nous bornerons là nos citations, ces quelques considérations nous paraissant suffisantes pour démontrer l'utilité du groupement des associations entre elles.

DEUXIÈME QUESTION

Des Relations des associations ouvrières de production avec d'autres groupes collectifs, tels que sociétés de consommation, chambres syndicales, sociétés de secours mutuels.

Certaines de nos associations sont issues du syndicat et un grand nombre de coopérateurs des associations de production sont également adhérents à la chambre syndicale de leur corporation, ou participants à une société de consommation.

D'autre part, certaines sociétés de consommation ont une tendance marquée à se rapprocher de nous, puisque, dans ces dernières années, elles ont prélevé des sommes assez importantes sur leurs bénéfices pour fonder des associations de production.

Il nous semble donc que la plus simple logique voudrait qu'il existât une certaine union entre les associations de production, les syndicats et les sociétés de consommation.

Malheureusement cette union n'existe pas.

Les associations de production vivent en très bons termes avec les sociétés de consommation, mais nous n'avons aucun lien officiel avec ces sociétés et, quant aux syndicats, ils paraissent nous considérer parfois comme de simples patrons.

***

En ce qui concerne les sociétés de consommation, nous croyons que nous pourrons facilement arriver à nous unir plus étroitement avec elles et qu'il y aurait le plus grand intérêt pour l'avenir de la coopération à ce que, dès l'aurore de la société nouvelle que nous voulons organiser, les associations de production et de consommation se mettent d'accord sur les droits et les devoirs respectifs des producteurs et des consommateurs, lorsqu'ils participent à une œuvre commune, et sur les moyens d'arriver à créer des organisations coopératives intégrales dans le genre de celle qu'a léguée à ses ouvriers le regretté Godin, c'est-à-dire le Familistère de Guise.

***

Quant aux syndicats, nous pensons que, du jour où ils nous connaîtront mieux, ils nous estimeront davantage.

Dans certaines industries, qui ne sont pas encore abordables à l'association ouvrière en raison des importants capitaux qu'exigent ces industries, nous considérons que le syndicat est le seul moyen que possèdent les travailleurs pour lutter contre l'exploitation patronale.

Dans d'autres industries de moindre importance, en empêchant l'avilissement des salaires et en réclamant la diminution de la durée des heures du travail, ils nous apportent un concours précieux en mettant un frein à la concurrence que nous font les patrons.

Tout en restant bien convaincus que, partout où cela est possible, l'association ouvrière est plus efficace que le syndicat pour affranchir les travailleurs et améliorer leur sort, cela ne nous empêche pas de reconnaître que les syndicats rendent de grands services à la classe ouvrière.

Il est regrettable que, de leur côté, les syndicats n'apprécient pas l'utilité de nos associations; toutefois nous ne croyons pas que ce soit une raison suffisante pour nous empêcher d'unir nos efforts en vue de la lutte contre cette chose abominable : l'exploitation de l'homme par l'homme.

Il y a encore les sociétés d'éducation sociale, les sociétés de crédit populaire, les sociétés de secours mutuels et une foule d'autres organisations poursuivant par des moyens différents de ceux que nous préconisons l'émancipation des travailleurs et le bonheur de l'humanité. Nous avons tout intérêt à être en relations suivies avec ces sociétés.

Il nous semble que si nous tenions de temps à autre avec toutes ces sociétés de grandes assises coopératives, il pourrait en sortir un profit considérable pour les travailleurs.

Or, il se présente une occasion extrêmement favorable d'opérer un rapprochement entre les associations de production et ces différents groupements dont nous venons de parler.

Pourquoi n'en profiterions-nous pas pour nous unir?

Quelques hommes d'une rare énergie, ceux-là mêmes qui ont fondé la « Coopération des idées » et l'Université populaire du faubourg Saint-Antoine, viennent de décider la création d'un Palais du Peuple.

Cette tentative a pour but de coordonner l'action des penseurs, des sociologues, des syndicats, des sociétés de production, des sociétés de consommation, des sociétés de secours mutuels, etc., etc., en vue de faire jaillir de ce qui représente le droit, la justice et l'humanité, dans notre vieille société, une société nouvelle basée snr l'équité.

Conçue en dehors de tout esprit de secte, cette tentative très large nous paraît tout à fait qualifiée pour opérer dans notre pays le rapprochement que nous désirons et que nous proposons.

TROISIÈME QUESTION

Des Rapports des associations ouvrières de production avec les pouvoirs publics et les administrations.

Les associations coopératives de production sont essentiellement républicaines, laïques et libérales, attendu que, dans nos organisations, le peuple est souverain et la liberté de conscience absolue.

Il s'ensuit que, dans les pays à Constitution républicaine

ou à mœurs libérales, les relations des associations avec les pouvoirs publics ont bien des chances d'être empreintes d'une certaine sympathie ou tout au moins d'une plus grande cordialité que dans les autres pays.

En France, les associations coopératives de production, qui ont pris naissance dans le grand mouvement de 48 et furent traquées sous l'Empire, ont reçu maintes fois sous la République de précieux témoignages de sympathie de la part des pouvoirs publics.

La forme du gouvernement d'un pays ne peut donc pas être indifférente aux associations coopératives, pas plus que ne leur est d'ailleurs indifférente toute atteinte au droit ou à la justice, dans quelque pays qu'elle se produise.

Est-ce à dire qu'elles doivent se mêler à la lutte des partis?

Nous pensons qu'elles doivent au contraire chercher à apaiser les passions qui peuvent égarer les hommes et les rendre injustes les uns envers les autres.

La politique divise nos concitoyens; les associations seraient perdues le jour où elles oublieraient qu'elles ont pour premier devoir de les unir.

L'action politique des associations ne peut donc être que bienfaisante; nous pensons que c'est une raison de plus pour qu'elles exercent cette action par tous les moyens en leur pouvoir.

***

Le premier moyen qui se présente à notre réflexion est l'action individuelle de l'électeur sur le mandataire, du coopérateur sur le conseiller municipal et le député.

Le second est l'action du groupement régional sur l'administration locale.

Le troisième est l'action collective de la Fédération des associations sur le pouvoir exécutif et l'administration centrale.

Quel que soit le milieu dans lequel s'exercera cette action, il nous paraît nécessaire que les coopérateurs ne perdent pas de vue que dans l'intérêt des associations, toute démarche pour obtenir des avantages exclusivement personnels doit être évitée, parce que si la démarche réussit, celui qui obtient une faveur devient l'obligé de celui qui la fait accorder et même, si elle ne réussit pas, il cesse d'être indépendant et que c'est assez pour contribuer à l'affaiblissement de l'autorité des associations et pour les faire baisser dans l'estime de ceux à qui la sollicitation serait adressée.

Par contre, il nous paraîtrait excellent, à tous les points de vue, que les délégués accrédités de nos coopératives s'entretiennent fréquemment avec les membres des corps élus et les représentants des pouvoirs publics de toutes les questions d'ordre général intéressant les travailleurs ou se rapportant à l'organisation du travail.

La tâche de gouverner un grand pays, et même un petit, est une tâche lourde pour quiconque veut la remplir consciencieusement.

Qui trop embrasse mal étreint, dit un vieux proverbe.

Les hommes au pouvoir ne font pas toujours autant de bien qu'ils voudraient pouvoir en faire parce qu'ils sont insuffisamment renseignés par des collaborateurs n'ayant pas toujours, en raison de leurs attributions multiples, le temps nécessaire à une étude approfondie des questions soumises à leur examen.

Les associations de production, par le fait qu'elles sont tout à la fois aux prises avec les difficultés des commerçants et en rapports constants avec les travailleurs et qu'elles soumettent journellement les idées nouvelles au crible de l'expérience ont une compétence aussi grande que qui que ce soit dans toutes les questions ouvrières, elles pourraient donc être consultées utilement sur ces questions.

Cependant, en France, elles ne sont représentées que depuis peu dans les conseils des Pouvoirs publics, et encore est-ce par un seul délégué au Conseil supérieur du Travail.

Le Congrès international pensera certainement avec nous que, quelle que soit la valeur et la compétence du représentant, c'est une représentatation insuffisante et de plus qu'il est du devoir des Pouvoirs publics, et conforme à l'intérêt futur et bien entendu de notre pays, d'aider à leurs débuts les associations de production.

QUATRIÈME QUESTION

Des Rapports Internationaux des Associations.

Nous avons dit que toute atteinte au droit et à la justice dans quelque pays qu'elle se produise, n'était pas indifférente aux coopérateurs.

Nous sommes certains d'être le fidèle interprète de leurs sentiments, en ajoutant que toute tentative de ce genre a leur réprobation et que la guerre n'a pas d'adversaires plus convaincus que les coopérateurs.

L'histoire des conflits armés qui ont ensanglanté le monde depuis des siècles démontre de façon péremptoire, que, lorsqu'une nation a fait la guerre à une autre, c'était tout simplement parce que son roi ou ses seigneurs voulaient s'accaparer du bien de leurs voisins, ou parce que ces nations différaient d'avis sur les questions religieuses.

Les associations coopératives ne convoitent le bien de personne ; elles sont même parfois altruistes et se soucient fort peu que telle ou telle fraction de l'humanité ait des croyances religieuses qu'elles ne partagent pas. La religion des associations, c'est la Solidarité ; cette religion-là est assez large pour embrasser toutes les autres.

Le règne des associations coopératives serait donc le règne de la paix universelle.

Les associations françaises seraient heureuses que leurs sœurs des pays voisins, qui sont animées comme elles de sentiments pacifiques, usent en faveur de la Paix universelle du peu d'influence qu'elles peuvent avoir dans leurs pays respectifs.

***

Afin de resserrer davantage les liens d'amitié qui unissent les travailleurs de tous les pays et de les faire profiter réciproquement des progrès accomplis par chaque nation, il serait désirable que des délégués des coopérateurs des principales nations du monde se réunissent au moins une fois l'an.

Deux obstacles ont jusqu'ici empêché une collaboration efficace des fédérations de travailleurs à l'œuvre de paix universelle.

Ces obstacles sont la différence de langage et l'importance des frais qu'entraîneraient de telles assises en raison des déplacements des délégués.

Mais les travailleurs ont un excellent moyen de préparer le règlement pacifique des conflits qui peuvent se produire entre nations en s'accoutumant à régler par l'arbitrage les différends qui peuvent surgir entre eux.

Quand cette coutume sera passée dans les mœurs des principaux Etats du monde, nous avons tout lieu de croire que nous ne serons pas loin de la suppression de ces boucheries humaines que l'on nomme les batailles.

CINQUIÈME QUESTION

Du Progrès économique et social réalisable dans la société par la Coopération.

Pour terminer, nous répondrons à cette question par un seul mot : Le progrès économique et social réalisable dans une société par la Coopération est infini.

Les conclusions du rapport furent modifiées par la discussion qui suivit et après laquelle seulement elles acquirent la forme définitive qu'on lira page 222.

En attendant, voici les observations que présenta M. Barré à ce propos :

Messieurs, je demanderai que la deuxième résolution, celle relative aux unions que nous devons rechercher entre les sociétés de consommation, les syndicats, les sociétés de secours mutuels et autres groupements d'intérêt moral général, soit un peu plus affirmée.

On nous a fait voir tout à l'heure que ces associations-là, chacune de son côté, faisaient pour le mieux pour arriver au progrès et on a émis le vœu qu'il y ait une union entre elles. Eh bien, pour faciliter cette union, il faut un terrain neutre, et non seulement un terrain neutre, mais un terrain favorable, un terrain attrayant. On a touché légèrement la question des Universités populaires et du Palais du peuple; moi je suis de ceux qui croient que c'est le véritable terrain et très suffisant; nous sommes absorbés, chacun suivant son état et ses moyens; si donc dans les syndicats il n'y a pas quelque chose qui nous sollicite, qui nous amène forcément à donner, nous serons pleins de bonne volonté, comme l'enfer, mais nous en resterons à ce point. Il faut donc que les associations ouvrières qui comprennent toute la puissance des associations, et qui savent que dans l'avenir nos groupements pourront atteindre un développement extraordinaire, il faut donc qu'elles se préparent dès maintenant effectivement et qu'elles se disent qu'à côté de leur intérêt matériel, de cette lutte pour la vie, pour donner le pain, il faut ajouter la semence qui rendra un peu plus tard.

Nous devons, Messieurs, faire la coopération des idées en même temps que la coopération des intérêts, il faut nous joindre à tous ces hommes de bonne volonté qui viennent à nous et sont animés de bonnes intentions, à cette jeunesse studieuse, généreuse, qui vient aux universités populaires dont je suis heureux de saluer ici la présence en la personne de leur représentant, M. Bardoux, un des fondateurs des universités populaires de Belleville.

Il faut en cela que nous ayons notre part effective, notre part d'effort, il faut dans chaque ville des Universités populaires, des Palais du peuple, des palais qui doivent être pleins d'une atmosphère de confiance, où nous amènerons nos fils, nos femmes, où chacun entendra toujours parler de ces sentiments généreux qui doivent être le mobile conscient, éclatant, permanent de l'humanité.

Messieurs, je précise : je demanderai que le Congrès émette le vœu que les associations ouvrières participent effectivement à toutes les Universités populaires et à tous les Palais du peuple...

M. Petit. — Un mot...

M. le Président. — Il faut procéder par ordre; nous avons 4 projets de résolution à adopter, nous ne pouvons pas les adopter en bloc, nous allons procéder par voie de classement. Pour la première résolution, la discussion générale que M. Barré...

M. Petit. — Sur cette question j'avais un mot à dire; je voudrais faire remarquer que nous étions déjà de cet avis; il n'était pas question du caractère international, mais dans note pensée, nous espérions manifester notre ferme désir par un vœu.

M. Barré. — Les palais du peuple sont des créations d'ordre international, seulement je demanderai qu'on précise davantage en mettant le mot dans la résolution.

M. Petit. — J'appuie.

M. le Président. — Je prie notre collègue, M. Barré, de bien vouloir formuler par écrit le nouveau texte à soumettre à l'approbation de l'assemblée.

Nous allons commencer par la première résolution ainsi conçue :

« Le congrès émet l'avis qu'il y a un intérêt supérieur pour la « coopération en général et pour les associations de production en « particulier à fonder dans chaque pays où elles seront en certain « nombre, une fédération d'associations dans le genre de la Chambre « consultative. »

M. le Président. — Nous nous arrêtons là?

M. le Président. — Je mets aux voix...

(Adopté à l'unanimité.)

DEUXIÈME RÉSOLUTION

« Le Congrès préconise l'union effective des associations de pro- « duction avec d'autres groupements poursuivant un but humani- « taire ou d'émancipation sociale. »

Nous allons ouvrir la discussion sur ce projet de résolution.

M. Barré. — La première rédaction subsiste et celle-ci s'ajoute :

« Le Congrès émet le vœu que les Associations ouvrières parti- « cipent effectivement à la création et au groupement d'œuvres dites « *Universités populaires et Palais du peuple...* »

M. le Président. — Quelqu'un demande-t-il la parole sur ce projet de résolution? Nous allons le scinder en deux parties de façon à ce qu'il n'y ait pas d'équivoque.

Le premier alinéa est ainsi conçu : Le Congrès préconise l'union effective des Associations de production avec d'autres groupements poursuivant un but humanitaire ou d'émancipation sociale.

(Adopté.)

Le Congrès émet également le vœu que les Associations ouvrières participent effectivement à la création et au développement d'œuvres dites « Universités populaires et Palais du peuple ».

(Adopté.)

Le Congrès émet le vœu que les Associations coopératives de production soient représentées par plusieurs délégués dans les Conseils de gouvernement de leurs pays respectifs.

M. Cohadon. — C'est tellement nécessaire... Pour tous les pays, c'est international.

M. le Président. — Permettez. Dans les considérations de son rapport très remarquable et très bien fait, notre collègue, M. Petit, ne préconise pas de faire de la politique, il ne le conseille pas, et cependant, à moins qu'il ne se soit pas bien exprimé, il émet ici le vœu que les Associations coopératives de production soient représentées par plusieurs délégués dans les Conseils de gouvernement de leurs pays respectifs.

Mme VINCENT. — Conseils du travail...

M. PETIT. — Conseils du travail.

M. LE PRÉSIDENT. — Il était bon de s'expliquer.

M. PETIT. — C'était dans ma pensée.

Mme VINCENT. — Conseils ou commissions du travail.

M. PETIT. — J'ai bien expliqué que ce rôle des Associations devait être de donner des conseils sur toutes les questions ouvrières et toutes les questions d'organisation du travail, et je ne vois pas, même dans les pays où il y a une royauté, comment cela pourrait être contraire à notre rôle.

M. LE PRÉSIDENT. — Quelqu'un demande-t-il la parole pour compléter ce projet de résolution ou pour demander une explication complémentaire?

M. PLATIER. — Au lieu de mettre : « par plusieurs délégués », on pourrait dire : soient représentés *largement;* cela accentuera un peu.

M. LE PRÉSIDENT.—Il est bien entendu que dans la pensée du Congrès, comme dans la pensée du rapporteur, il ne s'agit pas du tout, quand on parle de conseils du gouvernement des pays respectifs, puisque nous sommes Congrès international, il est bien entendu qu'il ne s'agit pas ainsi de pouvoir législatif; il n'est pas question de conseils politiques, il n'est question que de conseils économiques que chaque gouvernement demande, soit aux intéressés, soit aux organisations qui ont intérêt à conseiller les législateurs, des renseignements quand ils élaborent les lois.

Ainsi en France nous avons dans ce genre le Conseil supérieur du travail. C'est là-dedans qu'il serait bon que les camarades puissent pénétrer. (Approbation.)

Nous allons mettre aux voix :

« Le Congrès émet le vœu que les associations coopératives de production soient représentées par plusieurs délégués dans les conseils du gouvernement de leurs pays respectifs. »

Mme VINCENT. — Concernant le travail.

M. LE PRÉSIDENT. — C'est entendu.

(Adopté.)

Nous passons à la quatrième question :

« Le Congrès décide que dans quelque circonstance que ce soit, les coopérateurs de tous les pays doivent avoir recours à l'arbitrage pour le règlement des différends qui peuvent se produire... »

M. COHADON. — On ne peut demander mieux.

M. LE PRÉSIDENT. — Comme l'a très bien expliqué le rapporteur, il est certain que si l'arbitrage se met insensiblement dans les mœurs des associations et sociétés entre elles, cela gagnera forcément la société plus grande qu'est le pays... (Approbation.)

(Adopté).

Voici le texte définitif des résolutions votées par le Congrès sur la troisième partie :

Il y a un intérêt supérieur pour la Coopération en général et pour les associations de production en parti-

culier, à fonder dans chaque pays où elles seront un certain nombre, une Fédération ou Association d'Associations.

Le Congrès préconise l'union effective des associations de production avec d'autres groupements poursuivant un but humanitaire ou d'émancipation sociale.

Le Congrès émet le vœu que les Associations ouvrières participent effectivement à la création et au groupement d'œuvres dites « Universités populaires » et « Palais du peuple ».

Le Congrès émet le vœu que les Associations coopératives de production soient représentées largement dans les conseils du travail du gouvernement de leurs pays respectifs.

Le Congrès décide que, dans quelque circonstance que ce soit, les coopérateurs de tous les pays doivent avoir recours à l'arbitrage pour le règlement des différends qui peuvent se produire entre eux.

M. LE PRÉSIDENT. — Nous n'avons plus que le rapport sur la troisième partie présentée par M. Andrieux, qui n'est pas présent ; vous avez le rapport sous les yeux.

RAPPORT présenté par M. ANDRIEU, chef d'atelier, à la « Lithographie Parisienne. »

Il y a assurément un très grand avantage à ce que toutes les organisations coopératives de production soit groupées, malgré les intérêts professionnels qui peuvent être opposés, mais il en est un qui doit primer, c'est l'intérêt général, au point de vue économique, les Associations sont intéressées à unir leurs efforts, pour vaincre ce qui reste encore de parti pris dans la société actuelle contre leur fonctionnement ; inconnues de la masse des travailleurs, incomprises le plus souvent par ceux qui disent les connaître, il est nécessaire qu'il s'établisse entre elles des rapports constants, faisant connaître les épreuves subies et vaincues avec succès par celles dont l'existence est plus ancienne ; ces rapports fraternels seraient en quelque sorte l'enseignement mutuel des associations, soit pour les entreprises à faire, soit pour la défense de leurs droits.

La Chambre consultative qui, depuis des années, lutte avec acharnement pour la propagande en faveur de la

Coopération, doit être le lien qui unira toutes les coopératives sous un même drapeau.

Il nous semble que rien ne peut s'opposer à ce que les groupes coopérateurs aient des relations fraternelles et suivies avec d'autres groupes collectifs, la plus grande partie des membres qui les composent ne pouvant compter actuellement sur l'intégralité des garanties nécessaires aux travailleurs font également partie des sociétés collectives de consommation, de syndicat, de secours mutuels et de caisse de retraites.

Il est avéré que le coopérateur militant va aisément à la solidarité, pénétré qu'il est de son devoir de cumuler les sacrifices; en opérant ainsi il se rend service à lui-même.

Les rapports des associations avec les pouvoirs publics peuvent être considérés comme étant très utiles pour les corporations qui peuvent obtenir des travaux de l'État, du département ou des communes, mais où ils sont indispensables, c'est lorsqu'il s'agit d'obtenir en faveur des coopératives ouvrières des garanties ou exonérations fiscales qui grèveraient les maigres ressources de nos groupements.

Il en est de même pour les administrations officielles auprès desquelles il serait utile de faire comprendre que les associations ont fait leurs preuves et que, traiter avec elles, c'est aider au progrès et à l'émancipation des travailleurs.

Pour les rapports internationaux avec les coopératives ouvrières, ils peuvent être établis et suivis avec régularité pour le profit commun; ces relations établissant des liens de sympathie mutuelle amèneront le moment venu une fédération morale des idées jusqu'au jour où elle deviendra effective par l'application d'un nouveau régime social qui aura détruit les frontières et les intérêts nationaux qui divisent aujourd'hui les différents peuples.

Le jour viendra, à n'en pas douter, où les travailleurs du monde entier seront unis par la liberté et la solidarité; ce progrès humain sera assurément préparé par tous les éléments divers constituant la société actuelle, mais transformés par le progrès constant des sciences, des arts, de l'industrie et du commerce qui, par des évolutions successives et que les associations devront appliquer sous peine de chute mortelle, conduiront l'humanité vers l'harmonie prédite par le grand esprit Fourier.

Dans la Société actuelle, le rôle économique des associations ne peut suivre que très lentement le progrès économique que la transformation industrielle apporte chaque jour dans le progrès social.

Son rôle semble se borner à préparer les voies de l'avenir; elle pourrait, favorisée par le travail, améliorer le sort des coopérateurs, mais il faudrait pour cela faire que ces derniers comprissent que l'œuvre du coopérateur ne peut s'arrêter aux principes qui l'a fait grouper, mais que son rôle doit s'étendre dans la famille, dans les groupes dont il peut faire partie, en faisant connaître sans cesse que la Coopération est l'arme la plus rationnelle pour détruire les abus et injustices sociaux qui ont trop vécu.

⁂

M. LE PRÉSIDENT. — Je donne la parole à M. Cohadon pour une proposition qu'il a à soumettre au Congrès.

M. COHADON. — Citoyens coopérateurs, vous m'excuserez de ne pas avoir fait un rapport écrit puisque je savais que j'aurais cette proposition à faire.

On a parlé de caisses agricoles et de caisses urbaines; tous les rapports sont pleins de sentiments généreux pour l'humanité et ont presque tous le même désir : arriver au plus de satisfaction avec le moins de peine possible: c'est l'avenir de l'humanité.

Mais je remarque une chose comme je l'ai remarquée en 1848, il y a cinquante-deux ans, et c'était encore davantage à cette époque : on était imbu de l'idée chrétienne, et de même qu'il n'y avait qu'un seul Dieu, il n'y avait qu'un seul procédé d'organisation. Je suis convaincu qu'il y en a presque autant que d'idées.

Eh bien! ici, je vois la même chose ; nous avons tous de bonnes intentions; mais chacun croit qu'il détient la vérité, et cela se comprend bien : on a une conviction, on croit que c'est la meilleure, et tant qu'on n'a pas vu une démonstration encore meilleure, on croit que l'on a la bonne.

Ce que je dis est peut-être un peu téméraire, mais il faut que vous ayez l'obligeance de m'écouter.

Je crois que pour la coopération, nous en sommes à l'alchimie avant que des savants assez compétents aient créé la chimie; nous en sommes à l'astrologie avant que l'on ait commencé l'astronomie; nous n'avons pas les véritables bases de la coopération, et les eût-on trouvées, que celui-là qui les connaîtrait ne serait pas sûr de ne pas se tromper; et puis, tant qu'il ne l'aurait pas fait comprendre aux autres, ce serait inapplicable; parce que si les autres coopérateurs ne l'ont pas compris, il ne pourra marcher avec eux.

Je ne sais si je me suis fait bien comprendre; je demande qu'il y ait une organisation intellectuelle qui se réunirait à des dates périodiques, comme on faisait chez M. Leroy, du *Courrier français*.... Nous nous réunissions, on émettait des propositions en demandant à chacun son opinion. Cela nous a beaucoup instruits et c'est préférable à ce qui se passe dans les congrès où l'on n'a pas beaucoup de temps. Ainsi on arriverait, sinon à la solution vraie, du moins à celle qui s'en approche le plus et, comme il n'y a rien d'absolu, quand un des membres aura trouvé quelque chose de plus pratique, on sera heureux d'y adhérer. Je demanderai donc que le Congrès nomme une commission pour organiser ce service d'études. Il y aura d'abord ceux qui en feront partie, mais je demande en outre qu'il y ait des auditeurs, aussi bien des femmes que des enfants. Tous les rapports qui vous ont été présentés sont très clairs, mais vous voyez bien qu'il ne vous a pas été présenté de conclusion, et cependant tout ce qui s'est créé jusqu'ici a toujours entraîné la création d'une sorte de professorat ou, si vous voulez, une sorte de catéchisme. C'est bien le moins que la coopération fasse école pour instruire ses adeptes et éclairer les coopérateurs. Je demande donc qu'il soit créé une commission d'études spéciales pour la coopération.

Mme VINCENT. — J'ajouterai deux mots. Sur ma proposition au Congrès féministe, nous avons voté qu'on demanderait que des cours soient faits aux adultes sur la Coopération et l'Association, cours où seraient admis les hommes et les femmes. Nous avons voté cela au Congrès féministe des 18-23 juin.

M. COHADON.—Il ne faut pas être grand clerc pour voir que les professeurs qui professeront la Coopération comme ils l'auront étudiée, ne pourront donner des renseignements semblables à ceux qui la mettent en pratique.

Mais ce n'est pas un cours qu'on demande, ce sont des études mutuelles.

M PETIT. — Je crois que la proposition de M. Cohadon fait double emploi avec ce que nous venons de décider. Des cours d'association, c'est un peu le rôle de la Chambre consultative, qui ne remplit pas son rôle à notre entière satisfaction parce qu'elle ne peut faire autrement, mais elle fait tout ce qu'elle peut. Pour l'étude de la consommation, du crédit, cela est relatif à la décision prise pour les Universités populaires. Je ne crois pas que l'on pourrait faire actuellement quelque chose de mieux que cette organisation remarquable. Cela me paraît donc faire double emploi...

M. LADOUSSE. — En somme, ce qui se dégage un peu de cette discussion, c'est ceci : toutes les résolutions que nous avons prises et tous les projets que nous avons présentés sont excellents, nous sommes tous animés des meilleures intentions. Mais reste la pratique. Ce que demande M. Cohadon ressortirait plutôt de l'enseignement, de l'éducation à donner aux enfants, aux jeunes gens, de façon à les initier.

Vous demandez une commission, elle sera nommée certainement par acclamation, mais comment fonctionnera-t-elle? C'est là toute la question. Nous sommes des directeurs d'associations; à ce congrès nous sommes des praticiens, nous ne pouvons pas enseigner théoriquement, nous le voudrions que peut-être nous ne saurions pas, parce qu'il faut une méthode dans l'enseignement et, indépendamment de cela, le temps matériel nous fait complètement défaut. Mais ce que nous faisons c'est mieux que tout cela; au lieu d'un enseignement théorique, nous faisons la démonstration pratique, nous prouvons le mouvement en marchant et nous prouvons ce que peut faire l'association par l'association elle-même. Cela n'empêche pas que votre proposition est excessivement bonne en ce sens que si nous pouvions avoir des professeurs, des hommes de talent qui s'intéressent aux faits de la coopération et qui auraient pour mission...

Mme VINCENT. — Comme les cours philosophiques ?

M. LE PRÉSIDENT. — ... de la faire pénétrer dans les masses où elle fait encore défaut...

M. COHADON. — Si vous voulez me le permettre, Monsieur le Président, je vais compléter ma pensée; je regrette de ne pas m'être expliqué assez clairement.

Il nous faut d'abord définir pour le mieux le but que nous voulons atteindre ; pour cela les grands professeurs sont moins compétents que ceux qui mettent les préceptes en pratique.

Nous avons vu dans les cours dont je viens de parler des gens écoutant comme nous écoutons ici, qui avaient l'esprit ouvert par ce qui avait été dit, qui s'en allaient chez eux ruminer tout cela et quelquefois celui qui pensait le moins revenait avec l'idée la plus juste parce que cela ne touche pas aux intérêts d'une organisation. Quand on fait une organisation, on la fait le mieux possible et on croit tellement l'avoir bien faite qu'on croit qu'il n'y a que celle-là de bonne; nous sommes tous comme cela, mais cela n'empêche pas qu'il peut y en avoir une meilleure. Je demande qu'il y ait là-dessus une discussion et que l'imagination de chacun de nous étant ouverte, il surgisse des idées nouvelles que nous ne connaissons pas; si nous les connaissons, il n'y aura qu'à les faire connaître; je demande qu'on les cherche. Vous voyez que cela ne peut être fait que par une sorte d'école mutuelle.

Tous les rapports tendent au même but : améliorer la vie non seulement pour les autres hommes, mais vous voyez qu'on veut l'améliorer même pour les animaux, puisque la mécanique remplace les animaux et que nous cherchons le moyen de tuer ces animaux pour nous nourrir en les faisant souffrir le moins possible. Ainsi l'humanité tend toujours à son bonheur; mais pour le réaliser, nous serons obligés d'étudier la nature; car ce qui nous instruit, c'est la nature. Voyez ce que nous observons pour les arbres, depuis le serpolet jusqu'aux arbres géants. Ils ont tous trois points communs. C'est d'abord la racine; puis le fût qui porte le feuillage. Nous, nous avons d'abord le cerveau, qui nous commande, heureusement, sans cela nous ferions parfois de drôles d'actions, et nous avons enfin un corps pour exécuter nos volontés. Il nous faut le même organisme pour la coopération; il naîtra de la discussion, si vous créez l'institution que je vous demande.

M. Buisson. — Messieurs, il est bien difficile de venir combattre la proposition faite par un homme qui a une grande expérience sur l'association, surtout lorsqu'on sait que cette proposition part de très bonnes intentions. Mais je crois que cependant il faut savoir parfois faire son devoir et dire aux gens ce qu'on pense. J'estime que nous n'avons pas beaucoup de temps à perdre; nous avons déjà beaucoup discuté pour résoudre les questions qui nous incombaient. Et puis nous avons déjà beaucoup de mal à suivre les réunions de la Chambre consultative et toutes les autres réunions qui se font au Musée social, où se font des conférences très approfondies, notamment sur l'association. J'ai assisté à quelques-unes de ces conférences. Eh bien! le grand défaut que j'y trouve, c'est que nous y faisons totalement défaut. Certainement il y a là une éducation complète à faire, et il y aurait beaucoup de choses à apprendre encore, mais je ne suis pas tout à fait de l'avis de M. Colladon; nous ne sommes pas à la recherche du meilleur moyen de faire l'association, nous faisons de l'expérimentation. Or, je mets en fait que dans l'expérimentation que nous faisons et l'application des divers systèmes que nous préconisons, nous devons justement trouver les meilleurs moyens de pratiquer la coopération. Actuellement on peut nous diviser, associations ouvrières de la France entière, en catégories; les unes procèdent d'une manière, les autres d'une autre; il y a trois ou quatre manières différentes de procéder; nous avons le même but, mais pas les mêmes moyens. Eh bien, il y a quelque chose qui me rend rêveur : c'est que toutes ces manières de procéder ont donné de bons résultats; on peut prendre n'importe quelle catégorie d'associations, soit qu'elle soit corporative, soit qu'elle soit fondée par un syndicat, soit qu'elle n'admette pas les capitaux étrangers, soit qu'elle les admette... On peut ainsi nous classer en quatre ou cinq catégories différentes. Dans chacune de ces catégories il y a eu des réussites comme il y a eu énormément d'insuccès. Est-ce parce que nous aurons décidé qu'on doit procéder d'une façon différente qu'il y aura une amélioration apportée dans tel ou tel sens? Il faut mettre en pratique ce que l'on aura résolu de faire; mais cette pratique, ce n'est pas au bout de deux mois, pas plus qu'au bout de deux ans, que nous pourrons l'avoir. (*Applaudissements.*)

Je considère donc que ce que nous faisons est évidemment beaucoup plus pratique. Comme le disait M. Ladousse, nous marchons, nous faisons de l'association et nous faisons de l'association de différentes manières. C'est à ceux qui ont le temps de réfléchir, de voir, de tirer de nos efforts les résultats qui doivent en sortir, c'est-à-dire la meilleure manière, la méthode que l'on doit employer pour faire de l'association.

Tout à l'heure, on parlait de faire une espèce d'école. Il y a des gens qui nous diraient comment il faut s'y prendre. Je ne vois pas du tout ces professeurs, ni quelle méthode ils préconiseraient aux Associations.

Ces jours-ci, je me trouvais au Musée social. Il s'agissait de constituer une association et des formalités à remplir: c'est chose mathématique que la Chambre consultative indique chaque fois qu'on le lui demande. Mais ce qu'il est difficile de dire à des ouvriers, ce sont les à-côtés de la question, tout ce qu'ils devront faire pour réussir; évidemment c'est une question de moyens, une question de personnes, une question de métier, et telle Société qui n'aura pas réussi dans telle corporation réussira dans telle autre. De sorte que je comprenais parfaitement le secrétaire qui me faisait voir sa réponse; elle était banale et je le lui faisais remarquer : avec cela ces gens seront bien renseignés. Voilà des statuts-types, c'est très bien; vous leur dites : Voilà la loi de 1867; maintenant vous avez à Paris une organisation qui s'appelle la Chambre consultative à laquelle vous pouvez adhérer; à côté de cela il y a la Banque coopérative qui pourra vous faire des prêts, et le Gouvernement, qui tous les ans donne des subventions. Je dis au secrétaire : Eh bien, si, au reçu de votre lettre, ces gens-là ne forment pas une Société, c'est que vraiment ils n'ont pas envie d'en faire; car, en faisant voir la question sous cet aspect, ils vont immédiatement fonder l'association. Cependant cela ne les fera pas réussir et je pris la liberté de dire au secrétaire : Ce que vous leur dites ou rien c'est absolument la même chose : ils échoueront s'ils ne sont pas coopérateurs, s'ils n'ont pas les vertus qu'il faut avoir. Ces gens se réuniront parce que vous leur donnerez les statuts qu'ils suivront immédiatement. Mais il y a une quantité de choses que vous ne leur dites pas...

Je voudrais conclure et dire que ce que nous faisons est beaucoup plus pratique et beaucoup plus important que ce que M. Cohadon nous propose. Étudier la meilleure forme de l'association? mais nous le faisons depuis quarante ans! Vous qui avez cette expérience vous devriez nous dire aujourd'hui, en votre âme et conscience, la meilleure manière. Vous en avez vu fonder des centaines et des milliers, oserai-je dire ; eh bien! c'est votre expérience de cinquante années que nous voudrions avoir; nous voudrions que vous nous disiez :

« Une association? Voici comment cela se constitue, voici comment cela marche... »

M. Cohadon. — C'est en bas à l'Exposition d'Économie sociale.

Ce que vous venez de dire me confirme dans ma manière de voir. Voilà de braves gens qui voulaient s'associer et qui ne savaient comment s'y prendre: ils ignoraient qu'il y a une Chambre consultative dont c'est l'office. Elle est composée de directeurs qui ont à examiner les demandes qui leur sont faites : elle n'a pas le temps de rêver ce qui pourrait être le mieux, parce qu'elle est trop occupée.

Vous venez de dire que vous suivez les travaux de la rue Las Cases ; moi aussi. Je n'ai plus autre chose à faire que d'étudier ; mais je vois dans tout cela qu'on en est encore à la recherche ; eh bien, croyez-le, c'est quelquefois le moins instruit d'entre nous, celui qui sait le moins et qui a la cervelle toute fraîche, qui n'est pas imbu d'anciennes idées, c'est celui-là peut-être qui trouvera le meilleur moyen. Lorsque nous assistons à des réunions comme ce Congrès, beaucoup de gens pensent des choses qu'ils n'osent dire et ils s'imaginent que tous ceux qui parlent sont des savants alors qu'eux ne le sont pas; tandis que dans des petits comités chacun peut prendre la parole à son tour, on est moins gêné pour parler. M. Leroy disait :

« N'ayez pas peur de dire une bêtise, quelquefois ce que vous « croyez être une bêtise est une chose très vraie. »

Ce qu'il faut, c'est une école de recherches mutuelles, ce n'est pas une école de savants, pour démontrer. On s'instruira en apprenant ce que disent les autres. Vous avez travaillé; beaucoup, d'autres avaient travaillé avant vous; vous avez eu des précurseurs, tout cela fait un tout. Vous avez dit qu'avec des procédés semblables des associations réussissent et d'autres ne réussissent pas; il faudrait savoir si l'on doit s'en prendre aux institutions ou aux hommes qui les dirigent.

M. Buisson. — Parfaitement.

M. Cohadon. — Vous voyez que la vérité ne se trouve pas dans les grandes assemblées, mais dans les petites réunions; quand on entend une idée, cela en fait surgir d'autres. Ce que je demande, c'est qu'on fasse surgir les idées, il faut voir et étudier celles des autres. Nous en avons un très grand exemple dans cette exposition. Nous savons bien que, quand bien même toutes les matières premières se seraient trouvées réunies là, et quand bien même on aurait ajouté l'architecte en chef, celui qu'on vient de décorer de la plus haute dignité de la Légion d'honneur, s'il avait voulu faire cela tout seul il n'aurait pu le faire; il n'a donné que les grandes lignes; M. Picard et les exposants ont demandé chacun ce dont ils avaient besoin, faisant approuver leurs plans, et puis, afin de faire toujours plus beau, ils ont cherché à créer une architecture nouvelle, et chaque architecte étranger a été chercher ce que son pays avait fait de plus beau, de sorte que c'est le concours de tout le monde qui a fait cette magnifique Exposition. Mais si quelqu'un voulait se croire plus savant que tous, je lui dirais : « Tu te crois plus savant, parce que tu ne sais que ta part, et tu ne « peux deviner ce que les autres ont dans le cerveau. »

M. le Président. — Vous seriez bien aimable, Monsieur Cohadon, de formuler par écrit votre proposition.

M. Cohadon. — C'est bien simple, je demande qu'il soit créé un cours d'enseignement mutuel où l'on étudierait la coopération et qu'il soit créé une commission pour l'organiser.

M. Petit. — Je demande le renvoi à la commission.

M. Le Corre. — Je ne voudrais pas combattre cette proposition : cependant, je ferai remarquer que pour établir cette commission, il nous faut des subsides et j'estime que ce n'est pas dans le Congrès actuel que nous pourrions les prendre. Cette résolution s'étend à toute la coopération, de sorte qu'elle ne pourrait être votée qu'après avoir passé dans le congrès où la coopération existe en *consommation* et en *production*. Je crois que nous ne pourrions que prendre bonne note de cette proposition, mais que dans notre Congrès nous ne pourrions la voter, attendu qu'elle s'étend à d'autres genres de coopérations que le nôtre.

M. Rousseau. — Je ne vois pas pourquoi cette proposition s'étendrait à un autre genre de coopération. Il ne doit pas y avoir deux genres de coopération; il n'y a que la Coopération. Je ne vois pas pourquoi cette manière d'instruire pourrait nuire en quoi que ce soit. Est-ce que nous ne trouverions pas les professeurs nécessaires? M. Buisson nous l'a dit et nous a fait un cours de coopération; il nous a dit qu'il y a plusieurs genres de coopération et qu'il est possible de discerner entre les bons et les mauvais. Ayons des professeurs aussi éclairés que M. Buisson et nous pourrons trouver la bonne et la mauvaise coopération. Puisque les anciens, les vieux coopérateurs, ceux qui ont essayé de lutter avant nous, nous montrent à nous, les jeunes, ce qu'ils ont fait, peut-être, nous, les jeunes, en apprenant ce que les anciens ont fait et en apportant notre pierre, peut-être arriverons-nous en commun à faire de bonne coopération.

M. Cohadon. — Je ne tiens pas à une décision ferme du Congrès; je je n'insiste pas pour que le Congrès nomme une commission, mais que, parmi ceux qui sont ici, un certain nombre disent : « L'idée nous plait, nous allons l'organiser », s'ils croient que le Congrès n'a pas pouvoir pour nommer une commission et accepter ma proposition. Cela peut se faire par des gens de bonne volonté. Dans la vie tout ne se fait pas officiellement, gouvernementalement; il y a bien des initiatives privées, comme vous l'avez montré en vous organisant.

M. le Président. — M. Cohadon n'insiste pas pour que le Congrès nomme une commission, seulement, il demande que l'on étudie la question; notre collègue vient de dire avec infiniment de justesse que cette proposition intéresse non pas seulement la coopération et l'association que nous pratiquons mais tous les genres : la mutualité, la participation aux bénéfices, la consommation, la production et toutes autres qui pourront se produire après, qui en seront la conséquence. Alors, je vais proposer ceci au Congrès; d'accepter en principe la proposition de M. Cohadon et que les représentants du Congrès ici présents qui assisteront au Congrès de l'Alliance internationale de la coopération, veuillent bien présenter cette idée puisque le Congrès de l'Alliance coopérative internationale comprend toutes les branches de la coopération. C'est là où votre proposition viendra parfaitement à point. (Approbation générale. Adopté.)

M. le Président. — Voici une autre proposition émanant de M. Anton, de Barcelone, délégué de la Catalogne et des Baléares. Il demande au Congrès de bien vouloir décider :

« De fonder un centre international de relations commerciales entre les Sociétés coopératives de production et celles de consommation; une commission nommée par le Congrès sera chargée de mettre en pratique le précédent paragraphe. »

Voilà une proposition qui rentre également dans le cas de celle de M. Cohadon. (Voix diverses : Parfaitement !)

Le Congrès international de l'Alliance coopérative, qui comprend des Sociétés de consommation, de production et autres, pourra statuer là-dessus. D'ailleurs, cette question a été maintes fois votée à tous les Congrès, seulement on n'a pas trouvé le moyen pratique de la réaliser. Espérons que d'ici le prochain Congrès on l'aura trouvé.

M. Buisson. — Des expériences ont été faites avec l'Angleterre par l'intermédiaire de l'Alliance.

M. Bougot. — Il serait très simple, puisque la Chambre consultative fonctionne dans cette vue, de faire un annuaire où seraient inscrites toutes les Sociétés de consommation et de production qui existent, même celles qui n'adhèrent pas à la Chambre consultative, pour les publier; on pourrait consulter très utilement cette publication.

M. Buisson. — Notre camarade ignore qu'il y a l'Almanach de la Coopération de consommation qui, chaque année, donne l'adresse de tous les groupements du monde. J'ajoute que nous avons essayé pratiquement de réaliser cette alliance, de faire des échanges entre les Sociétés de production et les Sociétés de consommation. Les résultats ont été absolument navrants. Nous avons eu des produits qui ont été envoyés en Angleterre, qui n'ont pas fait l'affaire, qui sont restés en transit, il y a eu des pertes. On avait cru bien faire et resserrer les liens qui unissaient les sociétés de consommation avec les sociétés de production d'Angleterre. Cette question a failli mettre le feu aux poudres. Ce fut un désastre. C'est une question qui viendra à son heure, plus tard probablement. Ce qu'on n'a pu faire hier se réalisera demain, mais, quant à présent, tous les essais faits ont été inefficaces. Des producteurs d'ici avaient envoyé des asperges, des petits pois, etc. Quand tout cela est arrivé là-bas, il se trouva qu'on n'avait pas compris, ce n'était pas ce que l'on avait demandé. Il y a eu des procès, toutes espèces d'ennuis; les Sociétés de consommation ont voulu essayer avec le charbon, il y a eu également de ce côté des déceptions formidables. Ce qui vient d'être demandé n'a pas donné de résultats satisfaisants; il faut le remettre à plus tard.

M. PLATIER. — Je dois ajouter que nous étudions encore la question et que nous cherchons constamment à nous rapprocher des sociétés de production. Nous n'avons pas réussi pour la France, il ne peut être question des pays étrangers, et pourtant nous ne cessons dans nos Congrès de prêcher l'union des Sociétés de production et de consommation; nous y allons tout doucement, mais il faut le temps.

M. LADOUSSE. — Il faut le temps évidemment; il en est pour ces associations comme pour le métier de commissionnaires qui achètent au producteur pour revendre au consommateur. Ce sont des hommes qui font cela de longue main, qui achètent par quantités considérables tous les produits d'une région, qui se présentent sur un marché sur lequel ils ont des représentants. S'ils ne vendent pas à tel prix, ils vendent à un autre; s'ils ne peuvent vendre à 2 francs, ils vendent à 1 fr. 50; ils ne sont responsables que vis-à-vis d'eux-mêmes et ils ont pris toutes leurs précautions pour que rien ne se perde; tandis que pour nous, associations de production, sociétés ou syndicats agricoles, associations de consommation, il nous faut nommer des délégués qui ne s'y connaissent pas, il faut qu'ils se dérangent, ils n'ont aucune responsabilité, ils comprennent mal et les commandes arrivent trop tard. Donc cela n'est pas encore mûr, cela viendra à son heure. Nous souhaitons que cela vienne.

M. PLATIER. — Il faut continuer à travailler pour que cela arrive.

M. LADOUSSE. — Mais c'est prématuré.

M. PETIT. — J'appuierai le renvoi à l'Alliance internationale, attendu que ce n'est pas parce qu'une chose n'aura pas réussi une fois que cela infirmera le principe. Je demande, au contraire, la prise en considération de la proposition par le Congrès avec renvoi à l'endroit où elle peut être discutée le plus utilement, c'est-à-dire, à l'Alliance coopérative internationale.

M. LE PRÉSIDENT. — Je mets aux voix, la proposition de M. Juan-Salas Anton. (*Adopté.*)

Il y eut, dans le même ordre d'idées, une proposition de M. H. de Larnage ainsi conçue :

Le Congrès international des Sociétés ouvrières de Production :

Renouvelant de la façon la plus formelle les vœux émis précédemment dans les Congrès internationaux de l'Alliance coopérative tenus à Paris et à Delft, sur le même sujet,

Émet le vœu que les Associations coopératives de Consommation, afin d'affirmer la véritable solidarité qui les unit aux Sociétés coopératives de Production industrielle ou agricole, leur donnent toujours la préférence à égalité de prix, dans leurs achats divers, et dans ce but entretiennent des rapports suivis avec elles par l'intermédiaire de leurs Chambres consultatives. (*Adopté*).

Il y a une autre proposition de Mme Vincent :

« Le Congrès international des Associations coopératives de pro-
« duction, après avoir entendu lecture du rapport du citoyen Ranvier
« sur l'organisation des associations en 1848 par Jeanne Deroin ;

« Considérant que Jeanne Deroin a été une des premières femmes
« qui ont émis le principe de l'Association fraternelle entre ouvriers
« et ouvrières de tous les pays ; que ce projet d'union entre les
« associations ouvrières a été admis en 1849 ;

« Considérant que Jeanne Deroin et ses collaborateurs ont passé en
« jugement ; qu'ils ont été condamnés et qu'ils ont payé par des mois
« de prison et d'exil la tentative d'émancipation qu'ils avaient conçue ;

« Considérant qu'il est du devoir de tous les républicains et socia-
« listes d'honorer et de rappeler le souvenir de ceux qui ont été les
« précurseurs de l'émancipation des travailleurs par les travailleurs
» eux-mêmes ;

« Le Congrès émet le vœu qu'une demande soit adressée au Conseil
« municipal de Paris, afin d'obtenir que le nom de Jeanne Deroin soit
« donné à une rue de Paris. »

M. Barré. — Je demanderai qu'on étende ce vœu au nom de Buchez, dans le cas où il n'y aurait pas de rue qui porte le nom de ce précurseur de la coopération.

M. le Président. — Il n'y a pas d'opposition pour l'adoption de ces vœux ?

(Adopté. — *Applaudissements.*)

Mme Vincent. — Permettez-moi, au nom des femmes, de remercier tous les membres du Congrès et les membres du bureau.

M. le Président. — Nous n'avons pas d'autre proposition déposée sur le bureau. En conséquence la clôture des travaux du Congrès est renvoyée à cette après-midi à trois heures.

La séance est levée à 11 heures 45.

Séance du vendredi après-midi 13 juillet.

Étaient présents : MM. Akos de Navratil, Gerster, Saïto, Commings, Gilman, Cohadon, Dufourmantelle, Th. Villard, J. Salas-Anton, X. W. Wolff, Treub, Camand, Torrent, Vassa Yvanovitch, Apostol, Dr Verrier, Bardoux, Hammarkjöld, Barrau, Corchon, Le Corre, Petit, Harnanlius, Bourzat, Weber, Laroche, Maître, Raoux, Grappin, Barnel, Villaret, Blanchard, Bresle, Bach, Septembre, Imbert, Mangeot, Ladousse, Romanet, Barré, Barbier, Trannoy, Lagoutte, Chaussade, Ragot, Fagot, Guyard, Jouandanne, Mériot, Chirard, Caramour, Prigent, Deschamps, Pallier, Roussat, Mathieu, Marpinaud, Lair, Bougeot, Arjo, Paris, Moullec, Nel, Coignet, Gontard, Bourisset, Dufresne, Taupin, Martin, James, Duché, Bougot, Charollais, Buisson, Patey, Gaillard, Besnard, Carlier, Dupuy, Serre, Lavignas, Pallier, Migeon, Thuillier, Deltour, Labéran, Millet, Chaine, Barillon, Doubliez. Moty, Lavenir, Simon, Gaillard, Alexandre, Bigex, Cornic, Laberthe, Parfait, Vila et Manoury.

La séance est ouverte sous la présidence de M. Villard.

M. LE PRÉSIDENT. — Le Congrès international continue ; nous n'avons plus rien à l'ordre du jour, nous avons épuisé toutes les propositions, mais vous devez vous rappeler qu'il a été présenté quelques amendements aux projets de résolutions de la deuxième partie ; ces projets de résolutions ont été renvoyés à une commission de 9 membres. Notre secrétaire va vous donner lecture de ces amendements.

M. MANOURY. — La première proposition renvoyée à la Commission est celle qui a trait au salaire moyen des associés dans les associations ouvrières. On s'est arrêté à la rédaction de M. Petit, amendée par M. Bougot et par M. Juan Salas-Anton ainsi conçue :

Le Congrès émet l'avis que les ouvriers associés doivent se contenter du salaire moyen dans leur corporation et dans la localité, afin de pouvoir concourir avantageusement dans les adjudications — et que, pour les professions où il existe une Chambre syndicale, le taux des salaires fixés et obtenus par la Chambre syndicale, serve de base à l'établissement de ce salaire moyen.

Quand il s'agit de travail à façon, il doit être fixé un maximum de salaire hebdomadaire. (*Adopté.*)

Le deuxième amendement avait trait à la deuxième partie du rapport de M. Barré : *De la formation des Associations ouvrières de production et de leur capital.*

La Commission s'est arrêtée au projet rédigé d'accord avec M. Petit, qui transforme le paragraphe premier de la faç n suivante :

Le Congrès est d'avis qu'il y a lieu d'étudier la formation d'Associations générales ouvrières auxquelles peuvent également participer les femmes et dont le capital serait fourni :

1° Partie par les associations à titre collectif;

2° Partie par les coopérateurs des Associations à titre individuel;

3° Partie par d'autres éléments, en réservant à l'élément extérieur à la Coopération une part d'influence correspondant à l'importance de son concours à l'œuvre commune.

(Adopté).

M. Manoury. — Le troisième amendement avait trait à la sixième question de la deuxième partie, traitant de la répartition des bénéfices; il a porté sur le deuxième paragraphe du projet de résolution ainsi conçu :

« Lorsque cette situation de prospérité est arrivée, les associations « ouvrières devront faire l'attribution de leurs bénéfices suivant les « indications données par la Chambre consultative, en laissant en « plus 2 0/0 destinés à la propagande coopérative. »

Le paragraphe est ainsi transformé :

Lorsque la situation des associations sera prospère elles devront laisser une part des bénéfices pour les œuvres de propagande coopérative.

M. le Président. — L'amendement consiste dans ce fait que chaque association est autonome; la Chambre consultative n'a pas d'ordres à lui donner; elle donne tout simplement les indications; mais chaque association a le droit de faire de la propagande et de faire de la solidarité comme bon lui semble. C'est compris? (*Vifs applaudissements.*)

(Adopté).

M. le Président. — Quelqu'un a-t-il encore des amendements à présenter avant de terminer, afin que nous soyons tous d'accord? Personne n'en ayant plus, Messieurs, je déclare...

M. Bach. — Je demande la parole. Avant de lever la séance du Congrès international, — vous aviez l'intention de lever la séance du Congrès international et de le clore? — nous avons oublié quelque chose : Dans mon rapport j'ai demandé que l'on nommât une Commission internationale pour étudier les statuts-types devant indiquer d'une manière générale et formelle, aux associations ouvrières qui voudront se transformer, le moyen de le faire tout en sauvegardant le système de la prépondérance ouvrière que nous devons conserver, en appelant le capital étranger... Je demande au Congrès de bien vouloir nommer cette Commission avant de clore ses travaux.

M. le Président. — Quelqu'un a-t-il des objections à présenter sur la proposition du citoyen Bach?

Cette question des statuts-types, élaborés par une Commission internationale, présente quelques difficultés. La première, c'est qu'une commission internationale obligerait les délégués, les membres de la Commission étrangers, de venir siéger à Paris, ce qui est difficile. De plus, les statuts-types, ils existent à la Chambre consultative. Ces statuts-types peuvent s'appliquer en général à toutes les associations ouvrières de production, et chacune a la liberté de les modifier en tout ou en partie à son gré, et suivant les besoins de sa corporation. Ils existent ces statuts.

M. Bach. — Les statuts-types comme ceux demandés par mon rapport n'existent pas et c'est pour cela que je les demande. Vous avez les statuts des sociétés qui se sont transformées, mais vous n'avez pas les statuts qui répondent aux vœux exprimés par votre Congrès.

Les résolutions qui ont été votées dans ce Congrès ont été en général en faveur des résolutions que j'ai présentées. Or, il m'est revenu que divers membres du Congrès appartenant aux puissances étrangères étaient en partie habitant Paris. Il suffirait dans la nomination de la Commission internationale que je demande, parce que le Congrès est international, qu'il y eût un ou plusieurs membres des pays étrangers faisant partie de cette Commission et il est certain que la Chambre consultative devra généraliser d'une façon formelle les statuts-types pour les sociétés qui voudront se tranformer, puisque la première société de production de Paris a voulu se transformer. Sa transformation a été critiquée très sévèrement et dernièrement dans le Congrès national on nous a dit : « Oui, nous accepterons les transformations de société, mais non pas comme une société s'est transformée... »

Par conséquent il y a là quelque chose à faire et il faut que les décisions qui ont été prises dans ce Congrès soient absolument prises au sérieux; que notre Congrès aboutisse à faire quelque chose qui puisse servir non seulement à la France, mais également aux puissances voisines, à celles tout au moins qui nous ont fait la faveur d'assister à ce Congrès. Il est évident que les statuts-types que la Commission aura à élaborer seront la quintescence des résolutions du Congrès international, mais seront perfectibles en ce sens que nous ne leur donnons pas une autorité légale et que certainement les associations ouvrières qui ne voudront pas se transformer avec les statuts-types le pourront.

La Chambre consultative au Congrès national des Associations ouvrières de France a pris des mesures pour ne pas accepter des associations ouvrières qui n'auraient que le titre, que le nom, qui ne participeraient que dans une large mesure à la répartition des bénéfices et à l'admission des auxiliaires dans cette répartition. Par conséquent il est ressorti de toutes nos décisions l'idée générale que tous les auxiliaires, à quelque branche de l'industrie qu'ils appartiennent, doivent faire partie de la coopérative de production et doivent participer à ses bénéfices. Devons-nous abandonner l'œuvre du Congrès qui nous a réunis et si nous avons émis des vœux, ces vœux-là doivent-ils être tenus pour platoniques? Non, nous ne le croyons pas et ce n'est pas pour cela que toutes les associations de province se sont dérangées pour assister à ce Congrès. Ce n'est pas pour cela non plus que les puissances étrangères nous ont prêté leur appui. Je demande par conséquent, Messieurs, que cette Commission soit nommée séance tenante: qu'elle élabore des statuts. Que la Chambre consultative soit l'inspiratrice de ces statuts, très bien; mais il faut que des statuts-types sortent, émanent, des décisions de ce Congrès; et il ne faut pas que les associations ouvrières qui se transforment, disent dans certaines brochures qu'elles se sont transformées suivant les décisions du Congrès, sans tenir compte des statuts qui pourraient être faits; des résolutions ont été prises comme vœux, mais d'autres ont été arrêtées comme condition *sine qua non* pour être reconnu au sein de la Chambre consultative, en ce qui concerne les associations françaises, comme une véritable association ouvrière. Ne sera pas, a-t-on dit, considérée comme une association ouvrière, celle qui ne donnera pas 25 0/0 de ses bénéfices aux travailleurs: par conséquent vous en avez fait quelque chose de légal; par conséquent il est indispensable que ces statuts-types soient arrêtés de façon à ce que non seulement ce taux légal de 25 0/0 à répartir aux travailleurs soit admis, mais encore que toutes les autres questions de solidarité sociale soient inscrites dans les statuts et non pas dans un règlement intérieur dont on se défait très facilement comme de tout règlement; que ce soit statutaire et non pas réglementaire.

M. Le Corre. — Par l'exposé qu'a fait le camarade, il est d'avis de nommer une commission internationale; mais pour que cette commission ait vitalité il faudrait pouvoir lui donner une existence; c'est le moyen qui n'est pas très pratique. D'autre part, ces statuts ne pourraient s'étendre à la coopération universelle, attendu que les lois des diverses puissances ne sont pas les mêmes: il faudrait donc que cette commission soit réunie avec tous les éléments de toutes les puissances, et je crois que c'est très difficile. Je crois que le Congrès pourrait admettre en principe l'idée du camarade Bach; mais quant à nommer une commission, elle ne pourrait fonctionner.

M. le Président. — La question est bien posée: il s'agit du principe de savoir s'il y a lieu ou non de nommer une commission internationale; je prie les orateurs d'être brefs et de donner leur avis sur l'opportunité de la création de cette commission.

M. Laroche. — Messieurs, il est d'autant plus nécessaire qu'une commission de cette nature soit instituée pour établir des statuts-types devant, au moins dans certaines parties, réglementer l'association de production, que justement des étrangers nous ont fait l'honneur d'assister à notre Congrès. D'autre part, quoi qu'en ait dit notre camarade tout à l'heure, j'estime pour ma part qu'on peut très bien établir pour la partie économique des statuts-types qui, réservent les questions de détail pour chaque nationalité, mais qui, dans l'ensemble, feraient pour toutes les sociétés coopératives des différents pays une ligne de conduite à peu près générale comme par exemple la répartition des bénéfices, etc. Pour ma part, je suis partisan de la nomination de la commission.

M. Cohadon. — Que la Commission soit internationale, le travail n'est pas plus difficile pour cela, ceux qui sont de Paris pourront s'y rendre, et pour ceux qui ne pourront venir on leur enverra le procès-verbal de la Commission en leur demandant leur avis; ils l'enverront par écrit et la Commission délibérera ensuite, cela conservera toujours le lien international.

Mais je ne comprends pas, si on donne à cette Commission la mission de faire des statuts-types, qu'on n'examine que la répartition des bénéfices. Si ce n'est que la répartition des bénéfices, c'est bien simple, mais si elle a pour mission de faire complètement des statuts-types, c'est bien plus compliqué. Je ne crois pas qu'il serait sage de vouloir faire des statuts-types et surtout de les imposer car, selon les contrées, selon les corps d'états, selon le tempérament des associés, il faut laisser de l'élasticité. C'est ainsi qu'avec notre centralisation gouvernementale, une commune ou un canton ne peuvent rien faire sans l'autorisation du gouvernement. Bien des choses qui ne regardent pas le gouvernement devraient être permises politiquement. Nous le demandons, nous, pour la coopération. Allons-nous être aussi exigeants que l'Etat? Dire : oui, vous ferez cela, mais si nous vous en accordons l'autorisation! Je trouve que ce serait restreindre la liberté de s'associer. En tant qu'elle n'a rien de contraire aux principes fondamentaux de la coopération, je pense que chaque association doit avoir les statuts qu'elle entend.

Maintenant s'il s'agit de faire des statuts à titre de modèle, je partage cette idée et surtout ce qui concerne la manière de répartir les bénéfices plutôt de telle manière que de telle autre. Je suis toujours partisan que les trois éléments producteurs aient droit aux bénéfices et je suis partisan également que ces trois éléments fassent partie de la coopération.

Il se passe en ce moment-ci quelque chose dont nous semblons ne pas nous douter; cela ne sort pas de la question, c'est pour l'éclairer. Depuis qu'il y a eu certains krachs qui ont volé un peu le public, cette idée est née dans l'opinion publique qu'il n'y a que l'État qui est solide; en vertu de cette croyance qu'il n'y a que l'État qui donne des garanties : caisses d'épargnes, sociétés de secours mutuels, Compagnies d'assurances, prenez-les comme vous voudrez, leurs statuts disent tous que leur capital sera placé en obligations ou en titres de l'État déposés à la Caisse des Consignations. J'ai déjà émis cette idée pourtant bien simple : si toutes les eaux qui coulent dans les rivières et les fleuves n'avaient pas l'appoint des neiges et des sources, elles tariraient bien vite. Si l'argent va toujours s'accumuler aux mêmes endroits et ne féconde plus le travail aux mains des coopérateurs, c'est une bien fausse conception, à ce point qu'aujourd'hui l'État possède à peu près tous les titres de rentes achetés au nom des associations.

Il faut examiner toutes les questions; il est certain qu'il y a trois éléments bien démontrés qui font la production. J'ai parlé ce matin de ce qui s'est passé pour l'Exposition, eh bien, c'est la même chose; nous ne savons pas si ceux qui feront les statuts-types seront plus intelligents que ceux à qui on les imposera. Il y a des données adéquates au principe coopératif, il ne faut pas les négliger; mais quant au reste il faut laisser l'élasticité, l'autonomie. Voilà mon avis. (*Approbation.*)

M. Fagot. — Evidemment le point faible de tous les Congrès, quels qu'ils soient, c'est l'application des résolutions prises. On résoud les questions d'une façon lumineuse, on les met en état sur le papier et cela dort jusqu'au prochain Congrès. Je sais bien que c'est le plus difficile, le plus ardu, mais j'estime aussi qu'on néglige trop cela, on fait trop de théorie et pas assez de pratique. Pour le point qui nous occupe, il s'agit de savoir si une commission nommée pourra fonctionner. C'est le point à étudier. Si cette commission internationale est à Londres, à Berlin, à Paris, il faudra correspondre et cela est difficile. Cependant, il ne faudrait pas que le Congrès se terminât sur des choses préparées à l'avance avec, pour seuls procès-verbaux, des rapports qui sont excellents, magnifiques, mais qui vont rester lettre morte. Il faudrait essayer de vivifier nos résolutions, de leur donner la vitalité nécessaire. Eh bien! j'estime que nous n'avons pas le choix des moyens; il faut nommer cette commission internationale, et si les membres de cette commission sont bien imprégnés de leur devoir, s'ils comprennent bien la responsabilité qu'ils assument, j'estime qu'ils peuvent arriver à quelque chose. Je sais bien que c'est très difficile dans l'application et que cela demande du temps et beaucoup de choses qui bien souvent manquent parmi nous. Mais il faudrait en finir avec cette manière de faire. J'ai assisté à bien des Congrès, j'ai vu des rapports énormes : on a tout résolu mais tout cela est resté sur le papier : il faudrait lui donner la vie. Je suis partisan de la nomination d'une commission.

M. Bougot. — La discussion à laquelle nous nous livrons en ce moment-ci est inutile. M. Bach veut empêcher l'égoïsme de s'implanter dans les associations de production. Or, pour cela il est inutile de nommer une commission internationale : il faut seulement trois ou quatre conditions bien déterminées; or nous les avons votées dans ce Congrès. Pour la répartition des bénéfices, par exemple, nous avons voté une résolution qui sera appliquée internationalement : que la part du capital ne pourra excéder celle du travail. Je vois tout simplement ceci à mettre en application; c'est très simple, je ne vois pas pourquoi la discussion s'égare comme cela.

M. Bach. — Je demande la parole pour conclure sur cette question.

Notre camarade Fagot a dit une grande partie de ce que j'avais à dire. J'ai longuement étudié dans ma province le vœu que j'ai émis comme conclusion, et si je l'ai proposé, c'est que j'en ai senti la nécessité. Lorsque je suis arrivé dans ces assises, j'ai été, je vous affirme, bien étonné de me trouver en si grand accord avec tous mes collègues de Paris; j'ai été d'accord sur tous les points que j'avais étudiés bien tranquillement à Bordeaux. Chacun dans ses conclusions a émis des vœux. Quelques-uns ont donné, dans ce Congrès international, à leurs vœux, un caractère obligatoire; d'autres ont dit : cela est à titre de conseil, nous ne pouvons pas vous l'imposer. Et puis notre camarade Fagot, qui a assisté à bien des Congrès, vous a exposé qu'il serait temps d'éviter cet état de choses, des vœux simplement émis, puis abandonnés.

Je viens donc vous demander de nommer une Commission permanente et, si cela peut être compris ainsi, que cette Commission permanente soit en communion d'idées avec la Chambre consultative de Paris chez qui, bien entendu, le gros noyau de la Commission sera pris. Et alors, lorsqu'une information sera nécessaire, ce sera cette Commission qui répondra et demandera aux délégués de la Commission qui auront habité le pays dont il s'agit, des renseignements sur les conditions dans lesquelles le travail s'y effectue. Pour les statuts types que je vous demande...

M. LE PRÉSIDENT. — Nous parlons de la Commission, ne nous égarons pas.

M. BACH. — La Commission devra élaborer les statuts-types. Je demande que la Commission soit nommée dans ce Congrès. Nous allons voter sur le principe et il n'y aura ensuite qu'à choisir les délégués.

M. WOLF. — Il me semble qu'on doit renvoyer cela à l'Alliance internationale; cela sera mieux qu'ici; c'est le but de l'Alliance internationale.

M. BACH. — Je suis de votre avis; mais notez bien que nous sommes ici un Congrès spécial de la coopération de production, tandis que l'autre Congrès représente la coopération sous toutes ses formes; nous voulons des statuts-types pour la coopération de production et pas pour d'autres. Je demande que cette Commission soit prise dans notre Congrès et vous en ferez ensuite une étude à l'Alliance internationale au chapitre de la production.

M. WOLF. — Il n'y a pas de raison pour ne pas nommer cette Commission permanente à l'Alliance internationale, comme nous l'avons fait pour la question de participation aux bénéfices, dont la Commission est tombée dans une inertie lamentable; mais la faute n'en est pas à moi...

M. BACH. — Bien entendu; nous savons le dévouement que vous déployez.

M. WOLF. — Moi je vous y appuierai de tout mon cœur et vous aurez là des représentants de tous les pays, tandis qu'ici, dans notre Congrès, la plupart des membres sont Français et vous ne pouvez ainsi vous assurer le concours des autres nations. Mais il y a des dépenses à faire; ainsi, pour la statistique seulement, par exemple, cela coûte bien de l'argent. Le comte de Chambrun nous a donné 10,000 francs, et nous n'avons pas fait grand chose.

M. LE CORRE. — Je ne voudrais pas combattre systématiquement la nomination de cette Commission; mais j'y vois un inconvénient : c'est qu'elle ne fonctionnera pas.

Je demande à l'auteur de la faire fonctionner. Aujourd'hui le Congrès international existe; mais voulez-vous me dire ensuite quels seront ses fonds, ses subsides, ses moyens d'action? Nommer une Commission qui ne pourra fonctionner, c'est au moins inutile. Je demanderai plutôt qu'on vote la question de principe; que les délégués étrangers discutent cette question; puis, qu'au Musée social, à la Chambre consultative, où vous voudrez, un rapport puisse venir sur cette question. Mais quant à nommer la Commission, elle ne pourrait fonctionner.

M. Barré. — Le moyen est tout trouvé; c'est la proposition de M. Wolf : c'est, puisque l'Alliance internationale est tout organisée, a des relations, a des ramifications pour faire fonctionner une Commission de ce genre, de prendre la proposition en considération et de la renvoyer, pour la composer, au Comité de l'Alliance internationale.

M. Le Corre. — Voilà, voilà, parfait.

M. Bach. — Je me rallie à la proposition dernière du citoyen Barré.

M. le président. — Alors il ne s'agit plus pour le Congrès international de nommer une Commission, mais d'envoyer un projet de résolution à l'Alliance coopérative internationale, afin qu'il soit nommé une Commission internationale des associations de production pour fonctionner parallèlement avec toutes les autres associations internationales de la coopération.

(Adopté).

***

L'ordre du jour étant épuisé, aucun membre du Congrès ne demandant plus la parole, la séance fut suspendue pendant une heure pour permettre au secrétaire de rédiger les procès-verbaux des deux séances du 13 août.

A la reprise, M. Manoury en donna lecture, puis ils furent adoptés à l'unanimité.

Après quoi, le Congrès adressa ses remerciements à la Chambre consultative et vota des félicitations pour lesquelles l'inscription au compte rendu officiel du Congrès fut demandée, à M. Vila, secrétaire, et à M. Manoury, secrétaire-archiviste de la Chambre consultative, en reconnaissance de l'activité et du dévouement dont ils firent preuve dans la préparation des deux Congrès des Associations ouvrières, la réception des délégués de province, l'organisation du banquet offert à M. Millerand et la rédaction des procès-verbaux des huit séances des deux Congrès ainsi que de tous les autres documents rendus nécessaires pour la bonne marche des Congrès ou établis en suite de leurs décisions.

M. Ladousse déclara alors les travaux terminés et prononça l'allocution d'adieu suivante :

Allocution de M. LADOUSSE

Les travaux du Congrès International sont terminés. Permettez-moi de vous dire quelques mots d'adieu.

Je demanderai tout d'abord au Congrès de bien vouloir

émettre un vote de remerciements à M. Villard, notre président d'honneur. M. Villard, alors qu'il était membre du Conseil municipal de Paris et du Conseil général de la Seine, il y a quelque vingt ans de cela, est venu l'un des premiers et il a beaucoup aidé à fonder la Chambre consultative. Il y a amené plusieurs de ses amis, qui sont devenus ou qui étaient alors des personnages influents. M. Villard n'a pas démérité depuis ce temps et il ne cesse d'aider la Chambre consultative et les Associations ouvrières à leur début ; il les a aidées de ses conseils, de ses relations et je dirai même de sa bourse. Il s'est toujours intéressé à elles et il nous l'a montré ces jours derniers en apportant autant de bonne volonté que de dévouement dans la présidence des travaux du Congrès. Je mets aux voix un vote de remerciements à M. Villard. (*Vifs applaudissements.*)

Maintenant, au nom de la Chambre consultative, je remercie tous nos collègues étrangers qui ont bien voulu s'intéresser aux travaux du Congrès, nous ont fait le grand honneur d'y assister, pour nous apporter le concours de leurs lumières et les renseignements précieux de leur expérience. (*Vifs applaudissements. — Une voix : « Vive l'Internationale !*) »

N'oublions pas surtout que nous devons de très grands remerciements à nos collègues et camarades de France, de la province, qui se sont dérangés de chez eux, ont quitté leur famille pour suivre les travaux du Congrès ; ils les ont suivis avec toute l'attention possible et nous nous sommes rencontrés en communion d'idées parfaite sur tous les points. Je les en remercie infiniment et, au nom de la Chambre consultative, j'ose espérer qu'ils emporteront dans leur pays un souvenir excellent des travaux de notre Congrès, accomplis d'accord avec leurs collègues de Paris, et, de même qu'à nos membres étrangers, je ne leur demande qu'une chose : c'est d'appliquer dans la plus large mesure les vœux et les projets de résolutions que nous avons votés à l'unanimité et de faire la plus large propagande pour la Coopération.

Sur ce, Messieurs, je dirai : « Vive la République ! » Et puis je dirai : Vive le progrès par l'Association ! » (*Longs applaudissements et acclamations.*)

PARTICIPATION

à l'Exposition universelle de 1900

DES

ASSOCIATIONS OUVRIÈRES DE PRODUCTION

ADHÉRENTES A LA CHAMBRE CONSULTATIVE

MEMBRES DE LA COMMISSION D'ADMISSION DE LA CLASSE 103

Grande et petite industrie.

Associations coopératives de production et de crédit. Syndicats professionnels.

M. H. BUISSON, ✻ ⚜, directeur de l'Association d'ouvriers *peintres* « le Travail », 50, rue de Maistre, à Paris, vice-président de la Commission de la classe 103.

M. E. LADOUSSE, directeur de l'Association corporative des ouvriers *tapissiers*, 60, rue de Maistre, à Paris, vice-président de la Sous-Commission des Associations coopératives de production et de crédit, dans la classe 103.

M. R. BARRÉ, directeur de la *Banque coopérative des Associations ouvrières de production*, secrétaire de la Sous-Commission des Associations coopératives de production et de crédit, dans la classe 103.

M. L. FAVARON, ✻, directeur de la Société des ouvriers *charpentiers de Paris*, 24 et 26, rue Labrouste.

M. C. MACHURON, ⚜, directeur de l'Association des *ouvriers menuisiers* de Paris, 35, rue du Poteau.

M. A. MANGEOT, directeur de l'Association ouvrière « *l'Imprimerie Nouvelle* », 11, rue Cadet, à Paris.

M. A. ROMANET, ⚜, directeur de l'Association d'ouvriers « *la Lithographie Parisienne* », 27 *bis*, rue Corbeau, à Paris.

M. A. VILA, secrétaire de la *Chambre consultative des Associations ouvrières de production*.

MEMBRES DU COMITÉ D'INSTALLATION DE LA CLASSE 103

(Arrêté ministériel du 19 mai 1899).

M. H. BUISSON, ✻ ✪, directeur de l'Association d'ouvriers *peintres* « le Travail », 50, rue de Maistre, à Paris; vice-président du Comité.

M. L. FAVARON, ✻, directeur de la Société des ouvriers *charpentiers de Paris*, 24 et 26, rue Labrouste, à Paris.

M. E. LADOUSSE, trésorier de la Chambre consultative des Associations ouvrières de production, directeur de l'Association corporative des ouvriers *tapissiers*, 60, rue de Maistre, à Paris.

M. A. MANGEOT, directeur de l'Association ouvrière l'*Imprimerie Nouvelle*, 11, rue Cadet, à Paris.

M. A. VILA, secrétaire de la Chambre consultative des Associations ouvrières de production. (Membre élu par les exposants.)

⁂

MEMBRES DU JURY

(Par décret rendu sur la proposition de M. MILLERAND, ministre du commerce.)

M. H. BUISSON, ✻ ✪, directeur de l'Association d'ouvriers *peintres* « le Travail », 50, rue de Maistre, à Paris; membre du jury de la classe 103. (Grande et petite industrie. Associations coopératives de production ou de crédit. Syndicats professionnels.)

M. E. CARLIER, directeur de l'Union des *Sculpteurs-Mouleurs*, 90, rue Caulaincourt, à Paris; membre du jury de la classe 102. (Rémunération du travail. Participation aux bénéfices.)

M. L. CHAUSSON, ✻ ✪, directeur de l'Association des ouvriers *doreurs sur bois*, 101, rue Caulaincourt, à Paris; membre du jury de la classe 71. (Décoration mobile et ouvrages de tapissiers, décoration extérieure de la rue.)

M. L. FAVARON, ✻, directeur de la Société des ouvriers *charpentiers de Paris*, 24 et 26, rue Labrouste, à Paris; membre du jury de la classe 28. (Matériaux, matériel et procédés du génie civil.)

M. A. MANGEOT, directeur de l'Association ouvrière l'*Imprimerie Nouvelle*, 11, rue Cadet, à Paris; membre du jury de la classe 103. (Grande et petite industrie. Associations coopératives de production ou de crédit. Syndicats professionnels.)

M. A. VILA, secrétaire de la Chambre consultative des Associations ouvrières de production, membre du jury de la classe 103. (Grande et petite industrie. Associations coopératives de production ou de crédit. Syndicats professionnels.)

LISTE DES RÉCOMPENSES

Obtenues à l'Exposition universelle de 1900

PAR LES ASSOCIATIONS OUVRIÈRES DE PRODUCTION

ADHÉRENTES A LA CHAMBRE CONSULTATIVE

Parmi les Associations ouvrières de production adhérentes à la Chambre consultative, 54 ont pris part à l'Exposition universelle de 1900.

La Chambre consultative et *l'Association ouvrière* ont également exposé.

Voici la liste des récompenses attribuées par les jurys des diverses classes à ces Associations et à la Chambre consultative :

HORS CONCOURS

Le journal **l'Association ouvrière**, 27, boulevard Saint-Martin, à Paris.

La **Chambre consultative des Associations ouvrières de production de France**, 27, boulevard Saint-Martin, à Paris. (Classe 103.)

Charpentiers de Paris (Société des ouvriers), 24 et 26, rue Labrouste, à Paris. Directeur : L. Favaron, ✻. (Classe 28.)

Doreurs sur bois (Association des ouvriers), 101, rue Caulaincourt, à Paris. Directeur : L. Chausson, ✻ ✪. (Classe 71.)

Imprimerie Nouvelle (Association ouvrière), 11, rue Cadet. Directeur : A. Mangeot. (Classe 11.)

M. Alexis MANGEOT, Directeur de l'**Imprimerie Nouvelle**, 11, rue Cadet, à Paris. (Classe 103.)

Instruments de précision (Association des ouvriers en), 37, rue de Vanves, à Paris. Directeur : Ch. Viardot. (Classe 26.)

Instruments de précision (Association des ouvriers en), 37, rue de Vanves, à Paris. Directeur : Ch. Viardot. (Classe 119.)

Peintres « Le Travail » (Association d'ouvriers), 50, rue de Maistre, à Paris. Directeur : Henri Buisson, ✻✪. (Classe 103.)

M. Henri BUISSON, ✻✪, Directeur de l'Association d'ouvriers peintres **le Travail**, 50, rue de Maistre à Paris.

Sacs en papier (Société coopérative des ouvriers et ouvrières en), 43, rue de Gergovie, à Paris. Directeur : Emile Charreau ; ancien directeur : Guillemin.

Sculpteurs-Mouleurs (Union des), 90, rue Caulaincourt, à Paris. Directeur : E. Carlier.

GRANDS PRIX

Banque coopérative des Associations ouvrières de production de France, 27, boulevard Saint-Martin, à Paris. Directeur : R. Barré.

Charpentiers de Paris (Société des ouvriers), 24 et 26, rue Labrouste, à Paris. Directeur : L. Favaron, ✻. (Classe 103.)

Limes (Association des ouvriers en), 48, rue des Gravilliers, à Paris. Administrateurs : Bourisset, Jouvenet et Ce. (Classe 103.)

Lithographie parisienne (Association d'ouvriers lithographes) 27 *bis*, rue Corbeau, à Paris. Directeur : A. Romanet, ✿. (Classe 103.)

M. A. ROMANET, ✿, Directeur de la **Lithographie parisienne**, 27 *bis*, rue Corbeau, à Paris, collaborateur.

***

MÉDAILLES D'OR

Charpentiers de Paris (Société des ouvriers), 24 et 26, rue Labrouste, à Paris. Direteur : L. Favaron, ✻. (Classe 29.)

Instruments de musique, bois et cuivre (Association générale des ouvriers en), 81, rue Saint-Maur, à Paris. (Classe 17.) Administrateurs : Maitre, Fonclause et Ce.

Instruments de musique, bois et cuivre (Association générale des ouvriers en), 81, rue Saint-Maur, à Paris. (Classe 120.) Administrateurs : Maitre, Fonclause et Ce.

Maçons de Paris (Société ouvrière, les), 119, rue Michel-Bizot, à Paris. Directeur : L. Dufresne. (Classe 29.)

Maçons de Paris (Société ouvrière, les), 119, rue Michel-Bizot, à Paris. Directeur : L. Dufresne. (Classe 103.)

Peintres « Le Travail » (Association d'ouvriers), 50, rue de Maistre, à Paris. Directeur : H. Buisson, ✻✿. (Classe 29.)

Piqueurs de grès du département de la Seine (Association des ouvriers), 38, rue du Moulinet, à Paris. Administrateurs-délégués : Boulin et Pagand.

Serruriers (Union des ouvriers), 7, rue Froissart, à Paris. Administrateur-délégué : L. Pasquier, ✿. (Classe 29.)

Tapissiers (Association corporative des ouvriers), 60, rue de Maistre, à Paris. Directeur : E. Ladousse.

M. BARRÉ (Raphaël), directeur de la **Banque coopérative des Associations ouvrières de production**, 27, boulevard Saint-Martin, à Paris, collaborateur.

M. COGEZ (Victor), membre de l'Association ouvrière l'Imprimerie Nouvelle, 11, rue Cadet, à Paris, collaborateur.

M. A. ROMANET, ✿, directeur de la **Lithographie parisienne**, 27 *bis*, rue Corbeau, à Paris, collaborateur.

M. VILA (Alexandre), secrétaire de la **Chambre consultative des Associations ouvrières de production de France**, 27, boulevard Saint-Martin, à Paris, collaborateur.

MÉDAILLES D'ARGENT

Chambre consultative des Associations ouvrières de production, 27, boulevard Saint-Martin. (Classe 102.)

Charpentiers de la Villette (Société des ouvriers), 49, rue Saint-Blaise, à Paris. Directeur : J. Moris.

Fonderie de cuivre (Société coopérative des ouvriers de la), 125, rue Oberkampf et 5, cité Griset, à Paris. Directeur : Ch. Honeker.

Granitiers du Département de la Seine (Association des ouvriers), 33, rue Sainte-Eugénie, à Paris. Directeur : A. Lair. (Classe 66.)

Granitiers du Département de la Seine (Association des ouvriers), 33, rue Sainte-Eugénie, à Paris. Directeur : A. Lair (Classe 103.)

Horlogers de Paris (Société coopérative des), 10, rue de Saintonge, à Paris. Directeur : M. H. Weber, ✪. (Classe 96.)

Horlogers de Paris (Société coopérative des), 10, rue de Saintonge, à Paris. Directeur : M. H. Weber, ✪. (Classe 103.)

Horlogers « La Phalange horlogère bisontine » (Association ouvrière), 9, rue de la Bouteille, à Besançon Administeur délégué : Adolphe Mack.

Imprimeurs sur étoffes (Société lyonnaise d'ouvriers), 9, impasse Lassalle, à Lyon. Administrateur-délégué : A. Berne.

Limes (Association des ouvriers en), 48, rue des Gravilliers, à Paris. Bourisset, Jouvenet et Cᵉ. (Classe 65.)

Lithographie parisienne (Association d'ouvriers), 27 *bis*, rue Corbeau, à Paris. Directeur : A. Romanet, ✪. (Classe 11.)

Maçons de Paris (Société ouvrière les), 119, rue Michel-Bizot, à Paris. Directeur : L. Dufresne. (Classe 28.)

Maçons de la Seine (Association ouvrière les), 4, rue Michel-de-Bourges, à Paris. Directeur : H. Leroy.

Parqueteurs (Société coopérative des ouvriers), 10, rue de la Rosière-Grenelle, à Paris. Directeur : V. Fradelle.

Paveurs et cimentiers « L'Epargne » (Association des ouvriers), 15, rue Deyriès, à Bordeaux. Directeur : A.-F. Bach.

Union photographique française, 20, rue Boulitte, à Paris.

Peintres « La Mutuelle » (Association d'ouvriers), 90, rue Caulaincourt, à Paris. Directeur : A. Gillet. (Classe 29.)

Plombiers, Couvreurs, Zingueurs (Association des ouvriers), 152, rue Saint-Maur, à Paris. Directeur : A. Regnard.

Plombiers, Couvreurs, Zingueurs « L'Avenir » (Société coopérative d'ouvriers), 18, rue d'Odessa, à Paris. Directeur : J. Ménard.

Sellerie lyonnaise (Association ouvrière de la), 39, rue des Remparts, à Lyon. Directeur : Ph. Millet.

Serruriers (Union des ouvriers), 7, rue Froissart, à Paris. Administrateur délégué : L. Pasquier, ✪. (Classe 65.)

Serruriers (Union des ouvriers), 7, rue Froissart, à Paris, Administrateur-délégué : L. Pasquier, ✪. (Classe 103).

MM. **DESLOUS, LORMANT** (J.-P.), **FILLION** (Charles), membres de la Société des ouvriers **Charpentiers de Paris**, 24 et 26, rue Labrouste, à Paris, collaborateurs.

MM. **RAOUL** (Michel), **LE MARTINET, FEIERABEND** (Léon), membres de l'Association ouvrière l'**Imprimerie Nouvelle**, 11, rue Cadet, à Paris, collaborateurs.

MM. **HENRY, BUREAU** (Gaston), **FUMAGALLI** (Pierre), **OLLIER** (Adolphe), membres de l'Association générale des ouvriers en **Instruments de musique, bois et cuivre**, 81, rue Saint-Maur, à Paris, collaborateurs.

M. **GUILLEMIN**, ancien directeur de la Société coopérative des ouvriers et ouvrières en **Sacs en papier** de la rue Gergovie, collaborateur.

M. **CHÉRY** (Sylvain-François), membre de l'Association des ouvriers en **Limes**, 48, rue des Gravilliers, à Paris, collaborateur.

M. **DORMOIS** (Jean), membre de l'Association des ouvriers **Piqueurs de grès du département de la Seine**, 38, rue du Moulinet, à Paris, collaborateur.

M. **FEVROT**, membre de la Société coopérative des **Horlogers de Paris**, 10, rue de Saintonge, collaborateur.

***

MÉDAILLES DE BRONZE

Boutonniers en os (Association des), 1, place de l'Hôtel-de-Ville, à Méru (Oise). Directeur : Trannoy.

Cordonniers « La Fraternelle » (Association coopérative des ouvriers), 129, rue Cuvier, à Lyon. Directeur : V. Fagot.

Couteliers réunis (Société coopérative des). Usine des Coindres), à Naintré, près Châtellerault. Directeur : E. Mériot.

Couvreurs (Union des ouvriers), 7, Grande Venelle, à Morlaix (Côtes-du-Nord). Directeur : Caramour.

Ferblantiers réunis (Association générale des ouvriers), 15, rue des Trois-Bornes, à Paris. Gérant : J. Meneveau. (Classe 75.)

Ferblantiers réunis (Association générale des ouvriers), 15, rue des Trois-Bornes, à Paris. Gérant : J. Meneveau. (Classe 114.)

Fondeurs réunis (Société coopérative des), rue de la Verrerie, à Chalon-sur-Saône. Directeur : F. Mathieu.

Fumistes de Paris (Association coopérative des ouvriers), 11, rue Jean-Beausire. Directeur : J. Bord.

Lanterniers (Association coopérative des ouvriers), 14, rue Poncelet, à Paris. (Classe 30.)

Lanterniers (Association coopérative des ouvriers), 14, rue Poncelet, à Paris. (Classe 103.)

Menuiserie moderne (Société coopérative la), 161, rue Marcadet, à Paris. Directeur : E. Villaret.

Paveurs de Paris (Association des ouvriers), 131, boulevard Bessières, à Paris. Directeur : P. Hivernat.

Peintres « La Mutuelle » (Association d'ouvriers), 90, rue Caulaincourt, à Paris. Directeur : A. Gillet. (Classe 66.)

Peintres « La Mutuelle » (Association d'ouvriers), 90, rue Caulaincourt, à Paris. Directeur : A. Gillet. (Classe 103.)

Sabotiers « La Conciliation » (Association des ouvriers), 1, faubourg Montmaillier, à Limoges. Directeur : E. Dupuy.

Serruriers « L'Avenir du Bâtiment » (Société coopérative des ouvriers), 40, rue Servan, à Paris. Directeur : J. Le Corre.

Tabletiers en nacre (Association des ouvriers), 1, place de l'Hôtel-de-Ville, à Méru (Oise). Directeur : Ch. Chaine.

Tanneurs-Corroyeurs (Association ouvrière des), 7, passage Coste, à Lyon. Directeur : A. Lavenir.

Tonneliers (Association des ouvriers), rue de la Gare-Saint-Martin-aux-Champs, à Morlaix. Directeur : Guyader.

Voitures (Association corporative des ouvriers en), 25, rue Lagille, à Paris. Directeur : A. Flosseau.

M. BARRÉ (Raphaël), Directeur de la Banque coopérative, pour son *Précis de comptabilité et de statistique à l'usage des Associations ouvrières.*

MM. QUEMENT, GENOD, TOULOUSE, membres de la Société des ouvriers **Charpentiers de Paris**, 24 et 26, rue Labrouste, à Paris, collaborateurs.

M. RAVISÉ, membre de la Société coopérative des **Horlogers**, 10, rue de Saintonge, à Paris, collaborateur.

MM. VATINEL (Gustave), COUPARD (Armand), membres de l'Association ouvrière l'**Imprimerie Nouvelle**, 11, rue Cadet, à Paris, collaborateurs.

MM. SÉDILLOT, TRUFFAUT, FONCLAUSE (Eugène), GRAVIER (Gédéon), membres de l'Association générale des ouvriers en **Instruments de musique, bois et cuivre**, 82, rue Saint-Maur, à Paris, collaborateurs.

M. MARTZEL, membre de l'Association des ouvriers en **Instruments de précision**, 37, rue de Vanves, à Paris, collaborateur.

M. VILLARET (E.), directeur, **M. DEXTREIT (Alexandre)**, membre de la Société coopérative, la **Menuiserie moderne**, 161, rue Marcadet, à Paris, collaborateurs.

***

MENTIONS HONORABLES

Boulangerie ouvrière (Association coopérative d'ouvriers), 75, boulevard de la Villette, à Paris. Directeur : Audebert.

Décoration moderne (Association coopérative d'artistes-peintres décorateurs, la), 2, square Caulaincourt, à Paris. Directeur : V. Laberthe.

Doreurs sur bois (Association des ouvriers), 101, rue Caulaincourt, à Paris. Directeur : L. Chausson, ✻ ⚜. (Classe 103.)

Éclairage moderne (Association ouvrière l'), 14, passage Saint-Pierre-Amelot, à Paris. Administrateur-délégué : A. Fréard.

Fournitures militaires et Chaussures civiles (Association ouvrière de), 122, rue de l'Abbé-Groult, à Paris. Directeur : J.-M. Goutard.

Instruments de musique, bois et cuivre (Association générale des Ouvriers en), 81, rue Saint-Maur, à Paris, Maître, Fonclause et Cie. (Classe 30.)

Instruments de précision (Association des Ouvriers en), 37, rue de Vanves, à Paris. Directeur : C. Viardot. (Classe 103.)

Menuisiers (Union des ouvriers), 5, rue Désiré-Ruggieri, à Paris. Directeur : M. Praudel.

Peintres et Vitriers « Le Travail » (Association des Ouvriers), 54 et 56, rue d'Arès, à Bordeaux. Directeur : P. Labéran. (Classe 66.)

Peintres et Vitriers « Le Travail » (Association des Ouvriers), 54 et 56, rue d'Arès, à Bordeaux. Directeur : P. Labéran. (Classe 103).

Photographie (Société la), 279, rue Saint-Honoré, à Paris. Directeur : F. Thuillier.

Sacs en papier et Papiers en gros « Le Papier » (Association ouvrière), 221, rue Lafayette, à Paris. Directeur : M. Amiard.

MM. CHAUSSON et **JOURNIAC**, membres de l'Association des Ouvriers **Doreurs sur bois**, 101, rue Caulaincourt, à Paris, collaborateurs.

MM. BORD, Directeur, **CARMURE, POUX**, membres de l'Association coopérative des Ouvriers **Fumistes de Paris**, 11, rue Jean-Beausire, à Paris, collaborateurs.

MM. LAMY, SIMON, MITAINE, POTHERAT (Henri), PETIT, GURLY, JAHAN, BALDENVECH, membres de l'Association générale des ouvriers en **Instruments de musique, bois et cuivre**, 81, rue Saint-Maur, à Paris, collaborateurs.

Industrie drapière (Société coopérative), 8, rue de la Table-Ronde, à Vienne (Isère). Administrateur-Délégué : J. Gontard.

MM. HAMEL, BACHELIER, membres de l'Association des ouvriers en **Instruments de précision**, 37, rue de Vanves, à Paris, collaborateurs.

***

Cela fait au total :

12 DIPLOMES D'EXPOSANTS HORS CONCOURS (MEMBRES DU JURY).

5 GRANDS PRIX.

13 MÉDAILLES D'OR.

36 MÉDAILLES D'ARGENT.

34 MÉDAILLES DE BRONZE.

28 MENTIONS HONORABLES.

Sans compter les membres des Associations qui ont obtenu la médaille du Travail, donnant droit au port du ruban tricolore, pour la participation effective et matérielle qu'ils ont prise à l'édification des divers monuments, palais et constructions des services publics de l'Exposition.

***

La répartition des récompenses entre les Associations exposantes ou leurs collaborateurs s'établit comme suit :

Journal l'**Association ouvrière**, membre du jury, hors concours.

Chambre consultative : membre du jury, hors concours, 1 médaille d'or, 1 médaille d'argent.

Banque coopérative ; 1 grand prix, 1 médaille d'or, 1 médaille de bronze.

Boulangerie ouvrière : 1 médaille de bronze.

Boutonniers en os : 1 médaille de bronze.

Charpentiers de la Villette : 1 médaille d'argent.

Charpentiers de Paris : membre du jury, hors concours, 1 grand prix, 1 médaille d'or, 3 médailles d'argent, 3 médailles de bronze.

Cordonniers de Lyon : 1 médaille de bronze.

Couteliers réunis de Châtellerault : 1 médaille de bronze.

Couvreurs de Morlaix : 1 médaille de bronze.

Décoration moderne : 1 mention honorable.

Doreurs sur bois : membre du jury, hors concours, 3 mentions honorables.

Éclairage moderne : 1 mention honorable.

Ferblantiers réunis : 2 médailles de bronze.

Fonderie de cuivre de Paris : 1 médaille d'argent.

Fondeurs réunis de Chalon-sur-Saône : 1 médaille de bronze.

Fournitures militaires et chaussures civiles de Paris : 1 mention honorable.

Fumistes de Paris : 1 médaille de bronze et 3 mentions honorables.

Granitiers du département de la Seine : 2 médailles d'argent.

Horlogers de Paris : 3 médailles d'argent, 1 médaille de bronze.

Horlogers « La Phalange horlogère » de Besançon : 1 médaille d'argent.

Imprimerie nouvelle : membre du jury, hors concours, 1 médaille d'or, 3 médailles d'argent, 2 médailles de bronze.

Imprimeurs sur étoffes de Lyon : 1 médaille d'argent.

Industrie drapière de Vienne (Isère) : 1 mention honorable.

Instruments de musique, bois et cuivre : 2 médailles d'or, 4 médailles d'argent, 4 médailles de bronze, 9 mentions honorables.

Instruments de précision : membre du jury, hors concours, 1 médaille de bronze, 3 mentions honorables.

Lanterniers : 2 médailles de bronze.

Limes (ouvriers en) : 1 grand prix, 2 médailles d'argent.

Lithographie parisienne : 2 grands prix, 1 médaille d'or, 1 médaille d'argent.

Maçons de Paris ; 2 médailles d'or, 1 médaille d'argent.

Maçons de la Seine : 1 médaille d'argent.

Menuiserie moderne : 3 médailles de bronze.

Menuisiers (l'Union de Paris) : 1 mention honorable.

Parqueteurs : 1 médaille d'argent.

Paveurs de Paris : 1 médaille de bronze.

Paveurs de Bordeaux : 1 médaille d'argent.

Peintres « Le Travail de Paris » : membre du jury, hors concours, 1 médaille d'or.

Peintres « La Mutuelle de Paris » : 1 médaille d'argent, 2 médailles de bronze.

Peintres « Le Travail de Bordeaux » : 2 mentions honorables.

Photographes (Union photographique française) : 1 médaille d'argent.

Photographie (Société la) : 1 mention honorable.

Piqueurs de grès : 1 médaille d'or, 1 médaille d'argent.

Plombiers (rue Saint-Maur) : 1 médaille d'argent.

Plombiers « L'Avenir » : 1 médaille d'argent.

Sabotiers de Limoges : 1 médaille de bronze.

Sacs en papier de la rue de Gergovie : membre du jury, hors concours, 1 médaille d'argent.

Sacs en papier « Le Papier » : 1 mention honorable.

Sculpteurs-mouleurs : membre du jury, hors concours.

Sellerie Lyonnaise : 1 médaille d'argent.

Serruriers (Union des ouvriers) : 1 médaille d'or, 2 médailles d'argent.

Serruriers « L'Avenir du Bâtiment » : 1 médaille de bronze.

Tabletiers en nacre : 1 médaille de bronze.

Tanneurs-Corroyeurs de Lyon : 1 médaille de bronze.

Tapissiers de Paris : 1 médaille d'or.

Tonneliers de Morlaix : 1 médaille de bronze.

Voitures (Association corporative des ouvriers en) : 1 médaille de bronze.

CHAMBRE CONSULTATIVE

DES

ASSOCIATIONS OUVRIÈRES DE PRODUCTION

27, boulevard Saint-Martin, PARIS (Téléphone 145-35)

ASSOCIATIONS ADHÉRENTES AU MOIS DE SEPTEMBRE 1900

Année de la Fondation

PARIS

1893 **Afficheurs de Paris,** L'UNION (Association des ouvriers), 7 et 9, rue de Jarente, Paris. — Directeur, Lamarche, ☎ 217-57.

1896 **Alimentation** (Association ouvrière de l'), 10, rue Boutebrie, Paris. — Directeur, A. Prévost.

1893 **Banque coopérative des Associations ouvrières de production de France,** 27, boulevard Saint-Martin, Paris. — Directeur, R. Barré, ☎ 145-35.

1897 **Biseauteurs et Polisseurs de glaces,** LE PROGRÈS (Association coopérative des), 119, rue de Montreuil (cité Bénard), Paris. — Directeur, L. Garreau, ☎ 903-43.

1899 **Biseauteurs et Polisseurs de glaces,** L'AVENIR (Association des), 6 et 8, rue Basfroi, Paris. — Directeur, L. Krumeich.

1898 **Biseauteurs et Polisseurs de glaces,** LA RENAISSANCE (Société de), 23, rue Mercœur, Paris. — Administrateur délégué, G. Migette, ☎ 903-37.

1897 **Boulangers** (Association coopérative d'ouvriers), 75, boulevard de la Villette, Paris. — Directeur, Audebert.

1895 **Brossiers** de la Seine (Société coopérative des ouvriers), 4, rue du Chalet, à Paris. — Administrateur délégué, L. Lagoutte.

1894 **Cartonnage en tous genres** (Association générale du), 10, cité d'Angoulême, 66, rue d'Angoulême, Paris. — Directeur, V. Cubilié.

1888 **Casseurs de pierres du département de la Seine** (Société des ouvriers), 159, rue de la Chapelle, Paris. — Direct. L. Happey.

1891 **Casseurs de pierres de Paris** (Société des ouvriers), 73, rue Labrouste, Paris. — Délégué, Gabert.

1881 **Charpentiers de la Villette** (Société des ouvriers), 49, rue Saint-Blaise, Paris. — Directeur, J. Moris. ☎ 905-46.

1893 **Charpentiers de Paris** (Société des ouvriers), 24 et 26, rue Labrouste, Paris. — Directeur, L. Favaron, ✻. ☎ 712-65.

1896 **Charpentiers réunis** (Société coopérative, les), 177, rue de Tolbiac, Paris. — Directeur, G. Gamain.

1896 **Charpentiers,** LA BATIGNOLLAISE (Association d'ouvriers), 65, avenue d'Ivry, Paris. — Directeur, H. Gigot. ☎ 802-44.

1885 **Colliers anglais** (Société des ouvriers en), 95, faubourg Saint-Martin, Paris. — Directeur, A. Fourniès.

1896 **Couvreurs-Plombiers,** LA LUTÈCE (Association coopérative d'ouvriers), 16, rue Bichat, Paris. — Directeur, E. Bonnet.

1892 **Diamantaires** (Association des ouvriers), 117, boulevard de la Villette (Usine Falck), Paris. — Directeurs, P. Dumont et A. Martin, ☎ 416-09.

1900 **Décoration Moderne** (Association coopérative de Peintres décorateurs, la), 2, square Caulaincourt, Paris. — Directeur, V. Laborthe.

1890 **Doreurs sur bois** (Association des ouvriers), 101, rue Caulaincourt, Paris. — Directeur, L. Chausson, ✻ ✪. ☎ 518-97.

1881 **Ébénisterie parisienne** (Association générale de l'), 32, cité Bertrand, à Paris. — Directeur, A. Nély. ☎ 917-28.

1882 **Éclairage moderne** (Association ouvrière l'), 14, passage Saint-Pierre-Amelot, Paris. — Administrateur délégué, A. Fréard. ☎ 254-93.

1868 **Ferblantiers réunis** (Association générale des ouvriers), 15, rue des Trois-Bornes, Paris. — Gérant, J. Meneveau. ☎ 421-58.

1895 **Fonderie de cuivre** (Société coopérative des ouvriers de la), 125, rue Oberkampf, 5 cité Griset, Paris. — Directeur, Ch. Honeker.

1898 **Fournitures militaires et chaussures civiles** (Associat. ouvrière de), 122, rue de l'Abbé-Groult, Paris. — Directeur, J.-M. Goutard.

1896 **Frotteurs-Encaustiqueurs,** LA PRÉVOYANTE (Association ouvrière des), 187, rue Saint-Denis, Paris. — A. Bourzat.

1896 **Fumistes de Paris** (Association coopérative des ouvriers), 11, rue Jean-Beausire, Paris. — Directeur, J. Bord.

1888 **Granitiers du département de la Seine** (Association des ouvriers), 33, rue Sainte-Eugénie, Paris. — Directeur, A. Lair.

1894 **Granitiers et Poseurs de granit** (Société coopérative des ouvriers), 4, passage d'Ivry, Paris. — Directeur, G. Laurent.

1899 **Grillageurs** (Association des ouvriers), 5, rue Beautreillis, Paris. — Directeur, Le Son.

1882 **Horlogers** (Société coopérative des), 10, rue de Saintonge, Paris. — Directeur, H. Weber, ✪.

1869 **Imprimerie Nouvelle** (Association ouvrière), 11, rue Cadet, Paris. — Directeur, A. Mangeot. ☎ 130-79.

1896 **Imprimerie Économique** (Association ouvrière), 21, passage Maurice, Paris. — Administrateur délégué, J. Rigaux.

1865 **Instruments de musique, bois et cuivre** (Association générale des ouvriers en), 81, rue Saint-Maur, Paris. — Maître, Fontclause et Cᵉ.

1896 **Instruments de précision** (Association des ouvriers en), 37, rue de Vanves, Paris. — Directeur, Ch. Viardot. ☎ 717-01.

1895 **Lanterniers** (Association coopérative des ouvriers), 14, rue Poncelet, Paris. — Directeur, L. Petit. ☎ 508-80.

1848 **Limes** (Association des ouvriers en), 48, rue des Gravilliers, Paris. — Bourisset, Jouvenet et Cᵉ.

1866 **Lithographie parisienne** (Association d'ouvriers), 27 *bis*, rue Corbeau, Paris. — Directeur, A. Romanet, O. ☎ 422-34.

1894 **Maçons de Paris** (Société ouvrière, les), 119, rue Michel-Bizot, Paris. — Directeur, L. Dufresne. ☎ 912-29.

1895 **Maçons de la Seine** (Association ouvrière, les), 4, rue Michel-de-Bourges, Paris. — Directeur. H. Leroy. ☎ 903-58.

1898 **Maçons**, LA MAÇONNERIE (Association ouvrière de), 60, rue de Vouillé, Paris. — Directeur, J. Portal.

1897 **Mécaniciens**, LE PROGRÈS DE LA MÉCANIQUE (Société coopérative), 35, rue de Bagnolet, villa Riberolle, Paris. — Administrateur délégué, Em. Delhomme.

1884 **Menuisiers de Paris** (Association des ouvriers), 35, rue du Poteau, Paris. — Directeur, C. Machuron, O. ☎ 534-77.

1887 **Menuisiers**, L'ESPÉRANCE DU BATIMENT (Association des ouvriers), 10, rue du Clos, Paris. — Directeur, L. Roolf. ☎ 914-43.

1892 **Menuiserie moderne** (Société coopérative, la), 161, rue Marcadet, Paris. — Directeur, E. Villaret. ☎ 528-19.

1897 **Menuisiers** (Union des ouvriers), 5, rue Désiré-Ruggiéri, Paris. — Directeur, Praudel.

1899 **Modeleurs-Mécaniciens** (Association générale des), 41 rue Julien-Lacroix, Paris. — Directeur, G. Gauthard. ☎ 428-70.

1900 **Ornemanistes sur métaux** (Association ouvrière des), 13, passage Maurice. Paris. — Directeur, Laurent.

1881 **Parqueteurs** (Société coopérative des ouvriers), 10, rue de la Rosière-Grenelle, Paris. — Directeur, V. Fradelle.

1884 **Paveurs de Paris** (Association des ouvriers), 131, boulevard Bessières, Paris. — Directeur, P. Hivernat.

1891 **Paveurs**, LE PAVAGE (Association d'ouvriers), 63, boulevard Brune, Paris. — Directeur, J. Carles.

1882 **Peintres**, LE TRAVAIL (Association d'ouvriers), 50, rue de Maistre, Paris. — Directeur, H. Buisson, ✻ O. ☎ 507-15.

1895 **Peintres**, LA MUTUELLE (Association d'ouvriers), 90, rue Caulaincourt, Paris. — Directeur, A. Gillet.

1896 **Peintres**, L'UNION (Association d'ouvriers), 133, rue du Château, Paris. — Directeur, H. Patey.

1898 **Peintres**, LA FRATERNELLE (Association d'ouvriers), 125, rue Oberkampf, 5, cité Griset, Paris. — Directeur, F. Jacquot.

1893 **Photographes** (Union française des), 20, rue Boulitte, Paris. — Administrateurs délégués, Laroche et Montnach. ☎ 717-83.

1898 **Photographie** (Société, la), 279, rue Saint-Honoré, Paris. — Directeur, F. Thuillier.

1886 **Piqueurs de grès du département de la Seine** (Association des ouvriers), 38, rue du Moulinet, Paris. — Administrateurs délégués, Boulin et Pagand.

1892 **Plombiers-Couvreurs-Zingueurs** (Association des ouvriers), 152, rue Saint-Maur, Paris. — Directeur, A. Regnard.

1896 **Plombiers-Couvreurs-Zingueurs**, L'AVENIR (Société coopérative d'ouvriers), 18, rue d'Odessa, Paris. — Directeur, J. Ménard.

1897 **Puisatiers, Terrassiers et Cimentiers**, L'UNION FRATERNELLE (Association coopérative des), 99, rue de la Tombe-Issoire, Paris. — Directeur, D. Lavignas.

1897 **Remplistes sur bois** (Association ouvrière), 24, rue de Charenton, Paris. — Directeur, E. Simon.

1895 **Replanisseurs de la Seine** (Société coopérative d'ouvriers replanisseurs de parquets), 24, rue du Cloître-Saint-Merri, Paris. — Directeur, P. Serre. ☎ 282-54.

18.. **Sacs en papier** (Société coopérative des ouvriers et ouvrières en), 43, rue de Gergovie, Paris. — Directeur, E. Charreaux.

1896 **Sacs en papier et papiers en gros**, LE PAPIER (Association ouvrière des), 221, rue Lafayette, Paris. — Directeur, J. Amiard. ☎ 417-02.

1888 **Sculpteurs-Mouleurs** (Union des), 90, rue Caulaincourt, Paris. — Directeur, E. Carlier.

1896 **Sculpteurs, Décorateurs et Ornemanistes** (Société coopérative de), 54, rue de l'Amiral-Roussin, Paris. — Direct., J. Langevin.

1900 **Sculpture** (Association ouvrière, la), 9, rue des Lions-Saint-Paul, Paris. — Directeur, E. Ebel.

1892 **Selliers**, L'AVENIR (Association des ouvriers), 49, rue de Rivoli, Paris. — Directeur, J. Reynaud.

1887 **Serruriers** (Union des ouvriers), 7, rue Froissart, Paris. — Administrateur délégué, L. Pasquier, ✿. ☎ 212-66.

1895 **Serruriers**, L'AVENIR DU BATIMENT (Société coopérative des ouvriers), 40, rue Servan, Paris. — Directeur, J. Le Corre.

1900 **Serruriers**, L'ALLIANCE (Association des ouvriers), 12, rue Pavée-au-Marais, Paris. — Administrateur délégué, L. Bories.

1897 **Sparterie** (Association corporative des ouvriers en), 19, rue Francœur, Paris. — Directeur, H. Rannou.

1899 **Tailleurs**, (Union coopérative des ouvriers de l'Habillement), 25, rue d'Aboukir, Paris. — Directeur, F. Pinel.

1893 **Tailleurs de glaces** (Association coopérative d'ouvriers), 119, rue Saint-Maur, Paris. — Directeur, E. Bourger, ☎ 420-65.

1899 **Tailleurs de glaces**, LA PRÉVOYANTE (Association coopérative d'ouvriers), 13, Passage Alexandrine, Paris. — Direct., C. Lauer.

1884 **Tapissiers** (Association corporative des ouvriers), 60, rue de Maistre, Paris. — Directeur, E. Ladousse. ☎ 513-61.

1895 **Toilette anglaise** (Union coopérative d'ouvriers de la), 5, passage Charles-Dallery, Paris. — Directeur, Ch. Rieffel.

1886 **Voitures** (Association corporative des ouvriers en), 25, rue Lagille, Paris. — Directeur, A. Flosseau. ☎ 530-04.

Année de la Fondation

DÉPARTEMENTS

1898 **Bâtiment** (Association ouvrière du), 42, rue de la Mairie, à La Roche-sur-Yon (Vendée). — Directeur A. Barbier.

1898 **Boutonniers en os** (Association des ouvriers), 1, place de l'Hôtel-de-Ville, à Méru (Oise). — Directeur, A. Trannoy.

1896 **Chapeliers** (Société de l'Industrie Chapelière), 9, route de Limoges, à La Souterraine (Creuse). — Directeur, Delpech.

1894 **Charbonniers du port** (Société coopérative des ouvriers), 9, rue Palfray, Le Havre. — Directeur, A. Harmanlius.

1897 **Charpentiers** (Association coopérative des ouvriers), 10 *bis*, rue des Sœurs-Larivière, à Limoges. — Directeur, Ragot.

1897 **Coiffeurs de France** (Association ouvrière), 8, rue Marceau, à Vanves (Seine). — Administrateur, J. Richard.

1898 **Constructeurs réunis** (Association des ouvriers), rue du Commerce, à Aumale (Algérie). — Directeur, J. Hermieu.

1890 **Cordonniers**, La Fraternelle (Association coopérative des ouvriers), 129, rue Cuvier, Lyon. — Directeur, V. Fagot.

1880 **Cordonniers** (Association générale des ouvriers), 12, place du Château, Blois. — Représentant à Paris, Jouandanne.

1896 **Cordonnerie Sénonaise** (Société coopérative de la), 52, rue de Lyon, Sens (Yonne). — Directeur, A. Guyard; représentant à Paris, Seigné, 31, rue Sambre-et-Meuse.

1895 **Couteliers réunis** (Société coopérative des ouvriers), usine des Coindres, à Naintré, près Châtellerault. — Directeur, E. Mériot.

1895 **Couvreurs et Plafonneurs** (Union d'ouvriers), 2, rue Saint-Honoré, Amiens. — Directeur, E. Chirard.

1895 **Couvreurs** (Union des ouvriers), 7, Grande-Venelle, Morlaix. — Directeur, H. Caramour.

1892 **Diamantaires** (Société coopérative des ouvriers), Usine de la Serre, près Saint-Claude (Jura). — Michaud, David et Cie. Représentant à Paris, Benoît Barnet, 3, rue Borda.

1894 **Ébénistes et Menuisiers**, L'Ameublement et le Batiment (Société coopérative d'ouvriers), 32, rue de Brest, à Morlaix. — Directeur, Y. Prigent.

1900 **Ébénistes et Menuisiers**, L'Avenir (Association ouvrière d'), 88, rue de Paris, Brest. — Directeur, E. Cornic.

1897 **Ébénistes** (Association des ouvriers), 15, rue Turgot, Limoges. — Directeur, J.-B. Deschamps.

1900 **Ébénistes**, Union Ouvrière de l'Ameublement (Association des), 14, rue Haute-Vienne, Limoges. — Directeur, Grandamas.

1899 **Équipement et Chaussures militaires** (Société coopérative), 57, rue Saint-Alyre, Clermont-Ferrand. — Directeur, L. Habouzit.

1891 **Fondeurs réunis** (Société coopérative, les), rue de la Verrerie, Chalon-sur-Saône. — Directeur, Fd. Mathieu.

1899 **Fondeurs en Fer** (Société coopérative), 89, rue de Basseau, Angoulême. — Directeur, L. Marpinaud.

1900 **Fondeurs** (Union des), rue de Ciry, Montceau-les-Mines, (Saône-et-Loire). Directeur, Cl. Charollais..

1894 **Forestiers de la forêt de Montmorency** (Association des ouvriers), place de la Mairie, Domont (Seine-et-Oise). — Directeur, Rafaitin.

1896 **Horlogers,** LA PHALANGE HORLOGÈRE BISONTINE (Association ouvrière), 9, rue de la Bouteille, Besançon. — Administrateur délégué, A. Mack.

1893 **Imprimerie Moderne** (Association ouvrière), 64, cours Victor-Hugo, Agen. — Directeur, Arjo.

1898 **Imprimerie typographique,** LE PROGRÈS (Association ouvrière), 18 et 20, boulevard Solférino, Poitiers. — Directeur, P. Paris.

1899 **Imprimerie Économique** (Association ouvrière), 18, rue Traverse, Brest. — Directeur, Alf. Constant.

1897 **Imprimerie** LA LABORIEUSE (Association coopérative des ouvriers de l'), 7, rue Godin, Nîmes. — Directeur, Cl. Gignoux.

1893 **Imprimeurs sur étoffes** (Société lyonnaise d'ouvriers), 9, impasse Lassalle, Lyon-Brotteaux. — Administrateur délégué, A. Berne.

1887 **Imprimeurs réunis** (sur étoffes), (Association des), 242, rue Paul-Bert, Lyon. — Directeur, P. Nel.

1879 **Industrie drapière** (Société coopérative de l'), 8, rue de la Table-Ronde, Vienne (Isère.) — Administrateur délégué, J. Goulard.

1898 **Maçons, Tailleurs de pierres, Cimentiers et Paveurs** (Association des ouvriers), 14, rue des Sœurs-Larivière, à Limoges. — Directeur, L. Dumazaud.

1899 **Maçons** (Société des Ouvriers), rue Saint-Denis, Dun-sur-Auron (Cher). — Directeur, M. Taupin.

1899 **Maçons,** L'ESPÉRANCE (Association des ouvriers), 4 *bis*, faubourg Saint-Cyprien, Poitiers. — Directeur, A. Imbert.

1898 **Maçons de Troyes** (Association ouvrière), 5, rue du Bois-de-Vincennes, Troyes. — Directeur, P. James.

1900 **Maçons et Tailleurs de Pierres** (Association des), rue Tartifume, Niort. — Directeur, F. Boiteau.

1900 **Manches de cannes, parapluies et ombrelles,** LA LABORIEUSE (Association ouvrière), à Vibraye (Sarthe). — Directeur, V. Chereau. — Représentant à Paris, Quillent, 298 *bis*, rue de Belleville.

1890 **Menuisiers et Charpentiers** (Association coopérative des ouvriers), 24, rue Rabelais, à Poitiers. — Admin. délégué, Aug. Maître.

1892 **Menuisiers** (Association l'Union des ouvriers), 18, rue Paillot-de-Montabert, Troyes. — Directeur, E. Martin.

1895 **Menuisiers** (Association des ouvriers), 2, rue Cruveilher, Limoges. — Directeur, F. Duché.

1895 **Menuisiers et Ébénistes** (Association coopérative des ouvriers), 12, place de la Halle-au-Blé, Rennes. — Directeur, Ch. Bougot.

1900 **Menuisiers en bâtiment** (Société coopérative d'ouvriers), 12, rue des Peigneurs, Clermont-Ferrand. — Directeur, Cl. Paquet.

1890 **Paveurs et Cimentiers,** L'ÉPARGNE (Association des ouvriers), 15, rue Deyries, à Bordeaux. — Directeur, A.-F. Bach.

1895 **Peintres,** « L'ESPÉRANCE » (Association coopérative d'ouvriers), 8, rue Haute-Vienne, Limoges. — Directeur, J. Gaillard.

1899 **Peintres,** LA LABORIEUSE (Association d'ouvriers), 15, rue Rousselle, Puteaux (Seine). — Directeur, Ch. Rousseau.

1895 **Peintres-Plâtriers,** LE TRAVAIL (Association coopérative d'ouvriers), 1, passage Saint-Polhain, Lyon. — Dir., L. Taillardat.

1896 **Peintres et Vitriers,** LE TRAVAIL (Association coopérative des ouvriers), 54 et 56, rue d'Arès, Bordeaux. — Dir., P. Labéran.

1890 **Peintres,** LE TRAVAIL (Association des ouvriers), 46, rue de l'Alouette, Roubaix. — Directeur, G. Goube.

1900 **Peintres** Le Travail (Société coopérative), 120, boulevard de la République, Agen. — Directeur, Em. Tancogne.

1888 **Plâtriers-Peintres** (Société coopérative des ouvriers), 34, rue de la République, Saint-Etienne. — Directeur, A. Migeon.

1899 **Plâtriers peintres**, (Association ouvrière des), 1, rue d'Alsace-Lorraine, Poitiers. — Directeur, F. Porteron.

1895 **Plâtriers et Plafonneurs** (Association coopérative des ouvriers), 7, place de l'Hôtel-de-Ville, Limoges. — Directeur, L. Frémont.

1897 **Rondeurs, Cultivateurs et Jardiniers** (Association des), 22, chemin des Buers, à Villeurbonne, près Lyon. — Directeur, P. Ray.

1887 **Sabotiers**, La Conciliation (Association des ouvriers), 1, Faubourg Montmailler, Limoges. — Directeur, E. Dupuy.

1895 **Sellerie lyonnaise** (Association ouvrière de la), 39, rue des Remparts, Lyon. — Directeur, Ph. Millet.

1897 **Serruriers** (Association coopérative des Ouvriers), 17, rue de Châteauroux, Limoges. — Directeur, M. Rouberty.

1895 **Tabletiers en nacre** (Association des ouvriers), 1, place de l'Hôtel-de Ville, Méru (Oise). — Directeur, Ch. Chaine.

1894 **Tailleurs** (Association d'ouvriers), rue Docteur-Mazet, Grenoble. Directeur, E. Lhopital-Cussiat.

1894 **Tailleurs de pierres et Maçons réunis** (Société coopérative des), 19 et 21, rue Millière, à Bordeaux. — Directeur, E. Moty.

1897 **Tailleurs de pierres et Maçons**, La Fraternelle (Association coopérative de), 3 *bis*, rue Chilvert, Poitiers. Dir., E. Blanchard.

1894 **Tailleurs de pierres et carriers réunis**, La Fourmi (Société des ouvriers), à Porcieu-Amblagnieu (Isère). — Directeur, P. Doubliez. — Représentant à Paris, J. Doubliez, 7, rue Jean-Dolfus.

1894 **Tanneurs-Corroyeurs** (Association ouvrière des), 7, passage Coste, Lyon. — Directeur, A Lavenir.

1898 **Tanneurs** (Union des ouvriers), Parc-au-Duc, Morlaix.— Directeur, G. le Duc.

1898 **Terrassiers et Paveurs**, La Ruche (Société coopérative des ouvriers), 48, rue du Mirail, Bordeaux. — Dir., P. Septembre.

1894 **Tonneliers** (Union des ouvriers), rue de la Gare-Saint-Martin-aux-Champs, Morlaix. — Directeur, Y. Guyader.

1896 **Tonneliers** (Union des ouvriers), 35, rue Saint-Joseph, Bordeaux. — Directeur, A. Raoux.

Le Secrétaire de la Chambre consultative,
A. VILA.

Le Secrétaire-Archiviste,
A. MANOURY.

BANQUE COOPÉRATIVE

DES

ASSOCIATIONS OUVRIÈRES DE PRODUCTION

DE FRANCE

27, boulevard Saint-Martin, PARIS. — Téléphone : 145-35

R. BARRÉ, directeur

La Banque coopérative, comme son nom l'indique, est une Association de crédit ne faisant d'opérations qu'avec ses Associations actionnaires.

La Banque coopérative fait principalement l'escompte du papier de commerce, et accessoirement, dans une certaine mesure, les opérations suivantes : les prêts pour un délai ne dépassant pas quinze jours, sur fournitures et travaux exécutés ; les prêts sur marchés passés avec les administrations publiques et d'après constats des architectes; les prêts à long terme, pour augmenter la force productive des Associations, remboursables au bout de deux ans.

Sont seuls admis à souscrire des actions :

1° A titre collectif, les Associations ouvrières de production faisant partie du groupement dit « Chambre consultative » desdites Associations ;

2° Les directeurs d'Associations nommés membres du Conseil ou fondateurs;

3° Les employés de la Société ayant au moins deux ans de présence.

Les conditions à remplir sont les suivantes :

1° Souscrire au moins une action de 100 francs et en verser immédiatement le montant;

2° S'engager à acquérir de nouvelles actions jusqu'à concurrence d'au moins dix, au moyen d'un versement trimestriel de 25 francs au moins.

CHAMBRE CONSULTATIVE

DES

ASSOCIATIONS OUVRIÈRES DE PRODUCTION

DE FRANCE

Siège social : Paris, 27, boul. Saint-Martin

Téléph. 145-35

Secrétaire : A. Vila. — *Archiviste :* A. Manoury.

« Le but de la Chambre consultative est de grouper en une action commune toutes les Associations ouvrières de production, afin de leur faciliter l'obtention des travaux, soit par la recherche collective, soit par la mutualité et de favoriser le développement du principe de la Coopération en faisant bénéficier les jeunes Associations de l'expérience acquise par les anciennes et l'obtention du crédit. » (Art. 1er des Statuts.)

« Le mobile des aspirations de la Chambre consultative réside dans ce premier principe de tout contrat social : « Solidarité. »

« Son principe de répartition équitable du produit du travail est : « A chacun selon ses œuvres. »

« En résumé, faire converger les efforts de l'individualité dans l'intérêt de la collectivité, afin d'obtenir, par contre, une garantie plus grande de sécurité par la collectivité au profit de l'individualité. » (Art. 2.)

ORPHELINAT

DE LA

COOPÉRATION DE PRODUCTION

EXTRAIT DES STATUTS

ARTICLE PREMIER. — L'Association dite « Orphelinat de la Coopération de production » a pour but d'aider les familles à élever ou de recueillir les enfants nécessiteux des deux sexes, quel que soit leur âge, des coopérateurs, associés ou auxiliaires, faisant partie d'une Association ouvrière participante à l'œuvre.

ART. 2. — La durée de l'Orphelinat est de 99 ans. Le nombre de ses associations participantes est illimité.

ART. 3. — Le siège de l'Association est établi à Paris, 27, boulevard Saint-Martin, ou en tout autre lieu désigné par décision de l'Assemblée générale.

ART. 4. — L'Orphelinat de la Coopération de production se compose d'associations ouvrières participantes, de membres et d'associations honoraires.

Leur admission et leur exclusion sont prononcées par le Conseil d'administration.

ART. 5. — Les conditions d'adhésion sont : 1° l'engagement d'observer les statuts et le règlement ; 2° le versement annuel de 1 franc par coopérateur associé ou auxiliaire employé d'une façon permanente ; les cotisations sont payables d'avance.

ART. 6. — Quiconque, association ou particulier, aura versé 500 francs au minimum en une seule fois, ou versera 1,000 francs par fractions, sera considéré comme membre honoraire fondateur ou association honoraire fondatrice. Les versements moindres, mais supérieurs à 100 francs, en une ou plusieurs fois, donneront droit simplement au titre d'honoraire.

TABLE DES MATIÈRES

Pages.

1° Congrès des Associations ouvrières de production adhérentes à la Chambre consultative .... 1 à 68

Commission d'organisation du Congrès 3
Les délégués présents au Congrès 4
Excusés 10
Réception des délégués 11
Première séance (lundi matin, 9 juillet) 11
Deuxième séance (mardi matin, 10 juillet) 37
Troisième séance (mardi l'après-midi, 10 juillet) 62
Allocution de M. Villard, président d'honneur 12
Allocution de M. Barré 14
Admission à la Chambre consultative de onze Associations nouvelles ... 16
Rapport Petit 16, 28, 38, 41 53
Décret du 4 juin 1888 (son application, documents divers y ayant trait, pétition du Congrès aux Ministres) ... 18
Conditions essentielles d'admission à la Chambre consultative (Discussion) ... 28
Conditions essentielles d'admission à la Chambre consultative (Résolution définitive) ... 35
Budget de la Chambre consultative 38
Membres honoraires 40
Association de publicité des Associations ouvrières de production adhérentes à la Chambre consultative ... 41
« L'Association Ouvrière ». (Statuts.) 44
Chambre consultative. (Nouveaux Statuts.) 55
Assurances 63
Relations des Associations ouvrières de production et des Sociétés coopératives de consommation ... 64
Ordonnance de 1887 sur les adjudications (son abrogation) 65
Participation de la Banque coopérative aux bénéfices des Caisses d'épargne ... 65
Renseignements à fournir au journal *l'Association Ouvrière* ... 65
Congrès annuel des Associations ouvrières. (Fixation à Lyon en octobre 1901.) ... 66

***

2° Banquet offert à M. Millerand, Ministre du Commerce, par la Chambre consultative .... 69 à 82

Discours de M. Dufresne, directeur de la Société ouvrière « Les Maçons de Paris » ... 71
Disours de M. Millerand, Ministre de Commerce 79

3e Congrès international des Associations ouvrières de production .... 83 à 240

Comité de patronage du Congrès 85
Programme du Congrès 88
Règlement du Congrès 89
Liste des adhésions au Congrès 91
Première séance (mercredi matin 11 juillet) 98
Deuxième séance (mercredi après-midi 11 juillet) 126
Troisième séance (jeudi matin 12 juillet) 152
Quatrième séance (vendredi matin 13 juillet) 184
Cinquième séance (vendredi après-midi 13 juillet) 233
Allocution de M. Villard, président d'honneur 99
La Commission réglementaire de 9 membres 100
Rapport de M. Barré sur la Coopération au point de vue philosophique 101
Allocution de M. le docteur Verrier, délégué de « l'Union phalanstérienne » 119
Rapport de M. Barré sur « la Solidarité par la Coopération » 120
Rapport de M. Barré sur « l'Education coopérative » 123
Rapport de M. Andrieu sur « la Coopération au point de vue philosophique » 126
Rapport de M. A. Ranvier, lu par Mme Vincent, sur Jeanne Deroin 129
Rapport de M. Ladousse sur « la Coopération au point de vue industriel et économique » 153
Salaire moyen à pratiquer dans les Associations ouvrières .... 158, 180 et 233
Répartition des bénéfices .... 36, 165 et 181
Rapport de M. Barré sur « les Moyens d'arriver à former le capital des Associations ouvrières » 167
Proposition Pierre sur la même question 172
Proposition Petit sur la même question 176
Mode de constitution des Sociétés coopératives de production en Angleterre. (Observations de M. Wolf.) 174
Comité permanent d'études coopératives. (Proposition Cohadon.) .... 175 et 225
Rapport de M. Bach sur la formation et les moyens de développer les Assocations ouvrières 184
Rapport de M. Villaret sur le passé, les moyens et le but des Associations 191
Rapport de M. Andrieu sur les moyens de fonder les Associations ouvrières 205
Rapport général de M. Hermieu sur la Coopération de production considérée aux divers points de vue indiqués au programme du Congrès 220
Fondation d'un centre international de relations commerciales entre les Sociétés coopératives de production et celles de consommation. (Proposition Juan Salas Anton.) 230
Même question. (Proposition de Larnage.) 231
Rue Buchez et rue Jeanne-Deroin 232
Formation du capital des Associations ouvrières. (Résolution définitive.) 234
Clôture du Congrès international : Allocution de M. Ladousse 239

4° Participation des Associations ouvrières à l'Exposition universelle 241

Liste des récompenses obtenues par ces Associations 243

5° Liste des Associations ouvrières adhérentes à la Chambre consultative au mois de septembre 1900 251

Banque coopérative des Associations ouvrières. (Conditions d'admission et aperçu des opérations.) 258

Chambre consultative des Associations ouvrières. (Extrait des Statuts.) 259

Journal « L'ASSOCIATION OUVRIÈRE » 259

Orphelinat de la Coopération de production. (Extrait des Statuts.) 260

Paris. — Imprimerie Nouvelle (association ouvrière), 11, rue Cadet. — 2261-1900
A. Mangeot, directeur.

www.ingramcontent.com/pod-product-compliance
Ingram Content Group UK Ltd.
Pitfield, Milton Keynes, MK11 3LW, UK
UKHW020443200726
13857UKWH00002B/553